다음 세대를 품는
집단상담
수련회

박민수 지음

Σ시그마프레스

다음 세대를 품는 집단상담 수련회

발행일 | 2016년 3월 10일 1쇄 발행

저자 | 박민수
발행인 | 강학경
발행처 | (주)시그마프레스
디자인 | 강영주
편집 | 문수진

등록번호 | 제10-2642호
주소 | 서울특별시 영등포구 양평로 22길 21 선유도코오롱디지털타워 A401~403호
전자우편 | sigma@spress.co.kr
홈페이지 | http://www.sigmapress.co.kr
전화 | (02)323-4845, (02)2062-5184~8
팩스 | (02)323-4197

ISBN | 978-89-6866-681-0

한국 교회의 성장은 교회교육의 영향을 받는다. 교회교육은 시대의 흐름에 따라 변해 왔다. 그러나 교회교육의 변화는 시대의 변화에 비해 미흡하다. 시대의 흐름에 따라 사회교육의 교육 방식은 크게 바뀌었는데 교회교육은 그 변화에 따르지 못하고 있는 것이 현실이다. 사회교육은 시대의 흐름에 따라 창의적, 참여적, 개인적인 사고를 형성하는 모형으로 발전해 가고 있다. 그러나 한국 교회교육은 여전히 수직적이며 주입식인 교육 방식을 따르고 있다.

다음 세대는 열린 마음을 갖고 있으면서 자유로운 감성을 지니고 있다. 다음 세대의 삶의 환경은 빠르게 변하고 있는 데 비해, 다음 세대를 위한 교회교육 방식에는 큰 변화가 없다. 물론 교회교육에서 설교와 성경공부의 중요성은 재론할 여지가 없다. 그러나 다음 세대를 위한 교회교육 방식에는 다음 세대에 맞는 새로운 변화가 요청된다.

특히 교회에서는 여름과 겨울에 집중적인 교회교육인 수련회를 중요하게 생각한다. 그러나 현재 교회 수련회는 여러 가지 여건의 변화로 어려움을 겪고 있다. 교회 수련회도 감성적인 다음 세대에 맞는 형태로 변화를 추구해야 한다. 다음 세대를 위한 수련회는 학생들이 스스로 참여하여 자신의 삶과 신앙을 깊이 깨달을 수 있는 수련회 모습으로 전환되어야 한다.

이것이 다음 세대를 위한 새로운 수련회의 필요성이다. 그것이 바로 소그룹 상담 수련회이다. 이 소그룹 상담 수련회는 감성적이고 참여적인 다음 세대에 맞는 새로운 수련회의 모형이다. 소그룹 상담 수련회는 기존의 교회에서 경험할 수 있었던 소그룹 성경공부와 같이 소그룹 지도자의 지도하에 보다 효과적인 도움을 받을 수 있다. 소그룹 상담 수련회는 집단상담의 원리와 기법을 수련회에 적극적으로 도입하여 수련회의 효율성을 높이고자 하는 하나의 방법이다.

파랑새를 찾아 떠나는 두 아이의 이야기가 있다. 두 아이는 옆집 마법사 할머니로부터 '아픈 딸을 위해 파랑새를 찾아 달라'는 부탁을 받고 개, 고양이, 빛, 물, 빵, 설탕 등의 요정을 데리고 추억의 나라와 미래의 나라를 찾아 떠났으나 끝내 찾지 못하고 돌아온다. 꿈을 깨고 보니 집에서 기르고 있는 새가 바로 파랑새였다는 내용이다. 이 이야기는 행복은 멀리 있지 않고 우리 가까이에 있다는 것을 말해준다.

소그룹 상담 수련회를 통하여 모든 이가 자신 안에 있는 파랑새를 찾으면 좋겠다. 소그룹 상담 수련회는 교회 내에서의 형식적인 인간관계와 피상적인 공동체의 취약점을 보완해 주는 좋은 계기가 될 것이다. 소그룹 상담 수련회는 다음 세대뿐 아니라 기성세대들에게도 잃었던 신앙의 기쁨을 되찾고 새로운 변화에 대처해 나가는 신앙의 결단과 헌신을 하게 되는 중요한 프로그램이 될 것이다.

소그룹 상담 수련회에 접목하는 아이디어들은 대부분 기독영성상담연구소의 연구원들과 교류하면서 생겼다. 이 책은 소그룹 상담 수련회를 함께 실시했던 지도자들과 교회 성도들이 있기에 출판할 수 있었다. 그분들에게 진심으로 감사드린다. 나는 비록 미약하지만, 주님이 능력을 덧입히셔서 이 글을 쓰게 하셨음에 깊은 감사를 드린다.

계명대학교 성서캠퍼스에서

박민수

차 례

1

다음 세대를
위한 교회

제1장

다음 세대를 위한 교회

1. 기성세대의 자화상 — 외형적 성장에 관심

한국 교회는 한때 폭발적인 성장으로 세계 교회의 주목을 끌었다. 교회는 짧은 역사 가운데 세계 선교 역사상 그 유례를 찾아볼 수 없을 만큼 괄목할 만한 성장을 이루었다. 그러나 오늘의 현실은 정체의 단계를 넘어 둔화되고 있는 실정이다. 그동안 교회는 양적으로는 성장했지만 교인 개개인의 삶에 관한 관심과 내면적인 성숙에 대해서는 소홀하였다고 볼 수 있다.

한국 교회의 양적 성장에 관한 평가는 긍정적인 측면과 부정적인 측면이 있다. 긍정적인 측면은 기독교 역사상 선례를 찾아볼 수 없는 양적 성장을 이루어낸 것으로 평가받을 수 있다. 세계에서 가장 큰 교회가 한국에 있고, 세계에서 제일 큰 장로교회와 감리교회가 한국에 있다. 실제로 한국 교회는 서구의 다른 교회와 비교해볼 때 상대적으로 대형이며 많은 교인들로 구성되어 있다.[1] 이와 같이 교회의 양적 성장에는 긍정적인 측면이 있다. 양적 성장의 긍정적인 면은 교회 성장으로 인해 많은 인력과 재력을 확보하면서 국내 선교뿐만 아니라 세계 선교에 관심을 갖게 되었다는 것이다. 한국 교회는 세계 선교에 관심을 갖게 되면서 많은 선교사들을 파송하게

---

1 이성희, 『미래사회와 미래교회』 (서울: 대한기독교서회, 1997), 29-30.

되고, 선교하는 일에 물질을 아낌없이 투자하게 되었다.

또한 양적 성장의 긍정적인 측면은 여전히 많은 교인들이 예배 및 집회에 출석하는 비율이 높다는 것이다.[2] 그러나 이러한 교회의 양적 성장에는 부정적인 측면도 있다. 한국 교회 양적 성장의 가장 심각한 문제는 교회 성장에 대한 가치관과 관련이 있다. 한국 교회는 대체로 '교회 성장'이라는 말을 개교회의 수적인 증가를 중심으로 한 교세 확장을 뜻하는 것으로 이해하고 있다.

교회 성장은 물량적인 성장만을 의미하는 것은 아니다. 교회 성장의 참된 의미는 물량적인 것과 함께 교회의 성숙한 모습, 기독교인들의 신앙적인 삶의 성숙한 태도이다. 다시 말해 교회 성장은 기독교인들이 자기와의 관계에서, 이웃과의 관계에서 더 나아가 세상과의 관계에서 성경 말씀의 기준을 따라 신실하게 살아가는 신앙적인 모습이면서, 동시에 교회 공동체의 모습이어야 한다.[3]

그러나 한국 교회는 성장주의 사고에 지나치게 사로잡혀 신약 성경의 부름 받은 공동체로서의 교회, 즉 예수님의 몸 된 지체로서 구속받은 기독교인으로서의 공동체 사상을 약화시키고 있다. 이러한 결과 한국 교회는 교회를 하나의 거대한 종교적 집회소로, 하나의 거대한 신자들의 집단 카타르시스 처소로 변형시키는 경향이 있다.

특히 대형 교회의 교인들은 서로 이름을 모를 뿐만 아니라 담임 목사와의 인격적 관계도 상실하고 있다. 담임 목사와의 관계는 인격적인 만남이 아니라 설교만 듣는 차원으로 전락하고 있다. 그리고 교인들과의 관계에 있어서도 서로 간의 공동체 의식이 사라지고 있다. 그 결과 교인들은 많은 경우 교회에 소속감을 잃었으며 용납되고, 사랑을 나누며, 필요한 존재로 수용되는 공동체 경험을 갖지 못하게 되었다. 이

---

2 한국 교회 교인의 예배 참석률은 교인 10명 중 6명(66.3%)이 매주 일요일 낮 예배에 출석하며, 10명 중 7명(69.6%)은 구원에 대한 확신이 있다. 교인들은 주 5일제 근무, 멀티미디어의 보급에도 불구하고 전통방식의 예배를 선호하고 있다. 예배를 드리는 교인 중 77.5%는 '주일예배는 반드시 주일에 드려야 한다'고 생각하고 있으며, 89.2%는 방송매체보다는 반드시 교회에서 드려야 한다고 생각한다[한미준-한국갤럽, 『한국 교회 미래리포트』 (서울: 두란노, 2005), 142-207].

3 신형광, 『교회목회와 교회성장』 (서울: 민영사, 1997), 183-184.

러한 대형 교회로의 성장 지향성은 교회의 정체성인 '성도의 공동체'보다는 교회 기구의 유기체적 성장과 팽창에만 관심을 기울이면서, 그리스도의 몸 된 신자로서의 공동체 의식을 약화시키고 있다.

지금까지는 기독교인들이 예수님 중심의 신앙생활을 유지하였으나 오늘날의 교회는 예수님 중심보다는 세상 중심이 되어 가고 있다. 그러므로 신앙적 요구와 세상적 요구와의 사이에서 갈등하게 되고, 신앙생활과 일상생활과의 괴리를 경험하게 되며, 이기심이 점차 팽배하고 있다. 결국 이러한 관계성의 파괴는 상대방을 인격적으로 존중하지 않고 자기의 쾌락을 위하여 타인의 소중함을 소멸해 버리는 결과를 가져오게 되었다. 이로 인하여 한국 교회는 교인들 간에 겪는 자존심의 상처와 함께 대화의 단절을 가져오면서 무관심, 소외감, 불안감, 시기 등 여러 가지 문제점이 생기게 되었다.

성장 지향적인 한국 교회의 문제점은 개신교인들을 대상으로 한 여론조사에서도 여실히 드러나고 있다. 최근 한국 교회는 대형 교회에 대한 선호도는 크게 줄어드는 등 상당한 변화를 보이는 것으로 나타났다. 교인들이 원하는 교회의 모습은 대형 교회보다는 중·소형 교회로서 가족적인 분위기와 서로 간에 교제가 잘 되며, 조용한 교회에 다니기를 원하고 있다. 특히 미래의 교회 모습은 산업 사회의 교회와는 달리 대형 교회의 소형화를 절실하게 필요로 한다. 다시 말해 교회는 소그룹을 통해 대형 교회가 유지되고 움직일 수 있도록 해야 한다.

2. 다음 세대의 자화상 — 내면적 성숙에 관심

한국 교회가 다음 세대의 삶에 신앙적으로 더 이상의 도전을 주지 못한다면 교회의 미래는 어두울 수밖에 없다. 한국 교회는 교회의 성장과 발전에 대해 이대로 만족할 것이 아니라 지금 어디로 가고 있는지를 자각해야 한다. 이렇게 하지 않으면 한국 교회는 유럽 교회처럼 점점 침체되어 갈 수밖에 없다. 한국 교회는 이미 이런 현상을

▲ 아름다운 교회 모습

보이고 있다. 특히 다음 세대 청소년들과 청년들이 교회를 떠나고 있다. 교회는 양적 성장의 정체와 함께 둔화되어 가는 현상이 더욱 가속화되고 있다. 이제 한국 교회는 신학과 목회를 위한 실천신학을 해야 한다. 이를 위하여 교회는 각 분야의 전문성은 인정하되 원래의 틀이 무엇인지를 기억해야 한다.

교회학교 사역자들의 고민 가운데 하나가 교회 안에 성인 교인들은 많은 데 비해 청소년들과 청년들의 수는 급격하게 줄어들고 있다는 것이다. 이미 교인들의 구성이 역삼각형으로 되어 가고 있다. 이러한 상황 속에서 오늘날의 한국 교회는 어떤 모습으로 나아가야 할지 깊이 있게 자문해 보아야 할 때다. 현재 한국 교회의 모습에 대해 교회 성장 전문가들이나 신학자들 그리고 교회교육 전문가들은 현재 한국 교회는 큰 위험에 빠져 있으며 외적으로나 내적으로 갱신이 요구된다고 주장한다.

미국의 교회성장학자인 조지(Carl George)는 이상적인 미래 교회를 '메타교회(meta church)'라고 정의하였다. '메타(meta)'는 히버트(Paul Hiebert)가 차세대 교회의 형태를 기술적으로 표현한 용어이다.[4] 메타는 헬라어로 '변화'를 의미하며, 메타 교회란 '전환기의 교회', '돌아서는 교회', 혹은 '되어 가는 교회'를 의미한다. 메타

4 Carl F. George, *Prepare Your Church of the Future*(Grand Rapids: Fleming H. Reveil, 1992), 51.

교회는 교회 크기에 관계없이 변화를 모색하는 교회이며, 질을 유지하는 교회이다. 그러므로 다음 세대를 위한 교회는 필수적으로 변할 수밖에 없게 될 것이다. 다음 세대를 위한 교회는 변화하는 교회가 되어야 하고, 미래 사회에 적응력을 갖출 수 있도록 구조적인 변화를 가져와야 한다.

이러한 시대적 상황 속에서 한국 교회도 변화하는 교회가 되어야 한다. 한국 교회는 외형적인 모습보다는 내면적인 변화에 관심을 가져 내실을 튼튼히 하는 교회로 다시 태어나야 한다. 이를 위해서 한국 교회는 패러다임의 전환이 있어야 한다. 한국 교회의 구조적인 변화에 대한 패러다임의 전환을 구체적으로 제시하면 다음과 같다.

첫째, 다음 세대를 위한 한국 교회는 성장 제일주의에서 벗어나 양적 성장과 더불어 내면적 성숙으로의 패러다임 전환이 필요한 때이다.

이러한 변화의 요구는 시대의 대세이다. 변화에 적극적으로 대처해 나가는 교회가 미래 사회에 이상적인 교회로 성숙하게 될 것이다. 이러한 변화의 요구는 기독교 신학 내 패러다임의 요구라고 보면서, 성경적·신학적 입장에서 좀 더 냉철하게 살펴보아야 한다. 따라서 한국 교회는 새로운 도전에 적응할 구체적이고 효율적인 전략을 세워야 할 시점에 직면해 있음을 인지해야 할 것이다.

둘째, 다음 세대를 위한 한국 교회는 교회가 가지고 있던 성직 패러다임(clerical paradigm)에서 평신도 사역의 극대화로 전환되어야 한다.

실제로 미래 교회는 교회의 잠재적 자원인 평신도 사역이 극대화되어 이를 통한 교회 성장을 도모할 것이다. 따라서 교회는 성직자에게 전적으로 의존하는 목회 패러다임을 평신도 패러다임으로 전환하는 작업을 서둘러야 한다.[5] 이를 위하여 교회는 목회자 중심 구조에서 공동체적 구조로의 전환이 필요하다. 왜냐하면 교회는 예수 그리스도 안에서 부름을 받은 하나님의 백성 공동체이기 때문이다.

따라서 한국 교회는 평신도의 위치나 역할에 대한 종래의 개념에 혁신적인 변화

---

5 한미준-한국갤럽, op. cit., 37-38.

가 있어야 할 때이다. 왜냐하면 교회는 하나님의 백성 공동체이기 때문이다. 성도는 하나님의 택하신 족속이요, 왕과 같은 제사장이요, 거룩한 나라요, 하나님의 소유된 백성이다(베드로전서 2장 9절). 공동체로서의 교회는 하나님의 통치 안에서 끊임없이 변혁되는(transformed) 공동체이면서 동시에 역사 안에 현존하면서 역사 변혁에 참여하는 변혁하는(transforming) 공동체이다.[6]

이 공동체적 구조를 위하여 예배, 설교, 성례전, 교육, 교제, 섬김과 봉사의 조화적 구조화가 필요하다. 또한 공동체적 구조는 목회자 중심, 교권주의적, 제도주의적 구조에서 하나님 백성 공동체로의 사역 전환이 있어야 한다. 평신도는 역사 안에서 정치, 경제, 문화, 사회 등 삶의 모든 영역에서 하나님 나라의 사역에 참여하는 기쁨과 보람을 느낄 수 있을 것이다.[7] 이를 위하여 목회자는 평신도 훈련을 위한 일에 많은 시간과 힘을 투자해야 한다.

따라서 한국 교회는 성장 신드롬, 시장 지향성, 목회자 중심, 기능과 프로그램 나열식 구조에서 하나님 나라 중심, 역사 지향적, 헌신과 증인 공동체적 구조로의 패러다임 전환이 필요하다. 이는 한국 교회의 철저한 자기비판과 자기회개를 통해서만 성취될 수 있는 성격이다. 이것은 신학적 교회론의 패러다임의 전환이라고 할 수 있다.[8] 이와 같은 패러다임의 전환은 하나님 앞에서 개인, 개교회, 교단이 모두 자신의 상대성과 한계성을 인정할 때 비로소 새로운 변화의 가능성이 싹틀 수 있다.

한국 교회가 하나님의 백성 공동체로 다시 태어나기 위해 과감한 구조개혁을 결행하기 위해서는 예수 그리스도의 사역과 초대교회가 지향했던 예배, 설교, 성례전, 교육, 교제 그리고 선교의 온전한 구조를 수용하여 이들을 구조화해야 할 것이다. 그러나 이것을 구조화할 때, 목회자의 기능 확대나 교회의 프로그램 확대의 수단이 되어서는 안 된다. 오히려 교회는 기독교의 본질인 내향성(inwardness)을 강조해야 하며, 미래 사회가 지구 중심의 사회로 변화할 때 교회는 위엣 것을 추구하는 상향

---

6 M. E. Moore, 『기독교 교육의 새로운 모형』, 이정근 · 박혜성 역 (서울: 대한기독교교육협회, 1991), 53.

7 은준관, 『실천적 교회론』, (서울: 대한기독교서회, 1999), 42-44.

8 Ibid., 41-42.

성(upwardness)의 변화가 필요하다.[9]

교회의 존재 목적은 교회의 비대화가 아니라 하나님 나라를 증언하는 증인 공동체로서 역사 안에 현존하는 것이다. 이것이 바로 교회가 하나님께 부름 받은 목적이다. 따라서 한국 교회는 교회의 존재 양식의 신학적 근거를 제도적 패러다임에서 찾는 것이 아니라 예수 그리스도 안에서의 하나님 나라와 하나님의 통치에서 찾으려는 시도를 해야 한다. 또한 한국 교회는 사역, 예배, 설교, 성례전, 교육, 교제, 선교에 관해 성경적 근거와 함께 사람을 살리고 회복하는 데 관심을 두어야 한다.

3. 다음 세대 교회교육 : 다양성 배려

교회교육은 미래 교회의 중요한 대안이다. 왜냐하면 교회교육은 교인들에게 교인으로서의 정체성을 갖게 할 뿐 아니라 교인들을 기독교인, 온전한 양으로 양육할 수 있기 때문이다. 교회교육은 목회자에게 가장 힘든 목회 스타일이지만 목회자 자신에게 가장 유익하며 보람을 느낄 수 있는 목회이기도 하다. 그러므로 교회교육은 더 이상 어린이와 젊은이의 지적 영역으로 방치되어서는 안 된다. 설교가 하나님 나라 선포의 매개이고 하나님 백성의 회개를 촉구하는 것이라면 교회교육은 하나님 나라를 가르침으로써 하나님의 백성을 세우는 사역으로 교회의 구조와 목회 안에 수용해야 할 것이다.

교회교육의 목적은 교인들로 하여금 개인적으로 하나님 나라를 경험하여, 믿음을 삶 가운데 실천하는 소명의 삶을 통해 기독교적인 정신, 태도, 믿음, 가치관을 습득함으로써 기독교인이 되는 것을 학습하는 과정이다. 이렇게 볼 때 교회교육은 단지 성경적 지식과 기술을 습득하는 것만이 전부가 아니다. 오히려 교회교육은 전체적(holistic) 방법으로 기독교인을 양육하는 것이어야 한다. 그러므로 교회교육은 하

---

9 이성희, op. cit., 30.

〈교회교육 커리큘럼의 기본적인 틀〉

하나님	예수님	성령	교회
아들을 내어주심	십자가 – 칭의	일깨움	Called-Out (예배 · 선교 · 성례전)
아들을 높여주심	부 활 – 성화	추진함	Called-Up (교육 · 친교)
아들을 보내주심	재 림 – 화해	빛을 비춤	Called-Into (선교)

나님의 말씀과 진리에 열려 있는 삶, 그리고 세계 내의 소명의 삶을 사는 사람으로 변화 · 성장해 가는 기독교 공동체의 작업인 것이다. 교회교육에서 하나님 나라의 실현을 위한 커리큘럼의 기본 틀을 위의 표와 같이 제시할 수 있다.

이렇게 교회교육을 예배, 선포, 성례전, 교육, 친교, 선교로 유형화할 수 있다. 따라서 교회교육은 하나님의 백성 공동체를 하나님 나라의 삶을 지금-여기에서 경험하며 실천해 나가는 차원에서 역사-종말론적 관계를 맺는다. 이를 도식화하면 다음과 같다.

특별히 교회교육은 광의의 교육과 협의의 교육으로 나누어 볼 수 있다. 광의적 의미에서의 교회교육은 교회 전체가 목적이 있는 교회가 되어야 한다. 그리고 교

회 전체가 커리큘럼이 있는 교회가 되어야 한다. 또한 광의적인 의미에서 교회교육의 단계는 칭의를 위한 교육 → 성화를 위한 교육 → 화해를 위한 교육이 되어야 한다. 다시 말해 교회교육은 회심 → 양육 → 실천으로 이끄는 전인적인 교육이 되어야 한다.

협의적인 의미에서의 교회교육은 교회 안에서의 다양한 계층과 다양한 은사, 다양한 직종, 다양한 관심사 등을 고려해야 한다. 그러나 지금까지 한국 교회가 교회교육에 있어서 이런 다양성을 인정하지 않고, 이것을 교회교육에 반영하지 않았다면 지금부터라도 연령층의 다양성과 성도들의 다양성을 인정한 연속성과 불연속성의 통합적인 교육 방안이 필요하다.

교회교육은 이들의 다양성 안에서의 통합을 이루기 위해 크게 이중적 구조로 분류해볼 수 있다. 즉 전 교인을 대상으로 한 전교인 교육과 연령별 교육이다. 먼저 전교인 교육이란 전 교인을 대상으로 한 교육으로서 모든 세대 간 교육을 의미하며, 전교인의 구성원들이 함께 참여하고 수행해 가는 교육이다. 예를 들면 예배, 절기예배, 전 교인 수련회, 전 교회적 봉사 캠페인 등 전 교인이 함께 참여하여 수행하는 것들을 말한다.

다른 하나는 연령별 교육이다. 연령별 교육이란 아동, 청소년, 성인을 각 집단으로 구조화하여 수행하는 교육을 말한다. 여기서 아동은 영아부터 초등학교 학령의 어린이들을, 청소년은 중·고등학교 학령 및 27세 이전의 미혼자들을, 그리고 성인은 그 이상의 교인들을 의미한다. 그러므로 연령별 교육은 각각의 특성을 갖는다. 이를 기존의 교육 구조와 비교해 볼 때 몇 가지 중요한 변화가 필요하다.

먼저 성인 교육은 지금까지 목회라는 틀 안에서 외면당해 왔다. 성인들은 교회에서 체계적인 교육적 배려 없이 수행되어 왔다는 것을 말한다. 교회학교 교육은 지금까지 교육이라는 틀 안에서 교육을 위한 교육으로 실시되어 왔다. 즉 하나님의 백성으로서의 공동체를 형성하지 못한 채 지식 전달, 내용 숙지의 형태로 실시되어 왔다. 실천신학 패러다임에서 성인과 교회교육을 위한 구조의 개편이 필요하다. 앞으로의 교회는 더욱더 다양한 계층을 기초로 존재해야 할 것이다.

4. 다음 세대 프로그램 : 참 만남과 쉼의 공동체

다음 세대를 준비하는 교회는 외형적인 모습보다는 내면적인 모습에 관심을 가져 내실을 튼튼히 하는 교회로 다시 태어나야 한다. 한국 교회가 새롭게 태어나기 위해서는 지도자와 교인 모두가 영적으로 성숙해야 한다. 영적인 성숙은 짧은 시간에 이루어지는 것이 아니라 훈련과 다양한 교육적인 프로그램을 통하여 구체적이고 점진적으로 가능하다.

교회는 하나의 공동체이다. 큰 집단 안에 작은 규모의 소집단들이 형성되어 있다. 소집단 안에도 하위 집단이 형성되어 있고, 성경 공부, 조별 활동, 선교회 모임 등 여러 가지 부서별 활동이 활발히 이루어지고 있다. 그러나 정작 교인들은 교회에서 활동은 같이 하고 있지만 서로의 생각이나 마음을 나누기는 어려운 실정이다. 교인들은 서로 친밀감을 형성해야 하고, 서로 사랑해야 한다는 부담감을 갖고 있으면서도 현실적으로 그렇게 하기 힘들다. 교인들은 서로의 마음과 생각, 상황 등을 잘 알지 못하기에 각자 자신의 입장에서 상대방을 바라보고 오해하는 경우가 있다. 그리고 교인들은 서로의 감정과 생각을 표현하거나 해소할 장(場)이 부족한 형편이다.

교회 안에는 상처 입은 사람들이 많이 있는 듯하다. 사랑하고자 하는 마음은 크지만 실제로 사랑할 수 없어서 힘들어하는 사람, 남에게 인정받기 위해서 열심히 일하고 있는 사람, 사랑해야 하기 때문에 용서해야 하고 이해해 주어야 한다는 당위성에 힘들어하는 사람, 기독교인이기 때문에 해서는 안 되고, 해야만 한다는 당위적 사고에서 자신과 타인을 판단하는 경우 등 여러 가지 문제로 고민하는 사람들이 있다. 교인들은 이런 이율배반적인 모습들 때문에 죄책감에 힘들어하고 있다. 이것은 형식적인 신앙생활로 인해 자신과 타인과의 친밀한 관계가 형성되지 않았기 때문이다.

교회교육의 목적은 하나님과의 관계 속에서 자아인식을 확립하고, 신앙공동체 속에서 책임 있는 역할을 감당하며, 일상생활 속에서 하나님과 이웃과 세상을 섬기면서 성숙한 삶을 살아가는 기독교인을 양성하는 것이다.[10] 특히 교회교육은 하나 됨의 영역을 빼놓을 수 없다. 그러므로 교회교육은 교인들을 교회공동체의 일원으

▲ 교회 공동체의 모습

로 모이도록 이끌어주는 역할을 감당해야 한다. 이를 위하여 교회는 교인들이 교육을 통해 교회 공동체에 참여하여 하나님 백성으로서의 실천적 삶을 경험하게 되고, 이를 통해 신자가 되며 더 나아가 공동체의 일원이 되도록 이끌어주는 교육 활동들로 구성되어 있어야 한다. 교회 공동체 안에서의 교제는 교인들을 하나로 연합케 하는 교육 활동을 말한다. 여기에는 새신자 환영 잔치 그리고 공동체 훈련, 캠프, 각종 친교 활동을 들 수 있다.

교회 안에서 주님을 믿는 기독교인들이 자신의 연약함과 고통과 고뇌를 내어놓을 수 있을 때 이것이 진정한 교제일 것이다. 한국 교회는 교인들에게 쉼터가 되어야 하며, 영혼의 안식처가 되어야 하고, 고통의 피난처가 되어야 한다. 교회는 교인들이 공동체 안에서 자신의 연약함을 이해하고, 그 연약함을 서로 이야기하는 과정을 통해 서로를 진정으로 이해하고 수용하여 서로의 아픔과 고통을 나눌 수 있는 교

10 김용원, 『교회교육의 새로운 전망』 (부산: 총회교육위원회, 1993), 164.

회가 되어 가야 한다.

따라서 다음 세대를 위한 한국 교회는 예수 그리스도 안에서 서로의 연약함을 나눌 수 있는 길을 찾아야 할 것이다. 이를 위하여 교회는 교인들이 원하는 가족적인 분위기나 교인들 간의 참 만남과 쉼이 있는 프로그램들에 대해 고민하고 개발해야 한다.

공동체 안에서 서로의 연약함을 나누고, 지체로서의 참 만남을 가질 수 있는 것으로 교회 내에서의 소그룹 상담(group counseling)을 제시하고 싶다. 소그룹 상담을 통해 하나님 앞에서 자신의 모습을 이해하고, 수용하고, 개방하여 보다 나은 교제(koi-nonia)뿐 아니라 신인관계(intra-personal relationship)를 맺어 나갈 수 있기 때문이다.

2

다음 세대의
발달적 특성

제2장

다음 세대의 발달적 특성

나는 나다.[1]

나와 똑같은 사람은 이 세상 아무 데도 없다.

나로 인한 모든 것은 나만의 것이다. 왜냐하면 내가 선택하였기 때문에,

나는 나의 모든 것 ― 몸, 느낌, 입, 목소리 ― 의 주인이다.

내가 다른 사람에게 하는 모든 행동도 나의 것이다.

나는 나의 환상, 꿈, 희망, 두려움을 지니고 있다.

나의 모든 승리, 성공, 실패, 실수까지 모두 나의 것이다.

나는 나의 모든 것의 주인으로 나 자신을 알고 친해질 수 있다.

나 자신을 알 수 있다.

나는 나를 사랑할 수 있고 나의 모든 부분과 친구가 될 수 있다.

물론 나는 나 자신에 대해 당황하기도 하고, 모를 때도 있다.

그러나 내가 나를 사랑하고 친하기만 하면 나 자신을 격려할 수 있다.

나에게는 문제에 대한 해답과 나 자신을 더 알 수 있는 희망이 있다.

내가 어떤 순간에 보고, 듣고, 말하고, 행동하고, 생각하고, 느끼는 것은 비록

부분적으로는 잘 안 맞는 것이 있더라도 전부 나의 것이다.

---

1 V. Satir, *Making Contact*, Milbrace, CA: Celestical Arts, 1978.

나는 잘 안 맞는 그 부분만 던져 버리고 나머지는 지킬 것이다.

그리고 던져 버린 것에 대해서는 새로운 것을 만들어낼 수 있다.

나는 보고, 듣고, 느끼고, 생각하고, 말하고, 할 수 있다.

나는 생존할 수 있는 방법을 가지고 있고, 다른 사람과 가까이 지낼 수 있고, 생산적이

될 수 있다.

나는 내 밖에 있는 것들, 사람들, 세상에 존재하는 질서를 찾을 수 있다.

나는 나 자신의 주인이기 때문에 나는 나를 움직이게 할 수 있다.

나는 나이고, 나는 괜찮다.

(V. Satir, "Making Contact"에서 인용)

청소년기는 흔히 인생의 황금기라 하지만 사실 이 시기는 '영혼의 어두운 밤(the dark night of the soul)'을 지나는 시기이기도 하다. 그 이유는 심리적 이유기(離乳期)에 들어선 이들이 내면의 새로운 탄생을 위해 치러야 할 고통이 결코 수월치 않기 때문이다. 블로스(Peter Blos)에 의하면 청소년기는 생물학적 성숙에 대한 심리적 적응 기간이다. 그러므로 청소년의 심리 상태는 신체적인 특성보다 훨씬 더 길고 역동적이다.[2] 그래서 홀(C. Stanley Hall)은 청소년기를 신체적, 정신적, 성적으로 엄청난 변화를 겪으며, 아동기와 성인기 사이에 놓여 있는 과도기라고 정의하였다.[3]

청소년은 '나는 누구인가?'라는 자아정체성을 발견하기 위해 끊임없이 내적 투쟁을 계속하는 젊은이들이다. 이 시기에 있는 청소년은 이런 내적 투쟁을 정당화할 근거와 표현방법을 찾지 못한 채 방황하기 쉽다. 그래서 그들은 '나는 누구인가', '나는 왜 살고 있는가?' 하는 의문을 스스로에게 던지고 그 의문에 대한 대답을 찾지 못하면 혼란스러워한다. 곧 그들은 정체성 혼란에 빠지게 된다.[4] 이러한 혼란 속에서 청소년들은 지금까지 문제 삼지 않았던 것들을 새로운 시각으로 바라보게 되면

---

2 한국청소년개발원, 『청소년심리학』 (서울: 서원, 1996), 13.

3 Ibid., 10.

4 Erickson, E. H., *Identity: Youth and Crisis*(New York : W. W. Norton, 1968), 212.

서 회의와 고민 속에 빠지게 된다.

이 시기의 고민들은 모두 자기 존재의 확인과 재정립을 위한 사색과 노력이다. 다시 말하면 '나는 누구인가', '나는 과연 무엇을 할 수 있는 사람인가?', '나는 대체 어떠한 사람이어야 하는가?', '내가 추구해야 할 가치는 어떤 것이어야 할 것인가?'라는 물음에 대한 해답을 찾고자 하는 것이다. 이러한 질문이 바로 자아정체감 확립을 위한 자기탐색의 과정인 것이다.

1. 다음 세대의 심리, 양가적 감정

우리는 살아가는 과정에서 여러 가지 사건을 만나게 된다. 우리의 삶에는 기쁠 때도 있고 감당하기 어려운 일들을 만나 답답할 때도 있다. 우리는 스스로 감당하기 어려운 일들을 만났을 때 문제를 만났다고 말한다. 그리고 우리는 그 문제가 심각해서 자신의 힘과 주변 사람들의 도움만으로 그 문제를 해결할 수 없을 때 위기에 봉착했음을 깨닫는다. 우리가 위기라고 느끼는 문제들은 크게 상실과 공격성으로 나눌 수 있다. 상실은 우리가 스스로 소중하게 여기는 물건, 신체의 일부분, 생명, 친구나 친척, 또는 가족을 잃었을 때 경험한다. 반면에 공격성은 자기 자신에게 해를 입히는 것이다. 이 공격성의 한 예가 바로 자살이다. 그러나 이 공격성의 이면에는 심각한 상실이 존재한다.

청소년의 다양한 특성을 한마디로 말하면 '양면성(ambivalence)'으로 대변될 수 있다. 양면성은 청소년뿐 아니라 모든 인간의 공통된 모습이다. 프로이트(S. Freud)의 정신분석학적 관점에서 볼 때, 인간은 즐거움(pleasure)을 끊임없이 추구하는 이드(id)와 이러한 본능적 충동을 억제하고자 애쓰는 초자아(superego) 사이의 갈등 구조 속에서 순간순간 이중적 모습을 드러낼 수밖에 없는 존재이다.[5] 또한 융(C. Jung)의

---

5 이만갑, 『자기와 자기인식』 (서울: 소화, 2002), 52-56.

▲ 양면성

분석심리학적 관점에서 볼 때, 인간은 겉으로 드러난 모습(persona)과는 반대적 속성을 가진 그림자(shadow)를 그 속에 내포하고 있다. 인간은 겉으로는 거칠고 강해 보이는 사람도 그 내면에는 부드럽고 약한 사람이 숨어 있는 경우가 대부분이라는 것이다.[6]

이처럼 양면성은 모든 사람이 공유하고 있는 특성이긴 하지만 특히 청소년 시기에는 더욱 두드러진다. 청소년들은 발달 과정상 더 이상 아이가 아니지만 그렇다고 해서 완전한 성인도 아닌 과도기에 머물러 있다. 따라서 그들은 아이적 특성과 성인적 특성을 동시에 지니게 된다. 그리고 청소년 시기는 신체적 변화와 함께 정신적 이유(離乳)의 혼란 속에서 신체와 정신의 괴리를 경험한다. 그들은 지금까지 의존해 오던 부모의 권위로부터 벗어나 자신의 세계를 구축하고자 한다. 이러한 내적 욕구는 부모에 대한 사랑과 미움을 동시에 느끼는 애증(愛憎)의 깊은 산골짜기로 빠져들게 한다. 부모에 대한 이러한 양면적 감정은 그들을 더욱 불안하게 만들며 일종의 죄책감마저 유발하게 된다. 그리하여 청소년들은 그 감정을 주체할 수 없어 깊은 감정의 소용돌이에 휘말리게 된다.

6 Ibid., 59-63.

이러한 상황 가운데서 청소년들은 다음과 같이 질문하면서 그 질문에 대한 대답을 찾기 위해 노력해야 한다ー'나는 누구인가?', '왜 사는가?', '어떻게 살아야 하는가?' 이러한 질문이 바로 청소년기에 자신에게 물어야 하는 질문이고, 어떻게 하든지 대답을 얻어야 하는 질문이다. 청소년들은 질문에 대답하는 과정을 통해 '나'를 발견해 가는 것을 배워야 한다.

2. 다음 세대의 과업, 나와의 만남

사람들은 스스로 자기 자신을 잘 안다고 생각한다. 그러나 사실 우리는 자기 자신을 가장 잘 모르고 있다. 우리는 얼마나 자기 자신을 잘 아는가? 사람이 자기 자신에 대해서 안다는 것은 마치 고고학자가 유물을 탐사하는 것과 비슷하다. 고고학자는 아직 알려지지 않은 유물에 집중하여 그 유물을 찾기 위해 이곳저곳을 탐색한다. 이와 같이 우리들이 자기 자신에 대해 안다는 것은 고고학자가 유물을 발견하는 것과 유사하다. 그러므로 우리들이 '나는 누구인가?'에 대한 질문에 대한 대답을 찾아가는 것은 매우 흥미로운 탐색이 될 것이다.

사람은 자신의 이름 이외에 자신이 입고 있는 옷, 자기가 갖고 있는 물건, 자기의 장식품 등이 자신의 정체성을 높이는 데 큰 몫을 한다.[7] 올포트(G. W. Allport)는 아이들이 옷을 입지 않고 있을 때 더 자유롭게 이야기한다고 한다. 그러면서 그는 '자기의식은 마치 셔츠와 같이 벗어 던질 수 있는 의복과 같다'[8]고 하였다. 곧 사람은 옷을 벗고 알몸이 되면 마치 거북스러운 자기의식에서 벗어난 것처럼 홀가분한 기분을 갖고 솔직해진다는 의미이다.

만일 우리가 자기 자신에 대해 잘 이해할 수 있다면 보다 더 바람직한 삶을 꾸려갈 수 있을 것이다. 자기 자신을 이해한다는 것은 자신의 몸과 마음에 관한 여러 가

---

7 Ibid., 123.

8 Allport, G. W, op. cit., 116.

지 상태, 대인관계의 질, 가치관 및 이와 관련된 자신의 행동 등을 현실적으로 이해하는 것이다. 그러나 우리나라의 교육 현실은 지금까지 객관적인 지식 위주의 교육을 하였다. 그래서 우리는 자기 자신에 대해서 알 수 있는 기회를 많이 갖지 못했다. 우리가 막상 '나는 누구인가?'라는 질문을 받게 되면 자신도 모르게 당황하게 되고, 어떻게 대답할 것인가 망설이게 된다.

'나는 어떤 성격의 소유자인가?', '나는 어떤 때 즐거워하고, 어떤 때 슬퍼하며, 어떤 때 화를 내는가?', '나는 무엇을 싫어하고, 어떤 것을 좋아하는가?', '나의 장래 희망은 무엇인가?' 등의 질문을 통해 자기 자신에 대해 이해하면 이해할수록 좀 더 나은 삶을 살아갈 수 있을 것이다.

따라서 사람이 '나는 누구인가?'를 아는 것은 중요하다. 이것은 자기의 정체성을 발견하는 데 중요한 영향을 미치게 된다. 또한 자신이 누구인지를 아는 것은 대인관계를 향상시키는 데 있어서도 매우 중요하다. 왜냐하면 자기 자신이 누구인지를 안다는 것은 자신이 느끼고, 원하고, 믿고, 가치를 두고, 경험한 것을 다른 사람과 함께 나눈다는 의미가 포함되어 있기 때문이다. 사람이 다른 사람과 함께 자신의 경험을 나눌 때 그 사람은 나에 대해 좀 더 깊이 이해하게 된다. 그러므로 자아 개념은 타인과의 관계에 영향을 주는 중요한 요소 가운데 하나이다. 이 자아 개념은 나 자신이 어떤 존재인지에 대한 자각을 의미하며, 이것은 여러 생활에서 자기 자신의 반응을 선택하게 하고 결정하게 한다.

그러므로 우리가 가장 먼저 해야 할 일은 나 자신의 마음과 접하는 것이다. 우리 각자 스스로에게 물어보라. '나는 누구인가? 이 몸뚱이 안에 살고 있는 사람은 누구인가? 나에게 중요한 것은 무엇인가? 나는 누구를 사랑하는가? 나는 삶에서 진정 무엇을 원하는가?' 우리는 자신의 가면을 벗고, 우리의 가장 깊은 곳, 가장 진실한 마음 안에서 어떠한 일이 일어나고 있는지 발견하도록 노력하여야 한다.

'네 자신을 알라'는 경구는 아폴론을 숭배하는 델포이 신전 정면에 새겨져 있다. 이 경구는 '타인을 안다는 것은 현명한 일이다. 그러나 자기 자신을 안다는 것은 더욱더 현명한 일이다'라는 노자의 격언과도 같다. 이 두 경구의 의미는 자기 자신을 안다는 것은 우리가 가진 것과 우리에게 속한 것을 아는 것 그 이상이 된다는 의미이다. 여기서 자기 자신이란 자기의 신체를 말하는 것이 아니고 영혼을 의미한다.[9] 그러므로 나 자신을 안다는 것은 인간 그 자체, 즉 우리의 자아와 영혼을 안다는 것이다. 소크라테스는 다음과 같이 말한다. "만약 우리가 우리 자신을 안다면 아마도 적절하게 자기 자신을 활용할 수 있게 될 것이다. 자신을 알지 못하고는 결코 그렇게 할 수 없다."[10]

우리는 자신의 결점이 무엇인가 하는 것과 그 결점이 보통 어떠한 방식으로 나타나는가를 잘 알기만 한다면, 그 결점이 드러나기 전에 미리 조절할 수 있다. 아주 단순한 예로, 화를 잘 내지만 자신이 화를 낸 결과에 대해서는 매번 후회를 하는 사람이 있다고 하자. 그는 자신이 화를 낼 때 나타내는 특별한 표시를 스스로 주의 깊게 검토해 보는 것이 좋다. 화났다는 것이 아무리 빨리 표시 난다고 해도 결코 곧바로 나타나지는 않을 것이며 점진적으로 드러날 것이다. 우리가 화를 내는 주원인은 대개 우리들 자신에게 있지도 않으며 게다가 보통은 우리가 어떻게 할 수도 없는 것이다. 그러므로 우리는 그러한 주원인을 없앨 수는 없다. 그 대신 예를 들어 자신의 의견이나 결정을 즉각적으로 나타내고 싶은 욕망같이 스스로가 조절할 수 있는 부차적인 원인을 없애기만 하면, 우리는 화났다는 표시를 멈추게 할 수 있다. 갑자기 대화를 멈추면 불손하게 보이겠지만, 그래도 우리가 자신을 조절할 수만 있다면 나중에 후회하게 될 행동을 저지르는 것보다는 바람직한 일이다.

그렇게 하는 것은 분명 올바른 판단력을 갖고 자신을 조절하는 것이지만 우리는 실제로 그렇게 하기가 매우 힘들다는 것을 모두 알고 있다. 우리 개개인의 기질이 관계되기 때문에 이성만으로는 그렇게 할 수 없는 것이다. 거기에는 의지가 따라야 한다.

---

9 이만갑, op. cit., 6.
10 Pol Gaillard, 『인간의 자유』, 이상해 · 도화진 역 (서울: 예하, 1993), 32에서 재인용.

3. 다음 세대의 성장, 자기다움 견지

자아정체감(ego-identity)은 자신을 다른 사람과 분리된 독특한 개인으로 자각하는 것이다. 이와 함께 자아정체감은 대인관계, 역할, 목표, 가치 및 신념 등에 있어서 자기다움을 견지해 나가려는 의식적·무의식적 노력을 포함하고 있는 것이다. 높은 자아정체감을 소유한 사람은 자기일관성 내지는 내적 통합성을 추구한다.

자아정체감의 형성과 확립은 전 생애를 통해 이루어지나, 그 문제가 가장 두드러지는 시기가 바로 청소년기이다. 사람은 사춘기에 접어들면서 신체발달과 성적 성숙이 급격히 증가하게 되면서 신체 내부에서 일어나는 여러 충동이 청소년들로 하여금 갈등을 일으키게 된다. 청소년들의 생리적 변화에 따른 급격한 변화가 정체감 혼미를 야기하기도 한다.

▲ 나와의 만남

거울 앞에 있는 자신의 모습을 보면서 '너는 누구냐?'라고 질문하게 된다. 그리고 이 시기의 청소년은 자신의 내적 충동을 스스로 통제할 수 없음을 깨닫고 자신이 주인이 아니라는 것을 느끼면서 자아정체감 혼란에 직면하게 된다. 또한 '나는 어떤 존재로 존재해야 하는가?' 하는 질문도 하게 된다. 이러한 질문은 자신의 능력, 환경, 가치관, 인생관, 이념 등과 연관된다. 여기에서 청소년은 자신이 처해 있는 현실과 자신의 이상을 놓고 심각한 고민에 빠져든다. 이럴 때 그의 눈앞에 동일시할 수 있는 대상이 있으면 고민이 쉽게 풀릴 수도 있다. 그러나 이 시기의 청소년의 눈에는 동일시할 수 있는 대상을 찾는 것이 쉽지 않다.

정체감 형성에는 사회적인 측면도 영향을 받는다. 청소년들의 또 다른 고민은 다른 사람들이 나를 어떻게 볼 것인가 하는 것이다. 즉 그들의 불안은 다른 사람의 눈에 내가 좋게 보이지 못하거나 다른 사람의 기대에 어긋날지도 모른다는 생각이다. 그들의 고민은 이것으로 끝나는 것이 아니라 그 이상으로 자신의 미래를 걱정하기 시작한다. 급속하게 성장하는 정신능력을 갖춘 청소년들은 자신의 앞에 펼쳐져 있는 무수한 선택에 압도되어 버리기도 한다. 이러한 이유는 청소년들은 아직 자신의 존재에 대한 굳건한 확신을 갖고 있지 못하기 때문이다. 그래서 그들은 소속된 집단에 속하기 위해 멤버들과 자신을 동일시하려 든다. 그래서 그들은 편협하리만치 배타적이고 소속된 집단 중심적일 수 있다. 그러면 어떻게 하면 청소년들이 정체감 위기를 극복하면서 자아정체감을 형성할 수 있을까?

먼저 자아정체감 형성을 위해서는 자기객관화가 필요하다. 자기객관화는 자기 자신을 있는 그대로 바라보는 것이다. 사람은 자신의 좋은 면만 보는 사람도 있고, 또한 자신의 나쁜 면만 부각시켜서 바라보는 사람도 있다. 사람이 자신의 약점만을 바라보게 될 때 자기 자신을 비하하거나 자신의 삶을 비관하기도 한다. 자기 자신을 있는 그대로 바라본다는 것이 말로는 쉬운 것 같으나, 실제로는 자기의 모든 것을 보지 못하기 때문에 결코 쉬운 일이 아니다. 그러나 우리가 자기탐색 과정에 있어서 좋은 면이든 나쁜 면이든 간에, 자기의 모든 면을 어떠한 방어기제도 개입시키지 않고 볼 수 있는 성숙한 마음 자세가 있으면 결코 불가능한 일도 아니다.

둘째로, 자아정체감 형성을 위해서는 자기수용(self-acceptance)이 중요하다. 자기수용은 자기를 있는 그대로 받아들이는 것이다. 자기를 있는 그대로 받아들이는 것이 별로 어려울 게 없을 것 같이 보인다. 그러나 인간의 심리에는 괴로운 것은 피하고 기분 좋은 것은 추구하려는 경향이 있기 때문에 자기를 있는 그대로 받아들인다는 것을 어렵게 만든다. 이와 같이 사람은 자기 자신에 대해서도 좋은 면은 받아들이기 쉽지만 좋지 않은 면은 의식, 무의식중에 거부하게 되는 것이 인간의 심리이다.

꽃은 저마다 향기를 지니고 있다. 장미는 아름다움과 좋은 향기를 지니고 있다. 우리는 누군가에게 장미꽃을 받으면 좋아한다. 그러나 우리들이 사랑하는 사람에게 장미꽃 대신 배추를 선물로 받으면 상대방으로부터 무시당했다 생각하여 속상해할 것이다. 왜냐하면 장미꽃에 비해 배추는 아름다움과 좋은 향기가 없기 때문이다. 그러나 그 배추는 매일 우리들의 식탁에 맛있는 김치를 제공해 준다. 이와 같이 이 세상의 모든 것은 그 나름대로의 역할과 존재 이유가 있는 것이다. 다음과 같은 이야기가 성경에 있다.

금 그릇과 질그릇

어느 큰 집에 금 그릇과 은그릇이 있을 뿐 아니라 나무 그릇과 질그릇도 있어서 귀히 쓰는 것도 있고 천히 쓰는 것도 있나니 그러므로 누구든지 이런 것에서 자기를 깨끗하게 하면 귀히 쓰는 그릇이 되어 거룩하고 주인의 쓰심에 합당하며 모든 선한 일에 예비함이 되리라.

(신약성경, 디모데후서 3장 20-21절)

이 세상에는 금 그릇만 있는 것이 아니라 천히 쓰는 질그릇도 있다. 이 천한 질그릇도 깨끗하게 하면 귀히 쓰는 그릇이 된다. 이와 같이 진정한 자기수용은 좋은 면만이 아니라 좋지 않은 면도 있는 그대로 보고 그것이 좋지 않음을 알면서도 그것 역시 나의 일부임을 인정하면서 껴안고 가는 것이다. 다시 말해서 자기 자신을 있는 그대로 수용하는 것은 나에게 있는 결점까지도 사랑하며, 나아가서 그것을 좋은 방향으로 개선해 나갈 수 있도록 노력하는 성숙한 마음인 것이다.

셋째로, 자아정체감 형성을 위해서는 실행의 용기가 필요하다. 자신이 결정한 선택과 계획을 실행에 옮기기 위해서는 용기가 필요하다. 우리가 새로운 일을 시작할 때에는 불안과 두려움이 있다. 이때 우리가 불안과 주저를 극복하여 그 계획을 실행에 옮기는 지혜와 용기가 중요하다. 이렇게 용기를 통해 얻어지는 성취들이 종국적으로 자아정체감을 확립하는 데 원동력이 되는 것이다.

만약 이 시기에 정체감을 형성하는 데 어려움을 겪고 있다면 그 문제가 심각해지기 전에 다른 사람에게 조언을 구하거나 도움을 요청하는 것도 중요하다. 이 시기에 있는 청소년은 친구, 교사, 부모에게 고민과 어려움을 이야기하거나 또한 필요할 때는 전문상담을 통해 도움을 받는 것도 바람직하다.

4. 다음 세대의 정서, 자아개념

청소년기는 신체적 변화와 정서적 변화를 경험하게 되는 시기이다. 청소년의 자아상은 학문적 자아개념(능력, 성취), 사회적 자아개념(친구, 가족관계), 정서적 자아개념(성격), 신체적 자아개념(능력, 외모)으로 구성되어 있다. 이 시기에는 자아개념 가운데 한두 가지 문제가 있다고 하더라도 다른 영역에서 자신감을 갖고 긍정적인 생각을 하도록 돕는 것이 필요하다. 여기에서는 정서적 자아개념을 중심으로 살펴보고자 한다.

이 시기에 여러 가지 중요한 특징 가운데 하나가 자신에 대한 자아상(self-image)을 형성하게 된다는 점이다. 자아상은 자기 자신에 대해 느껴지고 생각되는 자신의 모습을 의미한다. 자아상은 자기 자신에 관해 스스로가 수집한 모든 생각과 감정들을 종합해 놓은 것이다. 삶에서 겪는 긍정적인 경험은 자신감을 갖게 하고, 부정적인 경험은 부정적인 자아상을 만들게 한다. 긍정적인 자아상은 삶에 안정감과 자신감을 갖게 하는 반면에 부정적인 자아상은 낮은 자존감과 사회적인 접촉을 피하게 한다.

이러한 자아상은 자신과의 관계, 타인과의 관계에 영향을 줄 뿐만 아니라 하나님과의 관계에까지 영향을 준다. 긍정적인 자아상은 자신을 긍정적으로 바라보고, 타인을 긍정적으로 바라보고, 심지어 하나님을 긍정적으로 바라보는 데 중요한 역할로 작용할 수 있다. 이에 비해 부정적인 자아상은 자신뿐만 아니라 타인에 대한 부정적 인식으로 연결될 수 있으며 나아가서는 하나님과의 관계에서도 부정적인 이미지를 가질 수 있다.

1) 자아상 형성의 요소

우리는 다른 사람과의 관계를 통해 자아상을 형성한다. 이렇게 형성된 자아상은 자신의 내면세계와 외부세계로 나누어볼 수 있다.

먼저, 자신이 자신에게 그려준 상으로 내부세계에 의해 형성된 이미지이다. 이 자아상은 자기 스스로 자신에 대해서 생각하는 것이다. 이 자아상은 가장 궁극적인 자기 모습으로 자라 가면서 점점 형성된다. 이것이 형성되어 있지 않으면 자기의 얼굴을 그리지 못한다.

둘째, 다른 사람이 나에게 그려준 상으로 외부세계에 의해 형성된 이미지이다. 이것은 자아상이 자라나는 기초 토양의 역할을 한다. 타인에 의해 형성된 자아상의 요인은 자신의 삶에 중요한 타자에 의해 형성된다. 이 이미지는 출생에서부터 유아기, 유년기, 사춘기를 통해 형성된다. 자아상은 이 시기를 통과해 오면서 경험한 것들이다. 이것은 자라면서 자신이 다른 사람들로부터 어떤 대우를 받았으며, 어떻게 훈련되었고, 어린 시절 다른 사람들과 어떤 관계를 맺었는지를 말해준다. 예를 들어 '너는 참 착하구나'라는 말을 듣고 자란 사람과 '너는 왜 이리 칠칠치 못하니? 넌 동생보다 못하구나'라는 말을 듣고 자란 사람 사이에는 분명한 차이가 있을 것이다. 이 이미지는 주로 가족들에 의해 형성되는 것으로 그들의 얼굴표정이나 목소리의 높낮이, 태도, 말, 행동 등에 의해 전달된 메시지를 통해 형성된다. 자라면서 격려를 많이 받고 자란 사람은 자신감이 많고 정서적으로 안정되어 있는 반면 엄격하고 조금만 실수해도 엄하게 꾸짖으시는 부모님 밑에서 자란 경우는 자신감도 부족하고 심리적 불안감이 다른 사람에 비해 높은 편이다.

셋째, 미래의 기대에 의해 그려진 상으로 미래에 의해 형성되는 이미지이다. 이 미래 이미지는 자신의 미래에 어떻게 되었으면 좋겠다고 생각되는 이상적인 이미지로 자기가 추구하는 자기의 모습이라고 할 수 있다.

이처럼 자아상은 자신에 대해 그려 놓은 영상과 감정들이 복합되어 형성되어 있다. 사람들에게서 인정받을 때 자기를 사랑하게 되고, 그렇지 못할 때 자기를 미워하거나 경멸하게 된다.

2) 부정적 자아상

부정적 자아상은 자기 자신을 있는 모습 그대로 인정하지 않고, 자신을 왜곡되게 보는 것이다. 이것은 본래의 자신의 모습보다 더 낮게 생각해서 자기를 경멸하거나 과장하는 것을 말한다. 부정적인 자아상의 특징은 다음과 같다.

첫째, 자기를 멸시한다. 자기 자신이나 자기가 한 일에 대해서 만족하지 못하는 사람은 항상 자기 자신을 멸시하는 감정에 사로잡히게 된다. 이런 사람은 늘 피해망상에 빠지는 경향이 있다.

둘째, 자기를 과장한다. 원래 자신의 모습은 그렇지 않은데 다른 사람의 인정을 받고 싶어 한다.

셋째, 자신감이 없거나 의기소침하다. 이것은 지나친 민감성(super sensitivity)을 가진 사람으로 상처를 받기 쉽다. 이러한 사람은 다른 사람으로부터 사랑을 받고 인정을 받고 싶어 하지만 오히려 그와 반대되는 것을 경험하며 그 결과 마음 속 깊은 곳에 상처를 받게 된다. 이러한 사람은 다른 사람들이 보지 못하는 것을 보고 느끼지 못하는 것을 느끼는 유형이다.

넷째, 자존감이 낮다. 이것은 낮은 자존감을 의미한다. 낮은 자존감은 자기 자신을 존중하는 마음이 낮은 상태이다. 이러한 사람은 있는 모습 그대로의 자기 자신을 받아들이지 못하며, 이로 인해 기뻐하는 마음이 없다.

다섯째, 비교의식이 심하다. 사람은 누구나 어느 정도의 비교의식은 가지고 살아간다. 비교행위는 어쩌면 인간인 이상 불가피한 것일지도 모른다. 비교하는 의식은 긍정적인 경험을 이끌어내기도 한다. 예를 들어 나보다 더 어려운 여건에서 섬기면서 살아가는 사람을 보고 자극을 받거나 마음을 뉘우치게 되기도 한다. 그리고 신체적인 용모가 자신보다 부족하지만 오히려 정신적으로 더 건강한 모습을 보게 되면 자신의 태도를 재점검하게 된다.

그러나 이 비교의식을 파괴적이고 부정적으로 사용할 경우 심리적인 상처를 입게 된다. 비교의식이 강한 사람은 다른 사람과의 비교에 의해서만 자기의 가치를 확인한다거나 지나친 경쟁의식을 가지게 될 경우 열등의식, 자포자기, 허무주의 등에 빠지게 되기도 한다.

메뚜기와 밥

이스라엘 백성들이 400년 동안 포로 생활을 하던 애굽에서 탈출하여 약속의 땅 가나안 땅 가까이에 이르게 되었다. 이때 모세는 열두 명의 정탐꾼을 뽑아 가나안 땅을 정탐하게 하였다. 열두 정탐꾼은 가나안 땅으로 몰래 들어가 이모저모를 알아보고, 여러 곳을 두루 살펴보았다. 그러다가 40일째가 되던 날 정탐꾼들이 돌아왔다. 열두 사람 가운데 두 사람은 긴 막대기에다가 탐스럽고 커다란 포도송이를 어깨에 메고 있었다. 그리고 그들은 가나안 땅은 젖과 꿀이 흐르는 곳이라는 것을 그들의 지도자 모세에게 보고하였다. 그러나 열 명의 정탐꾼은 "가나안 사람들은 모두 힘이 세어 보였으며 키가 어찌나 큰지, 그들에 비하면 우리는 메뚜기 같아서 쉽게 발밑에 밟히고 말 것이다."라는 부정적인 보고를 하였다. 그러나 이들과 함께 가나안 땅을 정탐하였던 여호수아와 갈렙은 "가나안 땅은 하나님께서 우리 이스라엘 백성에게 약속하신 땅이니 하나님의 말씀을 믿어야 한다. 하나님은 우리 편이시니 틀림없이 우리를 도와주실 것이다. 그러므로 가나안 사람들을 두려워하지 말라, 그들은 우리 밥이다."라고 보고하였다.

(구약성경, 민수기 13-14장)

부정적인 자아상을 가진 열 명의 정탐꾼은 가나안의 거대한 성과 커다란 가나안 사람들을 보고 스스로 약해졌다. 그들은 스스로 아무것도 할 수 없다고 생각하였다. 그러나 긍정적인 자아상을 가지고 있는 두 명의 정탐꾼은 이스라엘 백성을 애굽에서 구원하여 주신 하나님의 약속을 믿으면서 하나님께서 그 땅을 이스라엘 백성들에게 주실 것임을 믿었다. 그러므로 가나안 땅의 환경을 바라보았을 때 긍정적인 쪽으로 바라볼 수 있었던 것이다. 그것은 가나안 사람들의 키가 큰 것은 그 땅이 젖과 꿀이 흐르는 땅임을 입증해 주는 것으로 보았다. 하나님이 약속하신 가나안 땅이 정말 비옥한 땅임을 보게 된 것이다. 그래서 그들은 가나안 사람들을 자신의 밥으로 보았던 것이다.

이와 같이 자아상은 환경을 바라보는 데 중요한 역할을 하게 된다. 긍정적인 자아상은 자신이 처한 환경을 긍정적인 방향으로 바라보게 할 것이고, 부정적인 자아상은 자신이 처한 환경이나 형편을 부정적인 쪽으로 바라보게 할 것이다. 다시 말해서 부정적 자아상은 있는 그대로의 모습을 받아들이지 못하고 열등감을 가지거나 지나친 우월의식을 가지게 한다. 그러나 긍정적 자아상은 환경에 굴하지 않고 그 환경을 있는 그대로, 긍정적으로 바라보게 한다. 이와 같이 자아상은 자신의 삶과 미래에 결정적인 역할을 한다.

3) 자존감

자존감(self-esteem)은 자신이 삶의 기본적인 도전을 처리해낼 수 있는 능력이 있다는 것과 행복을 누릴 만한 사람이라는 것을 경험하는 것이다.[11] 자존감[12]은 자신을 만족스러운 존재로 경험하는 성향이며, 불만족스러운 존재로 경험하는 면은 도외시된다. 곧 자존감은 자기 자신을 긍정하고 존중하는 것을 의미한다. 자존감에 관한 질문은

---

11 Branden, N., *Six Pillars of Self-Esteem*(New York : Bantam Books, 1994), 27.
12 자존감과 혼동하기 쉬운 낱말에 자랑(pride)이 있다. 자랑은 어떤 특정한 일을 해냈다는 데서 오는 즐거움과 관련되는 것이다. 말하자면 업적에 대한 정동적인 보수라고 할 수 있다. 자랑은 '내가 가진 것'인 데 비해서 자존감은 '내가 할 수 있다'는 의지를 바탕으로 한 것이다(Ibid., 40).

'나는 나 자신을 좋아하는가?'이다. 이 질문 앞에 '나는 누구인가?'에 대한 자신의 대답들을 떠올려보면, 뒤섞인 감정으로 자신을 본다는 것을 알 수 있다. 자존감은 4개의 영역으로 구성되어 있다.

첫째, 도덕적 가치감(sense of moral worth)이다. 사람이 높은 자존감을 가지려면 윤리적 선택을 해야 될 때 선하고 올바른 방식으로 반응할 것이라는 내적 확신이 필요하다.

둘째, 유능감(sense of competence)이다. 유능하다는 느낌은 실제 능력에 의해 좌우될 듯하다. 그러나 사실은 자신이 무엇인가를 할 수 있는 능력과 그에 대한 적절한 기대감이 더 중요하다.

셋째, 자기결정감(sense of self-determination)이다. 자신을 낮게 보는 사람은 보통 자신의 삶을 변화시키는 데 무력감을 느낀다. 긍정적인 자존감을 가진 사람들은 삶에 대한 책임감을 기꺼이 받아들인다. 이런 사람들은 객체이기보다는 주체로서 느끼며, 수동적이 아니라 능동적인 행위자로 살아간다.

넷째, 통일감(sense of unity)이다. 통일감은 오른손은 왼손이 무엇을 할지를 안다는 것을 뜻한다. 즉 행동의 일관성을 의미한다. 일관성이 결여된 사람은 자신의 행동에 대해 이해력이 부족하게 되고 혼란을 느낀다.

자기 자신에 대해 긍정적으로 생각하고 자신을 인정하는 높은 자존감을 가진 사람들은 다음과 같은 특징을 가지고 있다. 첫째, 높은 자존감을 소유한 사람은 집단 내에서 보다 자유롭게 이야기하는 경향이 있다. 우리는 집단 토의에 임했을 때 얼마나 자주 그리고 얼마나 깊게 얘기하는지 관찰해봄으로써 어떤 사람이 높은 자존감을 갖고 있는지 알아낼 수 있을 것이다.

둘째, 높은 자존감을 소유한 사람은 자발적인 경향이 있다. 이런 사람들은 '한번 해보겠다'는 식으로 삶에 다가간다. 이러한 사람은 가능성을 보고 행동을 결정하며, 그것을 얻기 위해 어떠한 모험도 기꺼이 감수한다. 셋째, 높은 자존감을 소유한 사람은 세상을 긍정적으로 바라보는 경향이 있다. 이러한 사람은 낮은 자존감을 지닌 사람보다 자신에 대한 비평을 좀 더 잘 견딘다. 비판을 좋아하는 사람은 없다. 그러나 높은 자존감을 소유한 사람은 이러한 비판도 건설적인 제안으로 받아들이면서 그 안에서 유익을 발견한다.

5. 다음 세대의 자아, 관계에서 발견

자기를 아는 것을 통하여 자기 자신에 대한 건전한 자아를 정립할 수 있다. 자아를 정립하는 데는 자신이 어느 나라, 어떤 가정에서 태어나며 어떤 직업을 가지고 누구와 결혼해서 언제 죽을 지 등의 탐구만으로는 부족하다. 이것 외에 건전한 자아를 정립하기 위해서는 다음과 같은 것이 필요하다.

1) 나와의 관계에서 '나'를 발견한다

사람이 자기 자신을 알기 어려운 것은 개인적인 것이기 때문이다. 그것은 누구든지 관찰하고 시험할 수 있는 공개된 것이 아니기 때문이다. 그것은 오직 자기 자신을 통해서만 알 수 있는 영역이기 때문이다.[13] 사람은 자신의 삶 속에서 나를 발견할 수 있다. 사람은 자신의 삶을 과거-현재-미래라는 연대기적 시간을 돌아보면서 그 안에 있는 나를 만날 수 있다. 내가 나를 만났을 때 기쁨과 희열 그리고 자유함을 맛보게 될 것이다. 그리고 평온한 나를 만나게 될 것이다. 이처럼 사람은 자기 자신을 만나며 그 안에서 나를 발견하는 것은 자아상을 형성하는 데 중요하다.

2) 타인과의 관계에서 '나'를 발견한다

달리는 기차의 바닥을 들여다보면 기차가 달리는지 정지해 있는지 알 수 없고 기차의 속도가 어느 정도 되는지 알 수 없다.[14] 마찬가지로 우리가 우리 자신을 들여다본

---

13 손봉호, 『나는 누구인가』 (서울: 샘터, 2001), 195.

다 해서 자신을 정확하게 알 수 있는 것은 아니다. '나'를 발견한다는 것은 다른 것과
의 관계에서 비로소 가능하다. '나'는 항상 다른 사람이나 사물을 생각한다. 그래서
'나'를 궁극적으로 주체라고 부른다. 나는 항상 다른 것들에 관심을 가지고 이것들을
지향한다. 나는 다른 사람이나 사물들과 항상 관계를 맺는다. 즉 사물이나 사람들과
어떤 관계를 맺느냐에 따라서 '나'가 결정된다는 말이다. 부버(Martin Buber)는 내가
사물이나 사람과 관계를 맺는 방식은 크게 두 가지가 있다고 한다.

첫째는 '나-그것(I-It)'의 관계이다. 나는 항상 주체로서 다른 사물이나 사람을 지
배하고 사용할 뿐이다. 둘째는 '나-당신(I-Thou)'의 관계이다. 내가 주체인 만큼 다
른 사람도 주체이다. 다른 사람과 인간 대 인간으로 마음을 열어 놓고 만나는 관계이
다. 다시 말해서 나라는 존재는 '나'와 '너'의 두 가지 존재 방식 가운데 진정 전체적
인 인격체로서의 충만한 '나'는 '너'와의 관계를 가질 때의 '나'라고 말할 수 있다.

3) 하나님과의 관계에서 '나'를 발견한다

사실 '나'는 잡히지 않는 대상이다. 나는 나의 팔에도, 다리에도, 심장에도, 머리에도
존재하지 않는다. '나'는 어디에 있다고 꼭 집어낼 수 있는 것이 아니다. 나를 찾겠다
고 자신의 과거를 돌아보지만 보이는 것은 내가 경험한 것들뿐이다. 나의 경험 가운
데는 '내'가 없다. '나'는 지금 그 과거를 돌아보고 있기 때문이다. '나'를 알기 위하여
인간이 무엇인가를 요구해 보지만, 그 인간이 무엇인지를 살펴보는 '나'는 이미 인간
을 초월한 '나'이다.[15]

우리가 이 땅에서 만나는 사람이나 사물들과 올바른 관계를 맺었다고 해서 진정
한 '나'를 발견할 수 있는 것은 아니다. 사람은 하나님을 만나고 그와 '나-당신'의
관계를 맺을 때에 비로소 진정한 '나'를 발견하게 되는 것이다.

성경이 소개하는 하나님은 인격적인 분이다. 하나님은 단순히 하나의 우주의 법

---

14 Ibid., 197.
15 Ibid., 195-197.

칙이거나 절대적인 존재로 우리에게 나타나는 '그것'이 아니라 사랑으로 우리와 인격적 관계를 맺으시기를 원하시는 사랑의 하나님이다.[16] 영원한 주체이신 하나님께서 인간 하나하나를 개별적인 주체로 만드시고 교제하고자 원하신다. 그러므로 우리의 정체성은 결국 하나님과의 관련성 안에서만 찾을 수 있다.

6. 다음 세대의 영성, 하나님과의 만남

사람들은 '나는 누구인가?'에 대한 물음을 던지면서 끊임없이 자신의 존재 근원에 대해 찾아가고 있다. 사람은 이 물음에 대해 쉽게 대답을 하지 못하고 있다. 이 질문에 자신 있게 대답할 수 있는 사람은 참으로 행복한 사람이다. 그는 자신의 세계를 주체적으로 선택하며 자신이 선택한 것을 끝까지 책임질 수 있는 사람이기 때문이다.

▲ 데이비드 흄(David Hume, 1711~1776)

그러나 아직 제기되지 않은 중요한 질문이 하나 있다. 과연 자아정체성이 인간의 진정한 주체성과 책임감을 담보해 주는 정체성일 수 있을까? 죽음과 공포로부터 자유와 인간의 책임을 외치던 사르트르(Jean P. Sartre)가 자신의 죽음 앞에서 공포에 질린 나머지 절규하며 죽어가자 프랑스 일간지는 '20세기 프랑스의 지성은 어디로 갔는가?'라며 사르트르의 가르침과 실제 삶의 괴리를 비판하였다. 이는 인간의 자의적 노력과 이성적 판단만으로는 진정한 자유와 책임을 담보하는 자아정체성을 이루는 것이 불가능함을 단적으로 보여주는 역사적인 실례이다. 흄(David Hume)은 다음과 같이 인간의 존재에 대해서 말하고 있다.

"각각의 인간은 어떤 점에서는 모두 자신의 가슴 속에 종교적인 진리를 느끼고 있다. 그것은 결코 논리적인 것이 아니라 허약함과 보잘것없음에 대한 의식이다. 이러한 의식은 인간이 모든 자연처럼 자신도 종속되어 있는 절대자 속에서 보호를 받으려 하게끔 만든다. 삶의 가장 좋은 시기에까지도 인간에게는 많은 불안과 근심이 있기 때문에, 미래는 항상 우리에게 모든 희망과 두려움의 대상으로 남아 있다. 우리는 끊임없이 앞을 바라보며 기도와 찬양과 헌신으로 노력한다. 그리고 우리가 경험을 통해 우리를 그렇게 괴롭힐 수도, 억압할 수도 있다는 것을 알게 된 미지의 힘들을 약화시키려고 한다. 우리는 얼마나 보잘것없는 피조물인가!"[17]

흄은 '나는 누구인가?'에 대한 물음에 대한 대답을 신의 존재와 연결하여 찾으려고 하였다. 인간은 영혼의 갈증이 채워지지 않으면 결국 가장 심각한 불균형이 초래된다는 사실을 깨닫지 못한다. 이것이 바로 현대인들을 병들게 하는 요인이 되는 것이다. 이와 같이 '나는 누구인가?'라는 질문에 답하기 위해서는 나를 존재케 하신 '하나님은 누구신가?'를 알아야 하며, '하나님은 누구신가?'를 알기 위해서는 이 세상에 '하나님의 얼굴(Face of God)'로 오신 '예수 그리스도는 누구인가?'를 알아야 한다는 것이다. 이처럼 나와 하나님, 나와 예수는 떼려야 뗄 수 없을 만큼 근원적으로 연결되어 있음을 인식하는 것이 자아정체성을 형성하는 데 토대가 되어야 할 것이다. 다시 말해서 사람은 '하나님의 형상(image of God)'이기 때문에 하나님과의 관계 맺음을 통하여 '나는 누구인가?'에 대한 참 의미를 깨달을 수 있다.

기독교인들이 삶의 지침으로 삼고 있는 성경에 의하면 인간은 원래 하나님의 형상대로 창조되었으나 이러한 형상이 인간의 타락에 의해 왜곡되었다. 그러나 성경에서는 '우리가 아직 죄인 되었을 때에 그리스도께서 우리를 위하여 죽으심으로 하

---

17 Pol Gaillard, op. cit., 65-66에서 재인용.

나님께서 우리에 대한 자기의 사랑을 확증하셨느니라'고 한다. 인간이 모든 것을 가지고 있을 때나 삶을 제대로 이끌어 가고 완전하게 정리해 놓고 있을 때가 아니라 '우리가 죄인 되었을 때' 그리스도께서 우리를 위해 죽으셨음을 말하고 있다. 서구 사회의 가장 위대한 기독교 사상가 중 한 사람인 아우구스티누스(Aurelius Augustinus, 354-430)는 그의 유명한 『고백론』에서 다음과 같이 말하고 있다. "하나님이여, 당신께서 나를 당신을 향하도록 지었사오니, 나의 마음이 당신께 닻을 내릴 때까지는 불안하나이다."

사람은 본래 하나님의 형상으로 지음을 받은 존재이기 때문에 하나님을 만날 때 진정으로 내가 누구인지, 나의 바른 모습을 어떻게 찾을 수 있는지 발견할 수 있다. 또한 비로소 삶의 목적과 의미를 발견할 수 있는 것이다. 그래서 하나님 안에서 참된 안식과 평안을 누리게 된다. 다시 말해서 하나님과 '나'와 '너'의 관계를 가짐으로써 나의 가장 영광스러운 모습은 드러나는 것이다. 그리고 그 모습은 내가 태어날 때부터 내가 마땅히 가져야 할 관계며, 그 관계에서 나의 참 모습이 드러난다.[18] 오히려 그것이 하나님이 먼저 시작하신 사랑의 관계에서 가능한 것이기 때문에 위대한 사도 바울은 '나의 나 된 것은 하나님의 은혜'라고 말할 수 있었다.[19]

다만 '나'는 인격체인 '나'와 '너'의 관계를 맺을 수 있을 때 태어나는 것이며, 하나님의 사랑 속에서 천하보다 더 귀한 존재임을 인정받는 것이다. 그 사랑의 빛 아래서 부정적이고 부끄러운 나는 바로 그 때문에 감격하고, 그런 '나'를 가능케 한 사랑을 실천함으로써 다른 '나'를 탄생시키는 것이다. 이것이 하나님의 형상으로 지음을 받은 나의 본래 모습이다.[20]

> "사람이 만일 온 천하를 얻고도 자기를 잃든지
>
> 빼앗기든지 하면 무엇이 유익하리요."

---

18 손봉호, op. cit., 205.

19 신약성경, 고린도전서 15장 16절.

20 손봉호, op. cit., 208.

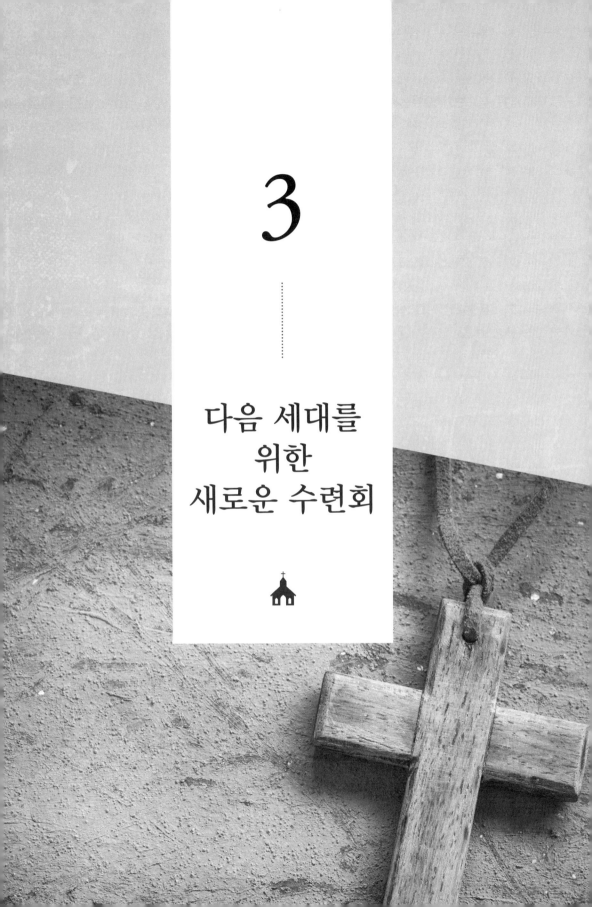

3

다음 세대를
위한
새로운 수련회

제3장

다음 세대를 위한 새로운 수련회

1. 수련회, 교회교육의 핵심

"아직 수련회를 하여야 하는가?"라는 수련회에 대한 회의적인 소리를 듣게 된다. 미국 교회의 통계에 의하면 회심이 가장 많이 일어나는 시기가 중·고등학교 시절이라고 한다. 이 통계는 미국 교회에만 적용되는 것이 아니다. 한 개인의 신앙에 있어 중·고등부 시절의 수련회는 매우 중요한 가치를 지닌다.[1] 교회 수련회는 여전히 중요하고 교회학교 교육에 필수적이다. 이를 위해서 수련회는 교회교육의 핵심 프로그램일 수밖에 없다. 따라서 다음 세대들을 신앙으로 성장시키는 일은 주도면밀한 단계별 계획과 집중적인 교육적 효과를 필요로 한다.

수련회의 용어인 conference는 모임, 회의, 집회의 의미에 성경 사경회(Bible conference)와 훈련과 교육 목적이 강한 training meeting이나 membership training의 뜻을 함께 가지고 있다. 용어적인 의미에서 수련회는 교회에 소속된 사람을 일정한 기간 동안 일정한 장소에서 신체적, 정서적, 정신적, 사회적, 영적 수련을 위해 하나님의 말씀을 가르치고 지키게 하고, 예배와 기도로 하나님과 함께하며, 지체들 간의 교제와 친교를 도모하고, 지도자의 교육과 훈련으로 예수 그리스도를 닮게 하기 위한 모

---

1 송태근, "교회학교의 여름행사", http://www.churchr.org/webzine/1_3_24.htm.

임이다.[2]

교회 수련회는 야외의 공간을 이용하여 일정한 기간 동안 신앙훈련을 할 수 있는 가장 유익한 환경을 가지고 있다. 수련회는 자연환경에서 하나님의 말씀과 깊은 뜻을 이해할 수 있는 프로그램과 방법들을 제공할 수 있고, 공동체 생활을 경험할 수 있는 기회를 제공해줌으로써 올바른 기독교적 공동체 교육을 실행할 수 있다. 또한 수련회는 성도들이 신앙의 지적 향상과 신령한 경험을 하고, 하나님의 뜻대로 살기 위해 일정한 기간 훈련받고 수련하기 위한 프로그램과 모임이라고 할 수 있다.[3]

▲ 수련회 : 신앙공동체 훈련

이를 통해서 볼 때 교회 수련회는 자연과 공동체 안에서 자신을 발견하고 하나님과 교제함으로써 예수 그리스도를 구주로 영접하고, 일상생활에서도 믿음으로 생활할 수 있도록 교육하고 훈련하는 전인교육의 장이라고 할 수 있다. 전인교육을 위해 수련회의 프로그램은 성경공부와 예배, 기도, 묵상, 찬양 그리고 교제를 중심으로 이루어진다.

교회 수련회의 중요성을 교육의 세 가지 차원, 즉 집중성의 원리, 공동체성 회복

2 김종필, 『캠프, 수련회 종합 핸드북』 (서울: 교회어린이신문사, 1994), 19.
3 박천일, 『수양회 종합 핸드북』 (서울: 크리스챤비전하우스, 1980), 11.

의 원리, 정체성 확립의 원리에서 살펴볼 수 있다.

1) 집중성의 원리

교회 수련회는 교육의 집중성의 원리 차원에서 중요하다. 교육의 집중성의 원리는 두 가지다.

첫째는 시간의 집중성이다. 교회 수련회는 일반적으로 2박 3일 또는 3박 4일 동안 집중적으로 이루어지고 있다. 따라서 수련회는 시간적으로 대단한 집중성을 가진다. 교회에서 학생들을 교육하는 시간을 생각해 보자. 교회에서 1년 52주간 동안 매주 1시간씩 교육을 한다면 1년간 52시간을 갖게 된다. 그러나 수련회를 3박 4일 한다고 가정하고 그 기간을 시간으로 환산하면 80시간이다. 이 수련회의 80시간 동안 신앙으로 교육할 수 있는 시간을 가질 수 있다. 이는 교육적인 차원에서 집중된 시간이다.

둘째는 설교의 집중성이다. 설교자의 입장에서 한 번의 설교를 하고 그다음 주에 학생들이 오면 대부분의 학생들은 그 전의 설교를 기억하지 못한다. 그러나 수련회는 시간이 집중되어 있기 때문에 말씀을 강해하거나 기타 프로그램을 진행할 때 집중성을 통해 놀라운 효과를 가져올 수 있다.[4]

2) 공동체성 회복의 원리

교회 수련회는 교회 공동체의 정체성을 회복하는 데 중요하다. 사람들은 점점 더 개인주의화되어 가고 있다. 그리고 청소년과 젊은이들은 사이버 문화 속에서 살아가고 있다. 이러한 문화는 삶의 범위를 개인적으로 축소시키는 경향이 있다. 그들은 좀처럼 자기를 넘어 다른 사람을 내 영역에 인정하지 않는다. 특히 중·고등학교 시절 자신을 자기의 동굴 안으로 밀어 넣어서 많은 문제를 일으키는 경우를 흔히 보게

---

4 Ibid.

된다.

그러나 수련회를 통해서 이런 문제를 극복할 수 있다. 수련회는 소그룹 활동을 통해 서로 친밀감을 경험하게 되고, 함께 생활하면서 다른 사람의 삶의 스타일을 인정하게 되며, 프로그램을 통해 이웃과 함께하는 삶을 배우게 한다. 수련회를 통해 그리스도 안에서 한 형제, 자매됨을 느끼고 서로를 같이 알아감으로써 친밀감을 형하는 유익이 있다.[5]

3) 정체성 확립의 원리

다음 세대 젊은이들은 새로운 사회적 갈등으로 인해 정체성 혼란을 경험하게 된다. 에릭슨(E. Erikson)은 이 시기의 중요한 과업은 새로운 자아정체감 확립이라고 하였다. 즉 '나는 누구인가? 거대한 사회질서 속에서 나의 위치는 어디인가?'에 대한 느낌을 확립하는 것이라고 하였다. 이처럼 청소년과 청년 시절에 자신에 대한 확신을 갖게 되면 자신과 타인 그리고 세상에 대한 관심을 갖게 된다.

또한 이 시기는 자신의 인생의 방향과 절대적인 가치관을 찾는 시기이다. 이렇게 개인적인 가치관이 아직 형성되어 있지 않은 시기에 교회 수련회는 매우 중요하다. 이때 초보적인 신앙이 집중된 말씀 훈련과 공동체 훈련을 통해 삶의 가치관이 형성된다.[6] 이렇게 현성된 믿음과 가치관은 평생 삶의 지표가 된다.

워드(Ted Ward)는 '수련회는 오늘날 신앙교육을 위해서는 가장 위대한 환경이다'라고 하였다.[7] 그리고 맷슨(Loyd Mattson)도 '수련회는 교육을 위해 가장 효율적인 환경이고 또 영적인 발전과 성숙 그리고 교회생활과 관계적인 측면에서도 가장 효과적인 환경을 제공한다'고 말한다.[8] 따라서 교회 수련회는 다음 세대들의 육체적, 정신적, 사회적, 영적인 성장 측면에서 좋은 영향력을 줄 수 있는 신앙교육의

---

5 Ibid.
6 Ibid.
7 사랑의교회교육자료실 편, op. cit., 7.
8 Ibid.

장이다. 이러한 의미에서 수련회는 다음 세대에게도 여전히 필요하며 중요하다.

2. 수련회, 다음 세대 부흥의 열쇠

한국 교회의 희망은 어디에서 찾아볼 수 있을까? 무엇보다도 한국 교회의 현재와 미래를 이어주는 다음 세대 사역에서 찾아야 한다. 다음 세대들이 바로 침체의 늪에 빠진 한국 교회를 살리는 길이 될 것이다. '교회가 다음 세대들을 어떻게 부흥시킬 것인가?' 하는 문제는 앞으로 풀어 나가야 할 과제이다. 지금은 다음 세대들이 교회를 떠나고 있다는 말이 더 이상 충격적이지 않다. 왜냐하면 교회에서 다음 세대들의 정체 현상은 오늘날 특별한 이야기가 아니기 때문이다. 그러나 이러한 상황을 현실로 바라만 보면서 그대로 두기에는 너무나 안타까운 일이다. 그렇다고 지금 이러한 현실에 단지 고민만 하고 있을 시기도 아니다.

만일 한국 교회가 다음 세대들을 수용하지 못하고, 다음 세대들을 세상을 위해 봉사할 수 있도록 교육하지 못한다면 한국 교회의 미래는 어두울 것이다. 이제 한국 교회는 미래와 무한한 성장 가능성을 지닌 다음 세대들을 위해 현재의 교회교육을 끊임없이 평가하고 반성하는 자세를 가져야 한다. 교회 지도자들은 고민과 말의 벽을 넘어 새로운 패러다임으로 접근해야 한다.

한국 교회의 사명은 은혜 받고 변화된 다음 세대들을 교회에 가득 채우는 것이다. 이처럼 한국 교회의 미래는 다음 세대들이 어떻게 성장하는지에 달려 있다고 해도 과언이 아니다. 따라서 그들이 신체적으로 건강하고, 정신적으로 성숙하며, 영적으로 성숙되어 하나님을 사랑하고 이웃을 사랑하는 사람으로 교육하는 것이 교회교육의 절대절명의 과제이다. 이러한 사역을 할 수 있는 방법으로는 평소 교회에서 정기적으로 이루어지는 예배와 교육도 있지만 수련회가 큰 역할을 할 수 있다. 왜냐하면 수련회는 집중성과 공동체성 그리고 정체성을 확립할 수 있는 신앙교육 프로그램이기 때문이다. 그러므로 수련회는 다음 세대 사역에 있어서 중요한 부흥의 열쇠가 될 수 있다.

사실 현재 한국 교회의 풍부한 인적 자원과 경제적 자원을 생각하면 점점 더 효과적이고 발전된 수련회가 가능하다. 그러나 오늘날 수련회의 현실은 오히려 그 반대로 드러나고 있다. 매년 이루어지는 수련회는 기성세대들이 하고 있던 프로그램들을 그대로 하고 있다. 수련회 프로그램에 변화가 없다. 수련회 대상은 기성세대에서 다음 세대로 바뀌었는데 형식과 프로그램은 변함이 없다. 다음 세대들은 기성세대들과 다른 가치관, 다른 환경, 다른 문화를 가지고 다른 사고를 하고 있는데도 정작 교회 수련회 프로그램은 변함이 없다.

어떤 교회는 창조적이고 효과적인 다음 세대의 사역이 일어나고 있는 반면에, 어떤 교회는 다음 세대의 사역은 가장 무시되고, 무료하고, 지겨운 시간이 되는 것이 현실이다. 다시 말해 다음 세대를 위해 수련회를 잘 준비한 교회는 수련회가 양적 성장과 질적인 성숙의 밑거름이 되고 있다.

3. 수련회, 영성훈련과 교제

기독교인은 지금 이 순간 이 자리에 내가 살아 있는 이유가 무엇이며, 나를 향한 하나님의 뜻이 무엇인지를 깨닫는 것이 중요하다. 기독교인의 삶의 목적은 자기 자신으로부터 찾을 것이 아니라 하나님으로부터 찾아야 한다. 왜냐하면 기독교인은 하나님의 목적에 의해서 그분의 목적을 위하여 창조되었기 때문이다. 따라서 기독교인은 하나님의 뜻을 이해하기 전에는 결코 자신의 삶의 목적을 이해할 수 없다. 사람은 하나님 안에서 자신이 어떻게 시작되었고, 자신이 누구이며, 자신의 삶의 의미와 목적을 발견할 수 있다. 자신의 삶의 목적을 안다는 것은 삶에 의미를 부여해 주며, 삶을 단순하게 만들어주는 동력이 된다. 또한 바른 삶의 목적은 초점을 맞춘 삶을 살게 해 주며, 삶의 동기를 유발하고, 영생을 준비할 수 있게 해 준다. 어떤 모임이든지 그 모임의 목적이 뚜렷해야 방법과 방향성을 바르게 할 수 있다.

교회 수련회도 그 목적이 뚜렷해야 한다. 공동체 회원들이 수련회의 목적을 잊어 버리거나 그 목적이 애매하면 수련회는 역효과를 가져올 수밖에 없다.[9] 그리고 수련 회의 목적은 교회교육의 일반적인 목적을 달성하는 데 도움이 되는 방법으로 이루 어져야 한다. 일반적으로 교회교육의 목적은 하나님 중심, 성경 중심, 교회 중심이 라고 할 수 있다. 그러므로 교회 수련회의 목적은 하나님을 중심으로 하나님과 자신 과의 관계, 교회와 자신과의 관계, 타인과 자신과의 관계, 세계와 자신과의 관계 그 리고 자기 자신과의 관계에 변화가 일어나도록 시도하고 그 변화에 같이 참여하려 는 시도라고 할 수 있다.

또한 교회 수련회는 육체적, 정신적, 사회적, 영적인 부분의 성장에 목적을 두고 있는데, 이 네 가지 영역 중에 사실상 수련회의 목적은 영적인 중요성이라고 할 수 있다. 교회는 수련회를 통하여 예수 그리스도를 믿지 않는 사람들에게 예수님을 구 세주로 믿을 수 있도록 도와주며, 기독교인에게는 말씀 안에서 함께 생활하며, 말씀 을 생활에 구체적으로 적용할 수 있도록 도와주는 데 그 목적이 있다. 그러므로 교 회 수련회는 이러한 목적을 달성하기 위해 하나님 앞에서 개인의 신앙을 점검하는 데 가장 중점을 두어야 한다. 다시 말해 수련회는 일상생활에서 잠시 벗어난 장소에 서 자신이 그동안 맺어 온 하나님과의 관계성을 돌아보고, 어떤 신앙의 모습으로 살 아왔는지를 점검해 보는 시간이 되어야 한다. 이러한 점검을 통해 일상생활로 돌아 와서 하나님이 원하시는 대로 살고자 노력하는 모습들이 수련회를 통해 점검되어야 한다. 이러한 원칙하에 교회 수련회는 크게 두 방향으로 나아갈 수 있다. 그 방향은 개별적인 영성훈련과 교회 연합을 위한 교제 중심으로 나아가야 할 것이다.

9　청소년교육선교회, 『십대 청소년을 깨우는 파워 수련회』(서울: 예루살렘, 2003), 10.

4. 수련회, 틀에 박힌 프로그램

'수련회를 갈까요? 말까요?', '수련회를 정말 가야 하는 건지, 아니면 가지 말아야 하는 건지', '수련회를 해야 하는 건지, 아니면 하지 말아야 하는 건지', '수련회를 연중 행사처럼 많은 재정을 투자해서 해야 하는 건지, 아니면 하지 말아야 하는 건지'. 수련회를 준비하는 사람이나 참가하는 사람이나 수련회는 스트레스가 되어 가고 있지는 않은지…

요즈음 학생들과 성도들의 수련회에 대한 견해는 예전에 비해 다소 냉소적인 것 같다. 특히 어렸을 때부터 수련회를 많이 접한 이들에게는 수련회가 새로운 도전과 희망을 줄 만한 동기를 부여하지 못하는 것 같다. 수련회의 순서나 프로그램들도 매번 비슷하다. 특별한 프로그램이라고 한다면 오후 시간들의 놀이 프로그램들이 다를 뿐이다.

저자가 중학교 때부터 참여하였던 여름·겨울 수련회의 프로그램과 다음 세대 수련회의 프로그램을 비교해볼 때 크게 달라진 것이 없다. 이렇게 변화가 없는 수련회의 순서와 프로그램들로 인하여 수련회에 대한 회의론이 싹트고 있는 것이 사실이다.

오늘날 교회 수련회의 모습은 1970년대 이후 형성되어 왔다. 1970년 이전까지만 해도 교회에서는 성경학교라는 형태로 교회교육이 중점적으로 이루어졌다. 물론 교회학교 같은 경우에는 교회 안에서 교육하는 것을 중요시했지만 1970년대 중반부터 많은 교회들이 교회 밖으로 나가 자연 안에서 행하는 오늘날과 같은 수련회를 선호해 왔다.[10] 오늘날 통상적으로 교회에서 실시하고 있는 수련회는 집회 중심(meeting-centered)과 강사 중심(speaker-centered)이라고 할 수 있다. 일반적인 수련회의 프로그램들은 교회당에서 하는 교육의 연장선상으로 단지 장소만 바뀌는 정도가 된다. 이때는 설교와 오후 활동 프로그램이 중요한 역할을 하며 일정한 강사의 역량이

---

10 사랑의교회교육자료실 편, 『십대를 움직이는 수련회』(서울: 파이디온선교회, 1994), 7.

크게 영향을 미친다.[11]

　그러면 '교회 수련회의 가장 큰 걸림돌은 무엇일까?'라는 설문조사에서 '교회 수련회에서 고쳤으면 하는 점이 무엇입니까'라는 질문에 대한 응답 가운데 53.1%가 프로그램에 관한 것이었다. 또한 수련회 준비에 있어서의 애로사항을 묻는 질문에 대해서도 58.3%가 '프로그램'이라고 답하였다.[12] 교회 수련회의 고쳐야 할 점은 무엇이냐는 질문에 대한 다음 세대들의 응답들은 상당히 직설적이었다. 대부분의 응답은 '~했으면 좋겠다'는 식의 대답이 아닌 '~해서 싫증난다', '~한 프로그램이 없다'는 식의, 한마디로 '빨리 고쳐라' 식의 응답이 대부분이었다.[13] 이와 같이 다음 세대들은 교회 수련회에 대해서 '프로그램을 고쳐라', '틀에 박힌 프로그램에 싫증이 난다', '창조적이고 번뜩이는 프로그램이 없다', '젊은 세대들을 사로잡기에는 역부족이다'라고 외치고 있다.

　다음 세대들의 교회 수련회에 대한 반응은 수련회 프로그램이 젊은 세대들을 사로잡기에는 부족하다는 것이다. 이처럼 교회 수련회의 가장 큰 걸림돌은 '프로그램'인 것 같다. 다음 세대들의 사고와 생활은 이미 미래를 향해 달리고 있는데, 교회 수련회는 여전히 1970년대 중반의 수준에 머무르고 있는 게 사실이다. 교회 수련회 프로그램들이 다음 세대 젊은이들에게 많은 관심과 호기심을 일으키고 기대감을 품게 해야 하는데 그만큼의 역할을 하지 못하고 있다. 이것은 곧 교회 수련회에서 프로그램은 아주 중요하다는 것이다. 많은 교회의 수련회가 1970년대의 프로그램에서 거의 변화가 없다. 20~30년 전의 프로그램으로 다음 세대들을 붙잡으려는 생각을 한다. 시대의 변화에 따라 이 시대의 학생들에게 맞는 수련회 프로그램의 개발이 절실히 요청된다.

11　청소년교육선교회, op. cit., 11-12.
12　'수련회의 참 의미를 찾자', http://voice21.com/online/14/14_05.htm. 2015년 10월 27일 검색.
13　Ibid.

▲ 다음 세대를 움직이는 수련회

그렇다고 해서 다음 세대를 위한 수련회 프로그램이 흥미 위주여야 한다는 것은 아니다. 다음 세대를 위한 수련회는 흥미 중심이 아니라 수련회의 근본 목적인 '복음'을 기초로 하나님을 인격적으로 만나도록 도와주는 프로그램이어야 한다.

5. 다음 세대 수련회, 참여하는 프로그램

교회는 매년 여름과 겨울이면 각 부서별로 수련회를 갖는 것이 행사 중 하나이다. 수련회는 그간 한국 교회의 어린이, 청년, 기성세대들에게 잃었던 신앙의 기쁨을 되찾고 새로운 변화에 대처해 나가는 신앙의 결단과 헌신을 하게 하는 중요한 프로그램이었다. 한국 교회는 수련회를 통해서 그동안 많은 도전을 받았고 또한 교회가 성장하는 계기가 되었다. 이러한 결과는 교회 교사들의 크나큰 희생과 헌신으로 가능하였음을 부인할 수 없다.

대부분의 교회가 수련회를 마치고 난 후에 평가회를 갖는다. 이 평가회에서 고정 메뉴로 등장하는 애로사항들이 있다. 그것은 수련회가 급속히 변화하는 세대에 비해 프로그램은 기성세대와 거의 차이가 없게 구성되어 있다는 것이다. 이로 인해 다음 세대들이 수련회를 기피하는 현상이 나타난다는 것이다. 특히 수련회는 매년 큰 변화가 없기에 다음 세대들의 수련회 참석률은 점점 저조해지는 추세이다. 이것이 오늘날 교회 수련회의 숨길 수 없는 현실이다. 이러한 현실 앞에서 교회 지도자들은 실망하고 좌절하고 있다.

우리는 '청년들을 내게 모아 오라, 내가 그 나라의 미래를 점치리라'고 호언했던 철학자의 외침을 기억해야 한다. 이 말에 의하면 교회의 미래는 그 교회에 속한 다음 세대들의 모습에 달려 있다고 해도 과언이 아니다. 그 교회가 미래에 대한 비전이 있는 교회라면 그 희망을 실현시킬 주역인 젊은이에 대한 관심과 돌봄이 병행되어야 한다. 교회가 미래에 대한 비전을 제시하면서 젊은이들을 향한 열정과 관심이 수반되지 않는다면 그것은 비전이 아니라 하나의 환상으로 전락하고 말 것이다.

오늘날 다음 세대를 이해하기 위해서는 극복해야 할 하나의 큰 장애물이다. 이러한 장애물을 극복하기 위해서는 이들의 특성은 무엇이며, 그러한 특성이 신앙과 영성에 대한 어떤 함의를 갖는지 살펴보는 것은 다음 세대를 교육하는 자들에게는 매우 중요하다.

지금까지 대다수의 한국 교회는 교회 전체가 양적, 외형적 성장만 강조하다 보니 다음 세대를 지도하는 교역자와 교사들까지도 전도를 그들의 가장 중요한 사역으로 생각하게 되었다. 물론, 성경공부와 전도의 중요성은 아무리 강조해도 지나치지 않을 것이다. 그러나 아무리 성경공부와 전도가 중요하다고 해도 이것은 교회가 감당해야 할 사명 중 하나에 불과한 것이지 결코 이것만으로 교회교육의 책임을 다했다고는 말할 수 없다. 이 두 가지 사역은 교회의 사역 가운데 케리그마(Kerygma, 전도), 디다케(Didache, 교육), 코이노니아(Koinonia, 교제), 디아코니아(Diakonia, 봉사) 중 케리그마에만 치중한 것이다. 전도 중심의 교육이 전도를 제외한 나머지 세 분야와는 불균형을 초래하게 되었다. 사실 이 케리그마가 다른 세 분야와 유기적 관련 속에서 이루어지지 않으면 그 힘을 상실할 수밖에 없다.

사실상 교회교육의 네 가지 사역은 유기적인 관계성을 지니고 있다. 이 교회교육의 유기적 관계성을 비유를 통해 설명할 수 있다. 케리그마는 물고기를 잡기 위해 그물을 던지는 것이라면, 디다케와 코이노니아는 그물이 엉키거나 찢어진 곳은 없는지 살펴보는 것이다. 그래서 그 의미는 엉킨 것은 풀고 찢어진 곳은 꿰매고 보수하는 것을 의미한다. 그물에 구멍이 뚫려 있다면 아무리 그물을 던져보았자 어떤 수확도 할 수 없기 마련이다. 그러므로 교회교육은 전도 못지않게 돌봄과 관심이 필수적이라고 할 수 있다.

▲ 참여하는 수련회 프로그램

따라서 다음 세대를 위한 교회교육은 예배와 전도뿐 아니라 교육, 봉사, 관심과 돌봄을 함께 실천하는 것이 중요하다. 다음 세대에게는 교육과 전도 그리고 돌봄과 관심을 함께 하는 사역이어야 한다. 이를 통해 볼 때 다음 세대 수련회를 기획함에 있어서 가장 중요한 것은 여전히 '사람'이다. 다음 세대의 사역을 위해 선행되어야 할 것은 무엇일까? 다음 세대의 젊은이를 돕기 위해서는 무엇보다 그들의 특성에 대한 이해가 선행되어야 한다. 수련회를 기획하는 사람들은 수련회에 참석할 대상을 잘 이해하고 그들에 맞게 잘 기획해야 한다. 강태공들은 고기를 잡을 때도 절대 아무렇게나 하지 않는다. 붕어를 잡을 때의 미끼가 다르고, 감성돔을 잡을 때의 미끼가 다르다. 예수님께서도 사람에 따라, 환경에 따라 각 사람을 다르게 대하셨다.[14] 다시 말해 수련회를 준비하기 전 이 시대를 살아가는 다음 세대를 잘 이해해야 한다. 다음 세대를 일컬어 흔히 '감각 세대', '멀티미디어 세대'라고 한다. 그들은 눈에 보이는 것을 중요하게 여기는 세대이다. 예전에는 영혼, 이성을 이야기했다면 이제는 더 이상 그런 논리로 접근하기 어려운 세대가 되어 가고 있다.

젊은이들은 시각화되지 않으면 확신을 갖지 못하는 기본적인 성향을 가지고 있다. 그들에게는 느낌이 생각보다 앞선다. 그들의 삶이나 언어가 비논리성을 띠고 있는 것 같다. 그러나 그들 나름대로 논리성을 가지고 있다. 다만 어른들과 대화가 되지 않는 이유는 그들이 어른들과 다른 언어를 사용하고 있기 때문이다. 그들의 문화가 다양하고 복잡하고 변화가 빠를수록 사실 다음 세대들은 더 관심과 돌봄이 필요하다. 그들은 관심이 필요하다는 것을 우리가 생각하기에 이상한 행동이라고 하는 것과 같은 방식으로 표현한다. 그러므로 프로그램들도 감각세대를 고려한 적절한 배려가 있어야 한다.

> 좀 더 나아가 다음 세대 젊은이들은 다음과 같이 노래한다.
> "Tell me, I will forget. (나에게 말해 주세요. 나는 곧 잊을 것입니다.)
> Show me, I may remember. (나에게 보여주세요. 나는 혹 기억할지 모르겠습니다.)
> Involve me, I will understand. (나를 참여시켜 주세요. 나는 이해할 것입니다.)"

이 말에서 알 수 있듯이 다음 세대들이 함께 참여하는 수련회가 될 때 그들을 이해할 수 있는 장이 열리게 된다. 그러므로 이제 다음 세대 수련회도 새롭게 인식을 전환해야 한다. 즉 하나님 앞에서 치유받는 과정과 삶에서 부딪히는 곤란함과 어려움을 지체들과 함께 나누고 같이 느끼는 새로운 수련회가 필요하다.

---

14 송태근, op. cit.

4

수련회의
새로운
패러다임

제4장

수련회의 새로운 패러다임

"저는 수련회에 오면 항상 조용합니다. 누구에게 말을 하지도 못하고 누가 나에게 말을 걸어 오지도 않거든요. 그런데 이번 수련회는 달랐습니다."

— 소그룹 상담 수련회에 참석한 여중생의 말

1. 새로운 형식의 수련회

다음 세대가 좋아하는 보다 효과적인 수련회 프로그램은 없을까? 매년 되풀이하는 일방적이고 변화 없는 프로그램을 대체할 만한 것이 없을까? 수련회의 목적에 맞는 개별적인 영성훈련과 공동체 연합을 위한 교제 중심을 이루는 수련회는 없을까? 이러한 물음은 교회학교 교역자와 교사들이 항상 묻는 질문들이다.

다음 세대의 요구에 적합한 새로운 수련회 프로그램을 제안하고자 한다. 그것은 소그룹 상담 수련회이다. 성경통독 수련회가 수련회 기간 동안 별다른 프로그램 없이 성경을 읽고 강해하는 것으로 프로그램을 구성하는 것과 같이, 소그룹 상담 수련회는 소그룹 나눔 프로그램을 수련회의 중심으로 하여 수련회 참여자들의 영적 성장과 공동체의 교제를 추구하는 새로운 형식의 수련회이다.

소그룹 상담은 한 명의 지도자와 여러 명의 참여자가 서로의 삶을 나누는 프로그램이다. 소그룹 상담 수련회는 프로그램에 따라 자기 자신의 삶의 이야기를 내어놓으며 서로를 돕는 형식의 나눔 방식이다. 소그룹 상담 수련회는 기존의 교회에서 경험할 수 있었던 소그룹 형식과 같이 소그룹 지도자(group leader)의 인도하에 보다 효과적인 도움을 받을 수 있다. 이 수련회는 소그룹 상담의 원리와 기법을 수련회에 적극적으로 도입하여 수련회의 효율성을 높이고자 하는 하나의 방법이다.

상담이라는 용어가 때로는 부정적인 의미를 내포하고 있지만 소그룹 상담은 개인 상담과는 다른 차원이 있다. 다음 세대들은 소그룹 상담 수련회를 통해 자신들이 겪고 있는 여러 가지 어려운 문제와 고민들을 서로 나누면서 공동체에 참여하게 된다. 오늘날과 같이 급변하는 세대를 사는 젊은이들은 가치관의 혼란과 내면의 갈등으로 인해 신앙적으로 위기의식을 느끼고 있다. 소그룹 상담 수련회는 이러한 세대들에게 하나님 안에서의 정체성 회복과 공동체의 정체성을 회복할 수 있도록 도와줄 수 있다.

이제 한국 교회는 진정한 의미에서 공동체 안에서 서로 이해하고 화목하는 것이 예배보다 더 귀하다는 사실을 받아들여야 한다. 이웃에 대한 배려 없이 드리는 온전치 못한 예배는 삶의 중심에서 하나님을 만날 수 없는 공허한 예배로 끝날 수 있다. 우리는 우리 주위에서 교회 생활을 열심히 하여 믿음이 좋다고 인정받는 사람들 중에 의외로 많은 사람들이 갈등과 고통을 겪고 있다는 사실을 모르고 있다.[1]

교회 공동체는 기독교인들이 성숙할 수 있는 장이다. 성경에서는 지금 막 세례 받은 기독교인을 이제 갓 태어난 아기에 비유한다. 아기가 자라기 위해서는 부모의 울타리가 필요한 것처럼 기독교인이 성숙하기 위해서는 공동체가 필요하다―"두 사람이 한 사람보다 나음은 저희가 수고함으로 좋은 상을 얻을 것임이라. 혹시 저희가 넘어지면 하나가 그 동무를 붙들어 일으키려니와 홀로 있어 넘어지고 붙들어 일으킬 자가 없는 자에게는 화가 있으리라"(구약성경, 전도서 4장 9-10절).[2] 따라서

----

1 오우성, 박민수, 『상담으로 풀어본 신학』(대구: 계명대학교 출판부, 2005), 25.

2 Ibid., 26-27.

기독교인의 교제는 능력 있고
기쁜 신앙생활을 하는 데 필수
불가결한 것이다. 구원받는다
는 것은 하나님의 자녀가 되고
다른 자녀들과 그리스도의 몸
을 이루어야 하는 것이다.[3]

　기독교인이 혼자서 신앙생활
을 하는 것은 의무적이며 율법
적이다. 그러가 기독교인이 성
도들과 더불어 하는 신앙생활
은 축복이다. 그러나 그들 중
일부는 공동체에서 위로를 받
기보다 심한 상처를 받아 스스
로 화목하기 어려운 처지에 빠
져 있는 경우가 많다.[4]

▲ 그리스도인의 교제

　소그룹 상담 수련회는 교회 내에서의 이러한 형식적인 인간관계와 피상적인 공
동체의 취약점을 보완해 주는 출발점이 될 것이다. 이 수련회는 다음 세대들에게서
좋은 반응을 얻어 교회 수련회의 새로운 프로그램으로 자리 잡아 갈 수 있다. 소그
룹 상담 수련회에 참여한 교회 지도자들의 말을 종합해 보면, 매년 방학 때마다 되
풀이하는 수련회 순서와는 달리 소그룹 상담 방식으로 개개의 학생들과 긴밀한 관
계성을 가졌다는 점에서 새롭고 필요한 프로그램이라는 것이다.

　다음 세대들은 기성세대와 많이 다르다. 기성세대는 자연과의 관계에서 삶의 진
리를 터득하고 공동체의 삶 속에서 자기를 확인하고 어려운 환경으로 인해서 쉴 새
없이 일하고 견디는 삶에 익숙해 있다. 이와는 대조적으로 다음 세대들은 개인주의

3　Ibid., 26.
4　Ibid., 27.

화되어 가고 있다. 그들은 사람들과의 만남을 통해 대화를 하기보다는 오히려 인터넷을 통해 대화를 하는 것이 익숙한 세대들이다. 그리고 그들은 대중문화에 예민하면서도 그것을 누리는 삶을 원한다.

이와 같이 다음 세대들의 삶의 환경은 빠르게 변하고 있는 데 비해 교회는 다음 세대를 교육하는 방식에 큰 변화가 없다. 다음 세대의 교회교육은 여전히 설교 중심의 일방적 예배, 잘 이해되지 않고 적용하기 어려운 성경공부, 무엇보다도 다음 세대 젊은이들과 깊은 공감대가 없는 기성세대에 의해 교육이 이루어지는 환경 등의 문제가 있다. 물론 한국 교회에서 설교와 성경 공부의 중요성은 재론할 여지가 없다. 그러나 지금은 그 방식의 변화가 요청되는 시대이다.

특히 청소년 시기는 스스로 사유하며 자기 세계를 구축해 가야 한다. 이러한 그들에게 지나치게 일방적인 메시지나 주입식 교육 방식의 폐해는 심각하다. 구태의연한 교육 방식은 설교나 성경공부, 더 나아가서는 신앙생활 전체에서 심리적 거리감을 증폭시켜 교육자와 피교육자 간의 단절을 초래한다. 그리고 교회학교 교사와 학생 간의 단절된 관계는 그 무엇보다 심각하다. 특히 교육 현장에서의 피상적인 관계는 결국 비효율적인 교육과 형식적인 신앙과 인간관계를 양산하는 결과를 낳게 된다.

교회의 다음 세대들은 그들의 문제를 진정으로 이해하고 바르게 인도할 수 있는 지도자를 찾고 있다. 그들의 내면세계를 내보이면서 아픔과 고독을 같이 할 수 있는 따뜻하고 신뢰할 수 있는 설교자와 교사를 기다리고 있다. 소그룹 상담 수련회는 이러한 그들의 요구를 조금이나마 충족시킬 수 있는 새로운 수련회 프로그램이다.

2. 연약함을 나누는 수련회

오늘날 한국 교회가 가지고 있는 신앙은 총체적으로 우리 개개인이 가지고 있는 신앙과 같다. 한국 사회는 1960년대부터 경제가 급속도로 발전하였다. 이로 인해 한국 교회는 선교 이후 그 유례를 찾기 힘들 정도로 급속도로 성장하였다. 특히 한국 교회는 1970년대 후반부터는 급성장을 하여 국내와 세계 교회의 주목을 받기도 했다. 그러나 현재 한국 교회는 성장이 둔화되었다. 이 둔화는 곧 성장의 멈춤이라고 할 수 있다. 한국 교회는 교회 성장의 둔화를 보면서 교회의 양적 성장에 대해 새롭게 각성하게 되었다. 비로소 한국 교회는 교회 성장의 부정적인 요소를 바라보게 되었다. 그것은 교회가 양적인 성장에 집착해 왔다는 것이다.

이러한 결과 한국 교회 성도들은 '내가 누구인가?' 그리고 '내가 왜 이 세상에 태어났으며 앞으로 어떻게 살아야만 하나님 뜻대로 살 수 있는가?'에 대한 관심이 없었다. 이뿐 아니라 성도들은 나와 하나님과의 관계에 대해서도 관심을 갖지 않게 되었다. 이러한 교회 분위기 가운데서 교인들은 신앙은 무엇이고, 구원이란 무엇인지, 하나님은 어떤 분이신지와 같은 질문에 별로 도전받지 않고 신앙생활을 해 왔다.

그러나 이제 한국 교회는 더 이상 성장 지향적 교회보다는 오히려 참된 삶의 변화와 성숙한 기독교인으로서 갖는 기쁨을 깨닫고 살아갈 수 있는 교회가 되어야 한다. 교회교육의 방향은 성장에서 성숙한 기독교인이 되는 것에 초점을 맞추어야 한다. 사실 내면적으로 성숙하지 못한 신앙은 나에게 걸림돌이 되는 것이다.

우리는 왜 '나'를 찾아야 하는가? 그 이유는 나의 독특한 참된 신앙을 발견하고, 그대로 지키며, 살아가야 하기 때문이다. 우리가 나 자신에 대하여 잘 정립되어 있지 않으면 어떤 분위기나 상황대로 이끌려 가기 쉽다. 그러면 우리가 상황에 따라 믿는 바대로 살아 나갈 수 있는 신앙을 가질 수 없게 된다.[5]

사도 바울은 고린도교회 신자들에게 서로 연약성을 돌아보게 했다. 고린도교회 신자들은 세상적으로 말하면 어리석은 자들이었고 연약한 자들이었다. 고린도교회 신자들은 대부분 사회적으로 하층 계급에 속해 있었고 대부분 무식하고 가난했다. 그들 중 상당수는 노예였다. 이들에 비하여 사도 바울은 지성적인 사람이었고 능력이 있는 사람이었다. 그런데 바울은 고린도전서 2장 1–5절에서 고린도교회 신자들

5　오우성, op. cit., 11.

만이 약한 것이 아니라 자기 자신도 약하고 떠는 자라고 하였다. 바울은 '철학 대신 십자가만을 가지고 그리고 웅변술 대신에 약하고 떨림으로 너희에게 나아갔다.'고 말하였다.

그리스도인들은 이러한 사도 바울의 고백과 자세를 본받아야 한다. 사도 바울의 이러한 신앙이 바로 참된 기독교인의 태도이다. 그러나 한국 교회 내에서는 이 연약함이 신자들의 두드러진 특징이 되지 않고 있다. 오히려 한국 교회는 연약함보다는 강건함을 이야기한다. 이 강함이 신앙인의 참된 모습인 양 이야기하고 있다. 그러나 사도 바울은 달랐다. 바울은 고린도후서 2장 30절에서 '내가 부득불 자랑할진대 내가 약한 것을 자랑하리라.' 하였다. 바울은 자신의 연약함을 인정하고 드러내는 것을 두려워하지 않았다. 물론 사도 바울은 많은 지식과 강인한 성품을 지니고 있었다. 그러나 바울은 고린도교회 신자들에게 나아갈 때 연약함과 떨림으로 다가갔다.

▲ 사도 바울의 모습

사실 사도 바울은 육체적으로도 연약했다. 2세기 전통에 의하면 사도 바울의 외모는 보잘것없었다. 그의 키는 작았고, 얼굴은 못생겼다. 그의 머리는 대머리였고 눈은 근시였으며 다리는 구부러졌고 코는 매부리코였다. 그를 비판하는 사람들은 바울의 모습은 보잘것없었고 그의 언어는 멸시할 만한 것이었다고 했다. 그에게는 볼 만한 것도 없었고 들을 만한 것도 없었다. 이와 같은 그의 부정적인 특징은 바울을 로마 세계의 성공적인 웅변가로는 결코 만들 수 없었을 것이다. 그러나 사도 바울은 자신의 연약함을 인식하며 하나님의 능력을 의지했다. 결국 사도 바울의 연약한 사역에는 하나님의 능력이 나타났다. 그러므로 우리는 고린도후서 12장 10절에 있는 말씀처럼 하나님의 능력이 인간의 약함 가운데 나타난다는 사실을 깨달아야 한다.

3. 참된 나를 발견하는 수련회

기독교인들에게 필요한 것은 사도 바울처럼 있는 그대로의 자기 자신을 바라보는 것이다. 곧 기독교인들은 자신의 연약함을 깨닫고, 자신이 죄인임을 깨닫는 것이다. 그리고 이와 함께 자기 자신 안에 있는 잠재력을 발견하는 것이다. 그러나 기독교인들이 추구하는 자각은 스스로의 힘으로 깨달음에 이르는 것이 아니다. 기독교인의 참된 자각은 하나님을 만날 때 일어나는 깨달음이다. 그러므로 기독교적인 자각은 명상을 통해 깨닫는 것이 아니다. 사람들은 어느 정도 지성을 통해 자신을 돌아볼

▲ 하나님과의 만남

수 있다. 그러나 기독교인은 예수님을 만날 때 비로소 진정한 자기 자신을 발견하게 된다.

이를 통해서 볼 때 소그룹 상담 수련회는 예수님 안에서 참된 나를 찾는 좋은 프로그램이다. 이것이 소그룹 상담 수련회의 목적이다. 우리는 있는 그대로의 자신이 되어야 하나님과 올바른 관계를 맺을 수 있다. 우리는 하나님 앞에 가식적이고 왜곡된 자신으로는 하나님과 올바른 관계를 이루지 못한다. 아우구스티누스는 "주님 안에 있으므로 말미암아 내가 주님을 발견하기 전까지는 내 인생의 참된 평안이 없었다."라고 말하였다.

어떻게 참된 나를 찾을 수 있는가? 이 질문에 대한 대답으로 사도 바울은 에베소서 4장 23절 말씀에서 '오직 심령으로 새롭게 되어야 한다'고 말한다. 참된 나를 발견하기 위해서는 먼저 나의 '심령(mind)'을 바라보아야 한다. 이 심령은 인간을 구성하고 있는 깊은 내면세계이다. 참된 자아라는 것은 가장 깊은 곳에 있는 심령이 변화될 때 만날 수 있는 것이다.[6] 복음은 우리들을 자유하게 한다. 믿음은 하나님께서 죄에 매여 있는 우리들에게 자유를 주시기 위한 선물이다. 하나님은 우리들을 죄책감으로 옭아매기 위해 믿음을 주신 것이 아니다. 그러므로 우리가 살아가다 보면 그 가운데 갈등이 있지만 갈등을 이길 수 있는 힘을 주시는 주님을 의지해야 한다. 이것이 기독교인의 신앙이며, 기독교의 영성이다.

기독교의 영성은 서로 사귐이 있게 하고, 그 사귐은 기독교인의 성품을 깊이 있게 만든다. 하나님과의 친밀한 수직적인 관계는 수평적인 관계를 더욱 깊이 있게 만들고, 지체들과의 교제는 다시 하나님과의 관계를 강화하는 상호 상승적인 작용을 일으킨다. 기독교인은 하나님과의 관계를 떠나서 존재할 수 없고 나아가 지체와의 교제는 하나님과의 관계를 깊이 있게 만든다. 그러므로 지체 간의 교제는 영성과 분리할 수 없는 관계에 있다. 따라서 성숙한 기독교인은 관계성을 통해 알 수 있다. 이 관계성은 나와 주님과의 관계, 나와 지체와의 관계이다.

------

6 Ibid., 12.

그러면 성숙해 나가는 데 걸림돌이 되는 것은 무엇인가? 그중 하나가 바로 연약함이다. 이 연약함은 자신 속에 있는 연약함이 다른 사람에게 드러날 것에 대한 두려움이다. 이 두려움을 유발하는 것은 자신의 내면에 있는 것들이다. 내 속에 있는 연약함은 그것으로 끝나는 것이 아니라 하나님에게 나를 노출시킬 수 없도록 한다. 우리의 마음속에는 이것이 드러나게 될 때 말할 수 없는 고통을 겪게 될 것이라는 두려움이 자리 잡고 있다.[7]

그러면 우리는 내 속에 있는 연약함을 어떻게 이해해야 할까? 우리는 성장 지향성 신앙 관념 때문에 하나님은 모든 것을 다 들어주신다고 생각한다. 우리는 믿음을 통해 무엇을 얻고자 하는가? 우리는 신앙을 통해 힘, 부귀, 권력, 명예 등을 얻으려고 하지는 않는가? 이것들은 필요하면 주님이 주실 수 있는 것들이다. 그리하여 우리는 내 속에 연약함이 있으면 나의 불신앙으로 인해 실패한 것으로 생각한다. 바로 이러한 잘못된 신앙관이 공동체를 파괴하는 깊은 골을 만들게 되었다.

사실 우리들이 그리스도인이라 하면서도 지체들에게 자신의 고뇌와 갈등과 아픔을 나눌 수 없다면 이것은 엄청난 고통이요 아픔이다. 기독교인들은 서로 내 속에 있는 것을 나눌 수 있는 자가 되어야 한다. 내가 원하는 것이 이루어지지 않은 것은 꼭 나의 믿음이 부족하거나 내 기도가 실패했기 때문이 아니기 때문이다.

> 큰일을 이루기 위해 힘을 주십사 하나님께 기도했더니,
>
> 겸손을 배우라고 연약함을 주셨다.
>
> 많은 일을 해낼 수 있는 건강을 구했는데,
>
> 보다 가치 있는 일을 하라고 병을 주셨다.
>
> 행복해지고 싶어 부유함을 구했더니,
>
> 지혜로워지라고 가난을 주셨다.
>
> 세상 사람들의 부러움을 사기 위해 성공을 구했더니,

---

7 Ibid., 12-13.

뽐내지 말라고 실패를 주셨다.

삶을 누릴 수 있게 모든 걸 갖게 해 달라고 기도했더니,

모든 걸 누릴 수 있는 삶 - 그 자체를 선물로 주셨다.

하나님의 뜻을 따르지 못하는 삶이었지만,

내 맘속에 진작에 표현 못한 기도는 모두 들어주셨다.

나는 가장 많은 축복을 받은 사람이다.

- 뉴욕대학교 부속병원 재활센터 입구 벽에 새겨져 있는 기도

이 글의 저자는 현실적 삶에서 육체적 안락과 안정성을 추구하는 것보다 더 중요한 것이 있다는 것이다. 바울은 고린도후서 12장 9절에서 '나에게 이르시기를 내 은혜가 네게 족하도다. 이는 내 능력이 약한 데서 온전하여 짐이라 하신지라. 그러므로 도리어 크게 기뻐함으로 나의 여러 약한 것들에 대하여 자랑하리니. 이는 그리스도의 능력이 내게 머물게 하려 함이라'고 하였다. 여기서 사도 바울은 자신의 기도대로 이루어지지 않은 것에 대해 오히려 은혜라고 고백하고 있다. 사실 기도는 마술이 아니다. 우리의 삶에는 자신의 기도대로 이루어지지 않을 때가 있다. 우리는 자신의 약함이나 연약함을 일생 동안 짊어지고 가야 한다. 하나님은 우리들이 이것을

▲ 참여하는 수련회 프로그램

지고 갈 수 있는 힘을 주실 것이다.

우리는 소그룹 상담 수련회를 통해 이러한 하나님의 은혜를 발견할 수 있다. 우리는 소그룹 상담 수련회에서 자신의 연약함을 서로 나누면서 이런 특별한 하나님의 은혜를 체험할 수 있다. 우리는 소그룹에서 서로 나눔을 통해 나 자신을 살펴보고, 나의 삶을 다른 사람과 나누고, 그리고 다른 사람의 이야기를 들어 주는 체험을 통해 참된 교제를 맛볼 수 있을 것이다. 이러한 삶의 나눔을 통해 나 자신의 모습을 발견하고 자신의 한계를 경험하게 될 것이다. 그리고 그런 한계조차도 하나님의 은혜라는 것을 경험하게 될 것이다. 우리는 소그룹 상담 수련회 체험을 통해 하나님의 풍성한 은혜 속에서 하나님께 더 가까이 가는 것을 배울 수 있을 것이다.

5

소그룹 상담
지도자 지침

제5장

소그룹 상담 지도자 지침

1. 소그룹 상담의 개념

사람들은 소그룹 상담을 개인 상담의 또 다른 하나의 방법 내지는 보충수단으로 생각하는 경향이 있다. 그러나 소그룹 상담은 개인 상담의 보충수단이 아니다. 소그룹 상담에 대한 오해를 해소하기 위해서는 먼저 소그룹 상담이 무엇인지에 대한 이해가 선행되어야 한다. 왜냐하면 소그룹 상담의 개념에 대해 바로 아는 것이 소그룹 상담의 전 과정을 이해하는 출발점이 되기 때문이다.[1]

소그룹 상담은 소그룹 과정의 한 형태이기 때문에 소그룹 상담을 바로 이해하기 위해서는 먼저 소그룹에 대한 개념적인 이해가 필요하다. 통상적인 의미로 소그룹은 두 사람 혹은 그 이상의 사람들의 모임이다. 그러나 소그룹은 엄격히 따지자면 사람들의 단순한 모임이나 집단과는 구별되어야 한다. 즉 소그룹은 단지 몇 사람이 공간적으로 같은 곳에 모이고, 시간적으로 같은 때에 모임을 갖는다고 해서 소그룹이라 할 수 없다.[2] 따라서 소그룹 상담에서의 소그룹은 비교적 적은 수의 사람들이 모였을지라도 그 안에 상호작용이 형성되는 것이어야 한다. 소그룹의 상호작용은

---

1 이형득 외 4인, 『집단상담』 (서울: 중앙적성출판사, 2003), 13.
2 이형득, 『집단상담의 실제』 (서울: 중앙적성출판사, 1999), 12.

▲ 소그룹 상담 수련회 모습

서로의 정서공유를 통해서 자기이해와 자기수용을 촉진하는 역동성이 일어나는 것을 의미한다.

이와 같이 소그룹 상담은 일반적으로 한두 사람의 소그룹 지도자의 지도 아래 7~8명의 참여자를 소그룹으로 묶어서 행하는 상담이다. 소그룹 상담은 소그룹 지도자와 참여자의 관계뿐 아니라, 참여자들끼리 상호관계성의 역동을 토대로 하여 신뢰할 수 있고 수용적인 분위기 속에서 참여자 개개인의 성장과 행동 및 태도의 변화를 추구하는 과정이다. 더 나아가 소그룹 상담은 한층 높은 수준의 개인의 성장 발달 및 인간관계 발달의 능력을 촉진하려는 의도에서 이루어지는 하나의 역동적 대인관계의 과정이다.[3]

사실 우리들이 삶에서 겪는 어려움의 대부분은 관계적인 문제이다. 그 관계는 자신과의 관계, 타인과의 관계, 환경과의 관계 심지어 하나님과의 관계에서 어려움을 겪는다. 이 여러 관계 가운데 대인관계로 인해 겪는 어려움이 가장 클 것이다. 이와 같이 우리들이 힘들어하는 대부분의 문제는 관계의 어려움에서 생긴 것이므로, 그 해결도 복잡한 대인관계가 있는 소그룹 장면에서 터득하도록 하는 것이다. 이것이

3 Ibid., 19.

바로 소그룹 상담의 장점이다. 소그룹 상담의 이점은 참여자들에게 다양한 성격을 지닌 사람들과 접할 수 있는 기회를 제공해 주고, 이를 통하여 다양한 학습 경험과 상호 역동적인 인간관계를 체험할 수 있게 해 주는 것이다.

1) 소그룹 상담의 목적

우리는 소그룹 상담을 통해 다양한 것들을 경험할 수 있다. 우리들이 소그룹 상담을 통해 얻을 수 있는 경험은 다음 다섯 가지로 말할 수 있다. 첫째, 소그룹 상담은 자신과 타인의 존재 의미를 파악하게 한다. 둘째, 소그룹 상담은 효과적인 대인관계에 대해 생각할 수 있도록 하고, 이를 통해 사회생활에 적응할 수 있는 적합한 방법을 생각하도록 돕는다. 셋째, 소그룹 상담은 상담 경험을 통해 새로운 가치를 평가할 수 있게 하고 현재의 가치를 경험할 수 있게 한다. 넷째, 소그룹 상담은 안정된 분위기에서 자신의 감정을 추구하고 통제하며, 자신의 행동에 책임을 질 수 있게 한다. 마지막으로, 소그룹 상담은 타인과의 관계를 명백히 하는 데 있다.[4]

따라서 소그룹 상담의 목적은 자기이해와 타인이해를 통해 자신의 문제와 목표를 성취할 수 있는 대안을 찾는 것이다.[5] 소그룹 상담은 참여자들이 서로 자신의 이야기를 하며, 다른 사람의 이야기를 들으면서 참여자 스스로 문제를 해결할 수 있도록 도와주는 것이다. 이것은 참여자들의 나눔을 통해 이루어지는 상호 역동적인 과정을 통해 이루어진다. 참여자들은 이러한 상호 역동적인 경험을 통해 지금까지 경험해 보지 못했던 전혀 새로운 참 만남을 갖게 될 것이다. 이 소그룹 상담은 기존의 토론 프로그램과는 다르다. 소그룹 상담 지도자는 자신의 세계관을 참여자들에게 강요해서는 안 된다. 그리고 참여자들도 자신의 가치관과 세계관을 다른 참여자들에게 강요해서도 안 된다.

4 이혜성, 『생활지도 실제의 문제』 (서울: 한국카운슬러협회, 1998), 67–69.
5 Gerald Corey, "집단: 과정과 실행," 코리초청 집단상담 세미나 자료집 (알사람, 고려대학교행동과학연구소, 2002. 4), 17–18.

2) 소그룹 상담의 목표

소그룹 상담의 목표는 '지금-여기(here and now)' 경험을 통해 '나는 왜 이 감정을 느끼는가?'를 이해하게 하고, 또한 '나는 지금 이 문제를 해결하기 위해 어떻게 해야 하는가?'를 찾게 하는 것이다.

코리(Corey & Corey)는 소그룹 상담에 참여하는 사람들의 목표들을 다양하게 설명하고 있다.[6]

① 자기존중감 높이기
② 자신의 한계를 현실로 받아들이기
③ 친밀감을 방해하는 행동 줄이기
④ 자신과 타인에 대한 신뢰 습득하기
⑤ 자신의 문화가 개인적인 결정에 어떻게 영향을 주는지 인식하기
⑥ 자기인식 수준을 높임으로써 선택과 행동의 가능성 높이기
⑦ 감정을 느끼는 것과 감정에 따라 행동하는 것 사이의 차이 구별하기
⑧ 자신이 되고자 하는 모습에 방해가 되는 부적절한 초기 결정으로부터 자유로워지기
⑨ 다른 사람들도 인생에서 갈등을 느끼면 분투하고 있다는 것을 인식하기
⑩ 자신의 가치관을 명료히 하고 가치관을 수정할 것인지 여부와 어떤 모습으로 수정할 것인지에 대해 마음 결정하기
⑪ 독립적이면서도 상호 의존적인 관계 형성하기
⑫ 아무것도 보장되지 않은 세상에서 선택하는 방법 습득하기
⑬ 개인의 문제를 해결하는 방법 발견하기
⑭ 다른 사람에 대해 관심을 가지고 돌보는 능력 증진하기
⑮ 가까운 사람들에게 열린 마음으로 솔직해지기

....

6 Corey & Corey, 『집단상담 과정과 실제』 김명권 외 4인 (서울: 시그마프레스, 2001), 175.

⑯ 집단 내 지금-여기의 상황에서 직접적인 태도로 다른 참여자들과 상호작용
  하기

⑰ 다른 사람들을 지지하면서 동시에 도전하기

⑱ 관심과 염려하는 마음으로 다른 사람들에게 직면하기

⑲ 원하는 것을 다른 사람에게 요청하는 법 배우기

⑳ 다른 사람들의 욕구와 감정에 민감하기, 다른 사람들에게 유용한 피드백 주기

코리가 제시한 위의 소그룹 상담의 목표는 다양하다. 사실 소그룹 상담의 목표는 참여하는 사람들에 의해 달라진다. 소그룹 상담의 목표가 참여자들 개개인에 의해서 만들어지는 것이다. 참여자들은 소그룹 상담에 참여하면서 각자 나름대로의 목표를 세우게 된다. 그 목표는 그 소그룹 상담을 통해 이룰 수 있는 것들로 정하게 된다. 그리하여 참여자는 소그룹 상담을 하는 동안 자신이 세운 목표를 이루기 위해 나아가는 것이다.

2. 소그룹 상담의 윤리

소그룹 상담에서 가장 중요한 윤리 중 하나는 비밀보장이다. 비밀보장은 효율적인 소그룹 상담을 위해 가장 중요하면서도 기본적인 원리이다. 사람들은 소그룹 지도자나 참여자들이 자신의 비밀을 존중해줄 것이라는 확신이 서지 않으면 자신의 이야기를 하지 않는다. 소그룹 상담에서는 비밀보장이 매우 중요하다. 따라서 소그룹 상담 지도자는 비밀보장에 대한 확고한 의지와 참여자들에게 비밀보장에 대해 분명히 가르쳐야 한다.

그리고 소그룹 지도자는 참여자들에게 비밀보장이 완전히 보증되는 것은 아니라는 점을 알려줄 필요가 있다. 왜냐하면 소그룹 지도자는 단지 비밀보장을 하리라는 부분에 대해서만 확신할 수 있을 뿐이고 다른 사람들이 비밀보장을 하리라는 것을

확신할 수 있는 것은 아니기 때문이다. 그러므로 소그룹 지도자는 참여자의 비밀을 지켜야 하는 과업이 있고, 참여자들에게 어떻게 비밀을 지켜야 하는지에 대해 가르칠 필요가 있다.[7] 특히 소그룹 지도자는 참여자들에게 비밀보장을 어길 경우 일어날 수 있는 결과를 알려주어야 한다.

이처럼 소그룹 지도자는 참여자들에게 비밀보장의 중요성을 알려주어야 하고, 참여자들이 비밀보장에 동의하는 서명을 하도록 하는 것을 고려해볼 수 있다.[8] 필자가 소그룹 상담 지도자가 될 때에는 비밀보장에 대한 서명을 하도록 하는 시간을 갖는다. 왜냐하면 참여자들이 비밀보장 서명을 하는 의식을 가질 때 소그룹 상담에 참여하는 마음 자세가 다름을 알게 되었기 때문이다. 그리고 이 서명 의식을 통해 참여자들이 비밀보장에 대한 중요성을 다시 한 번 자각하게 되고, 서로 신뢰할 수 있는 분위기가 형성되었다.

소그룹 지도자는 비밀보장의 중요성을 소그룹 상담 시작 전과 소그룹 상담 과정 중 여러 시기에 걸쳐 강조해야 한다.[9] 소그룹 지도자는 지도자가 참여자들에게 비밀보장을 장담할 수 없다는 사실을 언급해줌으로써 소그룹 상담 과정 중에 특정 상황에 대해 노출할 것인지에 대해 참여자가 다시 한 번 더 생각할 수 있도록 해야 한다.[10] 그리고 소그룹 상담이 미성년자를 대상으로 하는 경우 부모가 아이에게 소그룹에서 일어난 일에 대해서 물을 수 있다. 그래서 미성년자를 대상으로 하는 소그룹 상담은 상담을 시작하기 전에 미리 부모들에게 비밀보장의 중요성에 대해 알려주어야 한다. 소그룹 지도자는 비밀보장을 위해 참여자의 기록(서면, 녹음, 비디오 자료 등)을 보관 혹은 소각해야 한다.[11] 특히 소그룹 상담 지도자는 소그룹 상담에서 하였던 이야기들을 사례로 이야기하지 않도록 하여야 한다. 그러나 부득이하게 소그룹 지도자가 교육상 꼭 필요해 소그룹 상담 사례를 이야기할 때는 참여자들의 익명성

7　Gerald Corey, op. cit., 15.

8　Ibid., 15-16.

9　Corey & Corey, op. cit., 40.

10　Ibid.

11　Ibid., 40-41.

을 보장해야 한다.

마지막으로 소그룹 상담 지도자는 참여자들에게 비밀보장에서 예외 상황을 분명하게 제시해 주어야 한다.

〈 비밀보장의 예외 경우 〉[12]

① 미성년자를 대상으로 하거나 비자발적이거나 강제적인 집단의 경우
② 내담자가 자신이나 타인, 사회 안정에 심각한 해를 끼칠 우려가 있는 경우
③ 어린이나 노인에 대한 학대가 의심되는 경우
④ 법정에서 판결을 위한 정보를 요구하는 경우
⑤ 미리 내담자의 허락을 받은 경우

3. 소그룹 상담 초기 단계의 특성

소그룹 상담 지도자가 첫 만남에서 다루어야 할 과업 가운데 하나는 소그룹 상담을 어떻게 시작하는지다. 소그룹 상담 지도자는 첫 만남에서부터 관심과 공감으로 충분히 수용하는 환경을 제공해 주어야 한다. 이렇게 하면 참여자들은 모임에 대해 편안함과 신뢰감을 갖게 되며, 자신이 도움 받을 수 있을 것 같은 느낌을 갖게 될 것이다.

초기 단계의 특성은 참여자들이 소그룹 상담 초기에는 서로 익숙해지려고 하고, 소그룹 상담이 어떻게 하는 것인지 알려고 한다. 참여자들은 초기 단계에 소그룹 내에서의 불안감과 함께 어떻게 행동해야 하는지 몰라서 조심스럽게 눈치를 보며 탐색하기 시작한다. 무엇보다도 이 시기에는 아직 소그룹의 구조와 분위기 등이 불확실하기 때문에 참여자들은 소그룹의 기본 규칙과 규준을 알려고 애쓰며, 소그룹 내에서의 자신의 역할과 위치를 파악하고 설정하려고 나름대로 노력한다. 따라서 이

---

12 Ibid., 41-42.

단계에서는 참여자들이 희망과 기대뿐만 아니라 두려움과 주저함을 표현하는 특징이 있다. 그러므로 소그룹 상담 지도자가 이러한 반응을 어떻게 다루느냐에 따라 모임에 대한 신뢰감이 결정된다.[13]

소그룹 초기 단계의 특징 가운데 하나는 참여자들 스스로 소그룹 상담을 통해 무엇을 얻고 싶은지 불확실하고 모호하다는 것이다. 참여자들 대부분은 소그룹 상담의 규칙이나 기대되는 행동에 대해서 명확히 모른다. 그래서 참여자들은 침묵이나 쑥스러워하는 순간들이 있기 마련이다. 어떤 사람들은 이것을 참지 못하고 작업을 하기 시작하고 반면에 어떤 이들은 주저하거나 끼어들지 않는다. 또한 어떤 참여자들은 자신의 문제에 대해 빠른 해답을 얻기를 원하기도 한다. 만일 소그룹 상담 지도자의 상담 지도 스타일이 비구조화를 택하는 것이라면, 상황의 애매모호함 때문에 참여자들의 불안 수준은 매우 높아질 것이다. 이런 경우 아마도 참여자들은 상당히 고생할 것이고, 그들은 지도자에게 소그룹의 방향을 제시해 달라고 요구할 것이다.[14]

따라서 지도자는 초기 단계에 일어날 수 있는 이러한 다양한 특성이 있음을 인식해야 한다. 이때 지도자는 개방적이면서 수용적인 태도로 참여자들의 부정적인 이야기를 다루어 나가야 한다. 무엇보다도 지도자는 초기 단계에서 참여자들이 소그룹에 대해서 긍정적인 기대를 가지고 바람직한 참여 태도와 행동을 배울 수 있도록 안전하고 생산적인 분위기를 만들어 나가야 한다.

앞에서 언급했듯이 초기 단계에서 참여자들은 일반적으로 소그룹에 몰입하기보다는 오히려 다소 망설이는 태도를 취하게 된다. 어떤 경우 참여자들은 지도자를 의심의 눈초리로 보기도 한다. 어떤 참여자들은 소그룹 상담이 자신들의 문제를 풀어 가는 데 어떤 실제적인 가치가 있을까 의심하기도 한다. 이러한 참여자들은 뒤로 물러나 앉아서 조용히 관망하며 무언가 일어나기를 기다리기도 한다.

사실 참여자들의 문화적 요소와 환경적 배경도 참여자의 준비도에 영향을 미치

13 Ibid., 161.
14 Ibid.

게 된다. 참여자들이 자신의 문화적 전통이나 가치에만 충실하려고 할 때 소그룹에 대한 '저항'이 일어나게 될 것이다. 예를 들면 만약 참여자들 가운데 성(gender), 가족 문제, 종교적인 신념과 같은 것을 이야기하는 데 문화적으로 거부감을 지닌 사람들이 있으면 이들은 그러한 역할 연기에 참여하는 것을 꺼리게 될 것이다. 이때 지도자가 해야 할 중요한 역할은 참여자들이 자신을 개방하지 않으려는 초기 저항이 얼마나 자신의 문화적 상황과 관계되는지 이해하도록 돕는 것이다.[15]

이러한 초기 저항은 집단의 유형과 관계없이 심지어 적극적으로 참여하고자 하는 소그룹에서도 나타날 수 있다. 초기 저항은 소그룹이 이루어지는 장소 또는 대수롭지 않은 문제에 대한 불만으로 나타나기도 한다. 저항은 종종 두려움에 찬 기대에서 나오기 때문에 초기 단계에서 이러한 두려움에 대해 이야기하는 것은 집단 전체를 위해서 좋다.[16]

다음은 참여자들이 말하는 일반적인 두려움들이다.

- 내가 여기서 받아들여질까, 거절당할까?
- 내가 느끼는 것을 진짜로 말할 수 있을까? 아니면 다른 사람들의 기분을 나쁘게 하지 않기 위해서 내 말을 조심스럽게 포장해야 하나?
- 이 집단이 나의 일상생활의 상호작용과 어떻게 다를 것인가?
- 다른 사람들이 나를 판단할까 봐 두렵다.
- 여기서 다른 사람들을 좋아하게 될까?
- 바보처럼 보일까 봐 두렵다.
- 나 자신에 대해서 많이 말할 수 있을까?
- 상처 입을까 봐 두렵다.
- 집단이 나를 공격하게 되면 어떻게 하나?
- 집단에 의지하게 될까 봐 두렵다.

---

15 Ibid., 162.
16 Ibid., 163.

- 내가 다룰 수 없는 나 자신의 문제를 발견하게 되면 어떻게 하나?
- 내가 변할까 봐 두렵고, 나의 변화를 좋아하지 않게 될까 봐 두렵다.
- 내가 원하지 않는 일을 하도록 요청받으면 어떻게 하나?

참여자들은 초기 단계에서 그들의 문제가 심각하게 받아들여지는지, 이 모임이 자신들의 생각과 느낌을 말하기에 안전한 장소인지를 알아보기 위해 분위기를 시험한다. 만일 소그룹 지도자나 참여자들이 그들의 반응이 긍정적이든 부정적이든 간에 존중하거나 수용적인 자세로 경청하고 있다면 그들은 그들 자신의 더 깊은 내면까지 다룰 기반을 갖게 된다. 참여자들의 저항을 다룰 수 있는 좋은 방법은 그들의 두려움에 귀 기울이고 그것을 충분히 표현하도록 북돋는 것이다. 이 모임에 불안해하는 참여자에게 이렇게 말하는 것은 도움이 되지 않는다. "여기서는 두려워할 필요가 없어요. 아무도 당신을 해치지 않아요." 지도자는 이렇게 말하는 것 대신에 오히려 그 사람의 심정을 공감해 주어야 한다. 지도자가 참여자의 그 심정을 알아주면 소그룹은 매우 개방적이면서 수용적인 분위기가 될 것이다.

지도자는 참여자들의 불안을 인식하고 참여자들이 이러한 불안을 나누고 탐색할 수 있도록 용기를 주어야 한다. 이러한 참여자들의 불안을 감소시키는 방법 중 하나는 참여자들에게 두 명씩 짝을 만들고, 그 후에 다시 합쳐서 네 명으로 소그룹을 만드는 활동을 하게 하는 것이다. 이렇게 하면 참여자들끼리 신뢰감을 형성하는 데 도움이 된다. 이러한 방법으로 참여자들은 그들의 기대를 나눌 상대를 찾아내고 친해지며, 그들의 두려움이나 숨겼던 것을 이야기하게 된다. 이러한 활동을 통해 참여자들은 소수 사람과 이야기를 하게 되고, 그 후에 전체 집단으로 통합하는 형식으로 나아가면 자신의 이야기를 편안하게 하게 되고, 소그룹 상담에 대한 기대감이 생기게 된다.

4. 소그룹 지도자의 가치관과 역할

1) 소그룹 지도자의 가치관

소그룹 지도자의 가치관은 소그룹 상담의 방향에 영향을 미치게 된다. 따라서 지도자는 자신이 지닌 가치관을 깨닫고, 그 가치관이 미묘하고 직접적인 방법으로 참여자들에게 영향을 미칠 수 있다는 것을 인식하고 있어야 한다. 지도자가 자신의 가치관을 인지하고 있으면 소그룹의 효율성은 더욱 확대될 수 있다.[17] 소그룹 상담 지도자의 역할은 참여자들에게 무엇이 자기 자신에게 옳고 도움이 되는 것인지 찾고 선택하도록 돕는 것이지 소그룹 지도자가 옳다고 믿는 것을 설득하는 것이 아니다.[18] 소그룹 상담을 통해 참여자들이 자기 가치관의 옳고 그름에 대해 스스로 깨닫게 된다면, 소그룹은 자신의 태도를 수정하고 새로운 행동을 발전시킬 수 있는 이상적인 환경이 되어 주는 장소가 될 것이다.[19] 이렇게 되었을 때 참여자들은 자신의 가치관과 목표를 명료화하고, 여러 가지 정보를 통해 생각과 행동을 선택하고, 자신이 내린 결정에 책임을 지게 될 것이다.[20]

소그룹 상담에서 지도자는 자신의 가치관과 참여자의 가치관 사이에 너무나 큰 차이가 나는 윤리적 이슈에 직면하게 될 수 있다. 이때 지도자는 자신의 가치관을 정확히 알고 있고 다른 가치관을 지닌 사람들과 상담하게 될 때 객관적인 태도를 견지해야 한다. 만약 참여자들이 소그룹 지도자의 관점을 물어온다면 할 수 있는 한 참여자들에게 짐이 되지 않도록 비판하지 않는 태도로 설명하는 것이 적절할 것이다.[21] 그리고 이러한 경우 지도자는 참여자의 질문에 대해 명료화하면서 그 마음을 객관적으로 읽어주고 난 후에 자신의 가치관을 알려주는 것도 도움이 될 것이다.

---

17 Gerald Corey, op cit., 17.
18 Ibid.
19 Ibid.
20 Ibid.
21 Ibid.

2) 소그룹 지도자의 역할과 상담기술

소그룹 상담이 성공하느냐 실패하느냐 하는 것은 지도자의 역량에 달려 있다. 지도자의 역량은 소그룹 상담 중 어느 정도로 지도자의 역할을 효과적으로 수행하느냐에 달려 있다.[22] 소그룹 상담 초기 단계에서의 중요한 과업은 소그룹의 성격과 목적 및 소그룹 상담 과정에 관한 충분한 오리엔테이션을 하는 것이다. 오리엔테이션은 참여자들에게 적극적으로 소그룹에 참여할 수 있도록 동기를 유발하고 자신의 성장을 위하여 소그룹 상담 경험을 최대한 활용할 수 있도록 준비시키는 것이다.

신뢰감 형성은 지도자가 자신과 참여자들에 대해서 얼마만큼 잘 준비되어 있느냐에 달려 있다. 신뢰감을 형성하는 것은 초기 단계에서 이루어져야 할 핵심적인 과제이다. 이것은 성공적인 소그룹 상담을 위해서 아무리 강조해도 지나치지 않을 것이다. 그러나 여기에서 우리가 기억해야 할 것은 신뢰감을 형성하고 유지하는 데 있어 지도자만이 모든 책임을 지는 것은 아니라는 점이다. 신뢰감 형성은 지도자와 참여자들의 공동의 노력에 의해 이루어지는 것이 중요하다.[23] 그렇다면 신뢰감을 형성하는 데 고려해야 할 중요한 태도는 무엇인가? 로저스(Carl Rogers)가 강조했던 치료적 관계에서의 촉진적인 차원들이 신뢰감을 형성하는 데 매우 중요하다.[24]

바람직한 소그룹 상담 지도자는 좋은 생각만 갖고 있다고 해서 되는 것이 아니다. 소그룹 상담 지도자는 기본적이고 구체적인 여러 가지 소그룹 상담기술을 배우고 익혀야 한다.[25] 신뢰감을 형성하기 위해서는 상담의 기본적인 기술인 커뮤니케이션 기법이 필요하다.[26]

----

[22] 이형득, 『집단상담의 실제』(서울: 중앙적성출판사, 1992), 121.

[23] Corey & Corey, op. cit., 160-169.

[24] Ibid., 169.

[25] 이형득, op. cit., 129.

[26] 상담의 기본적인 기술인 커뮤니케이션 기법을 습득하기를 원하는 사람들을 박민수가 저술한『마음을 움직이는 커뮤니케이션 기법』서울: 시그마북스, 2014를 참조하라.

관심

소그룹 지도자가 참여자들의 언어적 커뮤니케이션과 비언어적 커뮤니케이션에 관심을 기울이는 것은 신뢰를 형성하는 데 매우 중요하다. 상담에서 관심 기울이기 행동은 가장 기본적인 상담기술이다. 관심 기울이기 행동의 중심이 되는 요소는 세 가지이다. 첫째는 말할 때 서로 간에 시선을 부드럽게 마주치는 것이다. 둘째는 몸짓과 얼굴표정이 중요하다. 소그룹 상담 지도자는 몸짓과 얼굴표정을 통하여 '나는 너의 이야기에 관심이 있어. 나는 주의 깊게 듣고 있고, 또 참 뜻을 이해하고 싶어'라고 하는 메시지를 전달할 수 있어야 한다. 셋째는 간단한 말이나 동작으로 즉각적인 반응을 보이는 것이다. 예를 들면 고개를 끄덕여 보이기도 하고, "아, 그래!" 등의 반응을 보여 주기도 하며, 상대방의 말 내용이나 느낌을 반영해 주는 등이 여기에 포함된다.[27]

경청

지도자는 상담을 할 때 상대방에게 관심을 보이면서 상대방이 전하고자 하는 메시지를 경청하는 능력을 길러야 한다.[28] 지도자가 참여자들의 커뮤니케이션에 진심으로 경청하고 이해하는 것이 없다면 참여자들 간에 관계를 형성할 기반이 없는 것과 마찬가지다.

지도자나 참여자가 주의를 기울이지 않고 있다는 것은 여러 가지 형태로 나타난다. 경청을 하지 않는 태도는 다음과 같다 — 말하는 사람에게 초점을 맞추지 않고 자신이 말할 것을 생각하는 것, 조사를 하는 듯한 폐쇄적인 질문을 하는 것, 자기 이야기만 많이 하고 다른 사람의 이야기는 경청하지 않는 것, 말하는 사람이 스스로 자신의 갈등을 탐색하도록 북돋는 대신 미리 충고를 하는 것, 언어적 커뮤니케이션에만 관심을 갖고 비언어적인 커뮤니케이션은 놓치는 것, 그리고 선택적으로 듣는 것 등.[29]

---

27 Ibid.
28 이형득, op. cit., 130.
29 Corey & Corey, op. cit., 169.

숙련되지 않은 소그룹 지도자들은 종종 참여자들이 말하는 것에만 초점을 맞추게 된다. 이렇게 되면 지도자는 비언어적 커뮤니케이션으로 전달되는 메시지를 놓치게 된다. 사람들은 말로 하는 것보다 비언어적 커뮤니케이션으로 자신을 더 많이 표현하기도 한다. 그러므로 지도자가 언어적 커뮤니케이션과 비언어적 커뮤니케이션 사이의 메시지를 파악하는 것은 상담의 기술이다.[30] 상담에서는 이것을 적극적 경청이라고 한다.

적극적 경청은 상대방 말의 내용을 파악함은 물론, 상대방의 몸짓, 표정 그리고 음성에서 섬세한 변화를 알아차리고 저변에 깔려 있는 메시지를 감지하고 나아가서는 그 사람이 말하지 못한 감정까지도 알아차리는 것을 의미한다.[31] 예를 들어 우리는 종종 고통스러운 경험을 이야기하면서 웃는 사람을 만날 수 있다. 그리고 어떤 참여자는 언어적으로는 긍정적인 감정을 표현하면서 주먹 쥔 손으로 바닥을 치는 경우도 있다. 또 어떤 참여자는 이 모임이 매우 편안하고 모든 참여자들이 좋다고 말하면서 팔짱을 낀 채 앉아 소그룹에서 벗어나고자 하는 태도를 취하는 경우도 있다.

이럴 때 지도자가 비록 비언어적 커뮤니케이션을 발견하고 그 의미를 알고 있다고 해도 실제 그 행동에 대해 직접적으로 해석하지 않는 것이 중요하다.[32] 그리고 지도자가 참여자들이 경험하는 것에 대해서 섣불리 가정하는 것은 반드시 피해야 한다. 그 대신에 오히려 지도자는 참여자들에게 스스로 자신의 비언어적 커뮤니케이션의 의미를 탐색하고 인식하도록 도와주어야 한다.[33]

공감

공감은 상담에서 가장 많이 즐겨 사용하는 상담기술이다. 공감은 '남의 신을 신고 걸어본다(get into one's shoes)'는 뜻이다. 이 의미는 다른 사람의 신발을 신어보는 심정

---

30 Ibid., 170.

31 이형득, op. cit., 131.

32 Corey & Corey, op. cit., 170.

33 Ibid., 171.

으로 상대방의 이야기 세계에 들어가야 진정한 상담이 된다는 것이다. 우리가 상대방의 신을 신어보기 위해서 필수적으로 해야 할 것은 자신의 신발을 벗어야 한다는 것이다. 곧 우리가 상대방을 잘 이해하기 위해서는 나 자신이 가진 편견이나 고정관념을 벗어야 상대방의 신을 비로소 신을 수 있다는 의미이다. 우리가 자신의 신을 벗고 타인의 신을 신을 때 비로소 걸을 수 있고, 때로는 뛸 수도 있는 것과 같이 상대방의 입장에 설 때 비로소 세상을 보는 눈과 폭이 달라질 수 있다.

이와 같이 공감은 상대방의 주관적인 세계를 감지하는 기술이다.[34] 공감은 다른 사람들이 주관적으로 경험한 것에 대해 느끼고 그들의 눈을 통해서 그들의 세계를 보는 능력이다. 사람들은 자신이 다른 사람에게 판단 없이 공감적으로 이해받고 있다는 것을 경험하게 될 때 자신의 실제적인 문제들을 이야기하게 된다. 왜냐하면 그는 다른 사람들이 자기 자신을 있는 그대로 이해하고 수용하고 있다는 것을 느끼기 때문이다.[35] 그래서 공감은 상대방을 지지하고 있다는 것을 표현하는 아주 중요한 방법이다.[36]

진실성과 자기개방

진실성은 개인의 내적 경험과 외적인 표출 사이의 일치성을 뜻한다. 이 원리를 소그룹 지도자의 역할에 적용해본다면 진실성은 지도자 자신이 내적으로 수용할 수 없을 때 수용하는 척하지 않는 것을 뜻한다. 거짓된 반응을 하지 않고, 인정을 받기 위한 목적으로 행동하지 않으며, 지도자가 전문가라는 역할 뒤로 숨는 것을 피해야 한다. 그리고 진실해진다는 것은 자기노출과 밀접한 관련이 있다. 소그룹 지도자로서 자신을 집단의 다른 사람들에게 알림으로써 참여자들이 스스로를 드러내도록 할 수 있다. 소그룹 지도자가 진실하고 적절하게 자기를 노출하며 스스로 방어벽 뒤로 숨어버리지 않는다면 소그룹 지도자는 집단의 나머지 사람들이 그들의 근심에 대해서 열

---

34 이형득, op. cit., 138.

35 Corey & Corey, op. cit., 171.

36 Ibid.

린 마음을 갖도록 북돋울 수 있을 것이다.[37]

존중

존중은 소그룹 지도자와 참여자들의 말에 의해서가 아니라 그들의 행동을 통해 나타나게 된다. 존중의 태도는 비판적인 판단 피하기, 낙인찍는 것 피하기, 자기가 부과한 또는 다른 사람이 부과한 꼬리표 떼어내기, 진심으로 느끼는 따뜻함과 지지 표현하기, 솔직하고 위험을 무릅쓰며 진실한 자신 되기, 다른 사람들이 나와 다르다는 것을 인정하기 등의 태도와 행동을 통해서 나타난다. 만일 사람들이 이러한 유형의 존중을 경험한다면 그들은 의미 있는 방식으로 자신에 대해 더 많은 이야기를 할 것이다.[38]

피드백

피드백(feedback)은 타인의 행동에 대한 자신의 반응을 상호 간에 솔직히 이야기해 주는 과정이다.[39] 소그룹 상담의 주요한 목적 중 하나는 참여자들에게 타인들이 자기를 어떻게 보고 있으며, 또 어떻게 반응하고 있는지에 대하여 학습할 기회를 제공하는 것이다.

소그룹의 신뢰감 형성 여부는 피드백하는 방식이다. 피드백은 관심을 표현하는 한 방법인데 주로 참여자들에게 그들의 말과 행동 사이의 괴리, 말의 내용과 비언어적 행동 간의 괴리 등을 점검하는 형태를 갖는다.

지도자는 피드백에 의해 갈등을 일으키는 경우, 치고 빠지는 식으로 이루어지는 경우, 참여자끼리 상처를 주는 대화가 이루어지는 경우 등을 방치해서는 안 된다. 왜냐하면 지도자가 이러한 것을 방치하는 경우 소그룹의 신뢰관계가 깨질 수 있기 때문이다. 적대적인 공격이 사람들을 방어적으로 만들면서 그들의 마음을 닫는 결

---

37 Ibid., 171-173.
38 Ibid., 173.
39 이형득, op. cit., 139.

과를 초래하는 반면 관심 어린 직면은 실제로 소그룹의 신뢰감을 증가시킬 수 있다. 참여자들은 직면한 사람들을 존중하면서 동시에 그들에게 자신의 부정적인 반응을 표현할 수 있음을 배운다.[40]

이와 같이 피드백은 소그룹의 신뢰 수준과 매우 중요한 관계가 있다. 그러므로 신뢰는 집단의 과정에서 성취해야 할 중요한 과제이다. 그러나 한 번 신뢰가 형성되었다고 해서 그것이 소그룹 상담이 계속되는 동안 지속될 것이라는 생각은 잘못이다. 소그룹 내에서의 신뢰 수준은 상승했다가 다시 낮아지기도 한다. 그리고 친밀감이 깊어져 가면서 새로운 수준의 신뢰가 계속 형성되어야 한다. 잊지 말아야 할 것은 소그룹 내에서의 신뢰감은 계속해서 시험대에 오를 것이고 이것은 집단이 계속되는 동안에 새로운 형태를 띠게 될 것이라는 점이다.

그러므로 지도자는 참여자 개개인과 집단 전체의 준비도에 유의하고 적절할 때에 여러 가지 기술을 사용할 수 있는 능력을 발달시키도록 노력해야 할 것이다.[41]

5. 소그룹 상담 계획

소그룹이 기능을 잘 발휘하기 위해 미리 준비해야 할 몇 가지 사항이 있다.[42]

1) 소그룹 상담 장소

소그룹 상담 장소는 참여자의 수, 연령, 그리고 주된 활동 프로그램에 따라 다를 수 있으나 대체로 심리적인 안정감을 줄 수 있는 곳이어야 한다. 소그룹 장소의 분위기는 아늑하고 소그룹 상담에 몰입할 수 있는 곳이어야 한다. 장소의 크기는 산만하지 않으면서 참여자들이 자유롭게 신체적 활동도 할 수 있는 적당한 곳이어야 한다.

---

40 Ibid., 173-174.
41 이형득, op. cit., 145.
42 Ibid., 174-187.

▲ 소그룹 상담 장소

　소그룹 상담 초기에는 가운데 둥근 탁자를 두고 둘러앉는 것도 참여자들의 심리적인 어색함과 불안감을 덜어주는 데 도움이 될 것이다. 그러나 상담에는 비언어적인 커뮤니케이션이 중요하기 때문에 어느 정도 익숙해지게 되면 탁자를 치우고 참여자들이 전체적으로 볼 수 있도록 하는 것이 바람직하다. 우리나라의 실정에 비추어볼 때 그냥 방바닥에 둘러앉아 각기 편안한 자세로 심신을 풀어놓고 활동을 하는 것이 더 자연스러울 것이다.

　상담의 효과를 올리기 위해 흔히 시청각 기자재를 활용할 수도 있다. 녹음기나 녹화장치를 이용하여 피드백을 주고받을 수 있고, 연구의 자료를 얻기도 한다. 그러나 기자재를 눈에 보이게 장치를 하든 숨겨두든 간에 이와 같은 시설의 사용에 대하여 사전에 모든 참여자에게 분명히 알리고 동의를 받아야 한다.

2) 소그룹 상담 참여자의 수

소그룹 상담에 있어서 집단의 크기는 매우 중요하다. 집단의 적절한 크기의 기준은 대체로 그 구성원의 성숙도, 지도자의 경험, 집단의 유형, 탐색할 문제나 관심의 범위, 그리고 타인에 대하여 알고자 하는 참여자의 요구 등 여러 요인에 따라 다를 수

있다. 일반적으로는 나이가 어릴수록 적은 수로 구성하는 것이 바람직하고, 성인이
될수록 다소 많은 수로 이루어질 수도 있다. 그러나 대부분의 전문가들은 5~15명의
범위 안에서, 특히 7~8명이 이상적인 수라고 말한다. 그러나 두 사람의 소그룹 지도
자가 함께 집단을 지도할 때는 15명 정도도 무방할 것이다. 좀 더 구체적으로 말하면
초등학교 어린이를 대상으로 하는 집단의 크기는 3~4명, 청소년 집단의 경우는 6~8
명이 적당하다. 성인 집단의 경우에는 8명이 가장 이상적이다. 집단의 크기는 모든
참여자가 원만한 상호작용을 충분히 할 수 있는 기회를 제공해 주는 정도여야 한다.
동시에 모든 참여자가 정서적으로 집단 활동에 관여하여 '소그룹'이라는 감정을 느
낄 수 있을 정도의 크기여야 한다.

3) 소그룹 상담 기간

소그룹 상담 시간은 30분에서 120분까지
여러 가지로 정할 수 있으나, 보통은 90~
120분 정도가 적당하다. 모임의 기간은 소
그룹의 목적과 성숙도, 그리고 외적 조건
에 따라 조정될 수 있다. 어린이와 청소년
을 대상으로 하는 소그룹의 경우 주의집
중 시간에 따라 자주 모이되 짧은 시간으
로 하는 것이 효과적이다. 대학생이나 성
인의 경우에는 매주 1회기 2시간이 적합
하다. 회기당 2시간은 집중적인 작업이 가

▲ 소그룹 상담 시간

능할 만큼 충분하며, 지루하지 않을 정도의 적당한 시간이다.

　지도자가 시간과 관련된 문제로서 항상 유의해야 할 일은 정한 시간에 시작하고
정한 시간에 마치는 것이다. 비록 단 한 사람이 출석했더라도 정한 시간에 시작해야
한다. 그리고 소그룹 상담을 시작할 때 미리 그 기간을 분명히 공지하고 종결의 시

일도 정해 두어야 한다. 그래야만 참여자들이 시간의 제약을 의식하고 활동하게 된다. 어떤 집단은 집중적으로 일주일에 2~5회를 모이기도 하지만 보통 주 1회에 90분 혹은 120분 정도가 적당하다.

4) 신체화 활동 활용

흔히 소그룹 상담에서는 신체화 활동 혹은 게임을 활용한다. 이것을 하는 이유는 첫째로 그것이 집단의 발달과정 자체를 촉진해 주고, 둘째는 참여자 간의 지금-여기의 느낌과 생각의 상호작용을 촉진해 주기 때문이다.

▲ 신체화 활동 및 게임

6. 소그룹 상담 회기 시작과 마무리 방법

도입 단계에서 소그룹 상담 회기를 운영하는 데 있어서 지도자가 유의해야 할 점과 소그룹 상담 회기를 시작하고 마무리할 때 활용할 수 있는 구체적인 개입 반응들을 소개하고자 한다. 소그룹 상담 회기를 시작하고 끝낼 때 효율적으로 진행하는 것은

집단의 어느 회기에서나 중요하지만 도입 단계에서의 소그룹 회기에서는 더욱 그러하다.[43]

1) 소그룹 상담 회기 시작 방법

소그룹 지도자는 소그룹 상담 회기를 시작할 때 처음 몇 분 동안 참여자들에게 집단을 위한 준비 작업을 할 수 있는 시간을 갖도록 하는 것이 필요하다. 즉 적어도 한 차례는 모든 참여자들이 참여할 수 있는 활동을 하는 것이 좋다. 지도자가 처음부터 한 사람에 대해서만 집중적으로 작업을 하면 공통적인 주제나 관심사를 놓치기 쉽고 비슷한 주제를 가진 참여자들을 서로 연결하거나 혹은 상반된 태도를 보이는 참여자들을 찾아낼 수 있는 기회를 놓치게 된다. 또한 이전 회기에 대한 아무런 언급 없이 소그룹 회기를 시작하기보다 이전 회기와 현재 회기를 연결해 주는 작업을 하는 것이 바람직하다. 준비작업을 위해 소그룹 지도자가 활용할 수 있는 개입 반응들은 다음과 같다.

- "돌아가면서 '지금 나는 _____'라는 문장을 완성해 보았으면 좋겠군요."
- "오늘 집단에 오려고 준비하는 동안이나 혹은 집단에 오는 길에 어떤 생각이나 느낌이 들었나요?"
- "돌아가면서 이번 회기에 다루고 싶은 주제가 무엇인지 각각 짧게 얘기해 봅시다."
- "오늘 이 자리에 있다는 것이 어떻게 느껴지는지 돌아가면서 얘기해 봅시다."
- "지난 회기에 얘기한 것에 대해 그 후로 특별히 생각해 본 것이 있나요?"
- "지난 회기에서 논의된 내용 중에서 이번 시간에 좀 더 다루었으면 하는 것이

---

43 김진숙, "집단상담의 시작은 어떻게 하는가?," 『제1차 집단상담 Workshop』 한국집단상담학회(1999. 11): 17~23.

있나요?"

2) 소그룹 상담 회기 마무리 방법

지도자는 아무런 준비 없이 황급히 소그룹 상담 회기를 마무리하지 않아야 한다. 특히 소그룹 초기 단계에는 소그룹 상담 한 회기를 마칠 때 참여자들 스스로 소그룹 상담 경험에 대해 의미를 부여하고 평가할 수 있는 시간을 가져야 한다.

지도자는 다음에 제시된 질문들을 활용하여 참여자들이 회기를 마무리할 수 있도록 도와주어야 한다. 이 질문들은 소그룹 상담이 참여자들에게 어떤 의미와 효과가 있었는지 살펴보도록 하는 것들이다. 이러한 질문을 통해 참여자들은 소그룹 상담 활동과 개인의 경험을 연결시키고 한 회기를 정리하고 평가할 수 있게 된다.

- 여러분은 이번 시간에 무엇을 배웠습니까?
- 여러분은 이번 시간에 자신에 대해 무엇을 배웠습니까?
- 여러분은 이번 시간에 다른 사람들의 이야기 가운데서 자신의 고민이나 문제와 비슷한 부분이 있었습니까?
- 여러분은 소그룹 상담을 끝내기 전에 하고 싶은 말이 있습니까?
- 여러분은 소그룹 활동이나 이야기한 내용 중에서 자신에게 가장 도움이 되었던 부분이 있다면 무엇입니까?
- 다른 사람들의 활동이나 이야기 가운데서 여러분의 마음에 가장 와 닿았던 것은 어떤 것입니까?
- 여러분은 이번 시간에 기대했던 것을 얻었습니까?
- 여러분은 이번 시간을 끝내기 전 피드백을 주고 싶은 사람이 있습니까?
- 여러분은 오늘 소그룹 상담에 참여한 정도에 대해 어느 정도 만족합니까?
- ○○○씨는 이번 시간에 별로 말이 없었던 것 같네요. 이번 시간이 ○○○씨에게는 어땠는지 말씀해 주시겠습니까?

- 여러분! 이제 돌아가면서 다음 문장을 완성해 봅시다―"이 소그룹 밖에서 연습할 필요가 있는 한 가지는 _____이다."

　소그룹 지도자는 위의 질문들 중 상황에 맞게 한두 가지를 선택해서 참여자들의 소감을 들어본 뒤 참여자들의 반응을 정리하고 요약하는 말을 해 준다. 그러고 난 후 지도자는 그날의 소그룹 활동이나 소그룹 상담 과정에 대한 자신의 소감과 반응을 나눈다. 지도자는 소그룹 상담 회기 소감을 나누는 과정에서 참여자들이 단지 '아주 좋았다', '많이 도움이 되었다' 등의 일반적이거나 막연한 반응을 보이면 자신이 경험한 바를 좀 더 구체적인 용어로 표현할 수 있도록 도와줄 필요가 있다. 이와 같이 회기 마무리 작업은 지도자와 참여자들 각자가 소그룹에서 경험한 바를 이해하도록 돕고 참여자들이 좀 더 능동적으로 소그룹에 참여할 수 있도록 자극하는 효과를 기대할 수 있다.

6

소그룹 상담
수련회 소개

제6장

소그룹 상담 수련회 소개

1. 소그룹 상담 수련회 목적

소그룹 상담 수련회의 목적은 하나님과의 관계, 자신과의 관계, 이웃과의 관계를 발전시키기 위한 것이다. 이러한 목적을 달성하기 위해서는 먼저 나와 하나님과의 관계를 알 필요가 있다. 왜냐하면 나와 하나님과의 관계를 알게 됨으로써 이웃과의 관계를 발전시킬 수 있기 때문이다. 소그룹 상담 수련회는 하나님과의 관계, 자신과의 관계, 이웃과의 관계를 아는 방법의 유형으로 객관적인 지식이 아니라 주관적인 경험을 사용한다.

소그룹 상담 수련회는 참여자들이 스스로 자신의 관계 유형을 탐색하고, 긍정적인 관계를 저해하는 걸림돌을 파악하고, 좋은 관계를 맺는 기술을 훈련하는 경험이 핵심이다. 참여자들이 소그룹 상담 경험을 효과적으로 수행하기 위해서는 세 가지 기본 요소가 필요하다. 첫째는 솔직하고 적극적인 자세이다. 둘째는 객관적인 사실이 아니라 여기-지금(here and now)의 나와 너 사이에서 일어나는 자신의 느낌, 생각, 그리고 행동에 관심을 집중한다. 셋째는 자신이나 남을 평가하거나 비난하는 것이 아니라 이해하고 신뢰하는 따뜻한 분위기를 만든다. 이와 같은 방법들이 소그룹 상담 수련회의 특징이다.

기독교 신앙과 소그룹 상담을 접목한 소그룹 상담 수련회는 개방적이고 개인주의적이고 감각적인 다음 세대들에게 매우 효과적이다. 소그룹 상담이 전제로 하면서 동시에 목표로 삼고 있는 것은 참여자들의 진솔하고 자발적인 태도이다. 이러한 태도는 개방적이고 개인주의적 특성을 지닌 다음 세대들에 호소력을 갖고 있을 뿐 아니라 감각적 특성에 잘 부합된다.

소그룹 상담 수련회의 프로그램은 각 회기마다 목표를 갖고 있으면서 참여자의 자발성과 진솔성을 강조한다. 실제에서 이 둘이 서로 상충될 가능성이 높다. 어떤 한 참여자가 적극적으로 자신의 감정, 사고나 행동에 대해 솔직하게 말하고 다른 참여자도 그것에 대해 말하다 보면, 원래의 목표를 다룰 시간이 매우 부족한 경우가 있거나 혹은 그것을 다룰 분위기가 아닌 경우도 있다. 이러한 경우에도, 이 소그룹 상담의 전체의 목표에 비추어서 그 흐름을 조절할 수 있는 능력이 지도자에게 필요하다.

2. 소그룹 상담 수련회 대상

이 소그룹 상담 수련회는 다음 세대만을 위한 것이 아니다. 소그룹 상담 수련회는 중·장년층들을 위해서도 효과적으로 사용할 수 있다. 소그룹 상담 수련회는 서로 간에 개방적인 태도를 증진하는 효과가 있다. 그러나 권위적인 분위기의 교회는 소그룹 상담 수련회와 서로 충돌이 일어날 수 있다. 만약 참여자들 사이에서 갈등이 일어날 경우 소그룹 상담 수련회 때문에 문제가 발생했다고 느낄 수 있다.

그러나 오늘날 한국 교회는 전반으로 다음 세대나 중·장년층들이 점점 개방적으로 변화하고 있는 분위기다. 교인들의 의식 수준은 날마다 새롭게 변화하는 데 비해 여전히 교회는 권위적인 분위기를 고수한다면 서로 갈등을 느끼게 된다. 이때 개방적인 사람들은 결국 그 교회를 떠나거나 신앙을 포기하게 될 것이다. 그러므로 교회는 교인들의 의식 수준 변화에 따라 교회의 분위기를 바꾸어야 한다. 그런데 그 방법을 알지 못하는 경우가 있다. 그리고 개방적이면서 동시에 신앙을 갖는 모습에 대해 알지 못하는 경우도 있다. 이런 경우에 도움을 주기 위해 소그룹 상담 수련회가 존재한다. 소그룹 상담 수련회는 교인들의 개방성을 받아들이면서 신앙을 활성화하는 방법을 제공한다.

3. 소그룹 상담 수련회 특징

소그룹 상담 수련회는 1명의 지도자와 참여자 7~8명 정도로 구성된 집단으로 서로의 진실한 이야기에 귀를 기울이고, 그 얘기를 함께 공유하고 이해하는 과정이다. 이 수련회는 이러한 과정 속에서 자기 자신을 이해하고, 자기 자신을 수용하고, 자기 자신을 개방하는 경험을 하게 되는 것이다. 이러한 과정을 경험하게 되면 결국 하나님 안에서 자기가 성장하고자 하는 방향으로 나아갈 수 있는 자기변화의 힘을 얻게 된다. 이와 같은 자기성장을 기초로 하여 다른 지체와 함께 고뇌와 아픔과 갈등을 나눌 수 있게 된다.

소그룹 상담 수련회의 특징은 다음과 같다.

- 소그룹 상담 수련회는 자발적인 참여가 수련회의 핵심이므로 수련회 참가자

들을 수련회의 주체로 만들어준다.

- 소그룹 상담 수련회는 진부한 프로그램으로 구성된 기존 수련회의 형식을 탈피해 신선함을 느낄 수 있다.
- 소그룹 상담 수련회는 수련회 참가자들이 적극적으로 참여하는 수련회를 만들어 간다.
- 소그룹 상담 수련회는 지식의 전달뿐만 아니라 정서의 교류가 있는 수련회가 된다.
- 소그룹 상담 수련회는 일률적이고 전체적인 강의보다 내용의 전달효과가 크다.
- 소그룹 상담 수련회는 참여자의 흥미를 유발하여 학습동기를 높일 수 있다.
- 소그룹 상담 수련회는 전인격적 성장을 확인할 수 있다.

4. 소그룹 상담 수련회 활용

소그룹 상담 수련회 프로그램은 일반적으로 8~10회기로 구성되어 있다. 이 수련회 프로그램은 각 회기마다 활동자료로 구성되어 있다. 매 회기의 모임 시간은 한 회기당 60~120분까지 형편에 따라 갖되 가능한 90~100분 정도로 하는 것이 적당하다.

소그룹 상담의 진행은 목표 → 강의 → 활동 → 토의 → 마무리의 순서를 거친다. 먼저 지도자는 그 시간의 주제와 학습목표를 제시한 후 이와 관계되는 개념과 필요성에 대한 강의를 10~15분간 한다. 지도자가 각 회기마다 강의를 하는 이유는 참여자에게 학습 활동의 중요성을 인식시키고 동기유발을 자극하기 위해서이다. 지도자는 강의가 끝나면 활동에 관련한 것들에 대해 자세히 설명해 주고, 곧 활동에 들어가게 한다. 소그룹의 크기나 시간의 길이에 따라 활동 내용이나 방법을 적절하게 조절, 변용해서 실시하면 보다 효과적인 학습을 할 수 있을 것이다.

각 회기의 종료 전 10~20분 동안 활동 경험에 대한 소감을 나누는 시간을 갖는다. 지도자는 참여자들에게 소그룹 상담 경험을 통해 자기 자신이나 다른 참여자들에 대하여 깨달은 점, 그리고 학습하게 된 것을 이야기하도록 한다. 이 경우 지도자가 먼저 자기 자신이 배우고 깨달은 점을 간략하게 이야기함으로써 시범을 보이면 효과적이다.

모든 회기 활동의 마지막 시간에는 지도자가 오늘의 학습을 요약한 후, 깨닫게 된 점이나 집단을 위한 기도 제목으로 함께 기도하고 마친다.

5. 소그룹 상담 수련회 주의사항

(1) 지도자는 심리적으로 안정된 분위기를 조성하는 데 관심을 기울여야 한다

소그룹 상담 수련회는 한 그룹이 활용할 수 있는 적정한 크기(7~8명 정도 수용)의 공간을 별도로 마련하는 것이 중요하다. 장소의 내부는 상담에 적당한 분위기가 되도록 한다. 지도자는 참여자들에게 첫인상을 좋게 하기 위한 외모를 갖추고 상담 중 다른 방해를 받지 않도록 준비하는 것이 중요하다. 아늑한 상담실 분위기는 참여자들로 하여금 마음 놓고 활동에 참여할 수 있게 한다.

(2) 지도자는 수용적이고 판단을 중지하는 태도를 취해야 한다

지도자는 가치의 문제에 관한 한 정답과 오답이 없다는 사실을 항상 명심하고 자신의 가치를 주장하거나 참여자의 가치를 판단하는 태도를 취해서는 안 된다.

(3) 지도자는 참여자의 참여하지 않을 권리를 인정해야 한다

지도자는 참여자가 활동에 참여하지 않고 자기 차례를 통과시킬 수 있고, 질문에 대한 응답의 여부를 자신이 결정할 수 있는 권리를 존중해야 한다. 이를 소그룹 상담의 시작 시부터 참여자들에게 주지시킴으로써 성급한 강요나 밀어붙이는 일이 없도록 해야 한다.

(4) 지도자는 참여자의 반응 자체에 대해 존중해야 한다

지도자의 적절한 질문은 참여자로 하여금 자신의 가치를 명료화하도록 도우나, 그것이 지나쳐서 참여자들이 비난이나 공격을 받는다고 느끼게 될 수도 있다.

(5) 지도자는 명료화를 촉진하는 질문을 사용해야 한다

지도자는 '예/아니요' 혹은 '이것 아니면 저것'으로 답할 수 있는 폐쇄형 질문이나 '왜?'라는 질문은 피해야 한다. 지도자는 그 대신에 "당신은 어떤 이유를 갖고 있나요?", "지금 당신의 있는 그대로의 느낌은 무엇인가요?", "다른 대안들이 있나요?" 등과 같은 가치를 명료화하는 질문들을 던짐으로써 참여자들로 하여금 대안과 결과를 평가해 보도록 격려할 필요가 있다.

7

소그룹 상담
수련회
준비 과정

제7장

소그룹 상담 수련회 준비 과정

이 장에서는 저자가 실제적으로 주관하였던 소그룹 상담 수련회와 서울 등촌교회 여호수아의 실제 수련회 준비 과정과 프로그램을 소개하고자 한다.

1. 중·고등부 수련회 준비 과정

기독영성상담연구소는 그동안 여러 교회에 소그룹 상담 수련회를 실시하였다. 그중에서 고창중앙교회 중·고등부 학생들을 대상으로 소그룹 상담 수련회를 준비하고 실시한 과정을 소개한다.

1) 소그룹 상담 수련회 주제 : 나를 찾아 떠나는 여행

(1) 소그룹 상담 수련회를 준비하는 마음

그리스도인의 교제는 하나님과의 교제와 이웃과의 교제가 모두 균형 있게 이루어지는 것을 의미한다. 지금까지의 수련회나 여러 집회들은 하나님과의 교제에 주력해왔다. 지금까지의 수련회를 돌아보면 신앙의 회복은 이웃과의 교제도 하나님과의 교제만큼이나 중요하지만 그만큼 다루지 못했고, 그 결과 이웃과 어떻게 교제해야 할지 몰라 교제가 잘 이루어지지 않기도 하였다.

상담이 개개인의 개성을 존중하고 개인의 본 모습을 발견하는 것을 목적으로 한다 하여 하나님보다 사람을 더 중요하게 생각하는 인본주의적인 학문이라고 생각할 수도 있을 것이다. 그러나 상담을 통하여 자기 자신을 개방하고 노출할 때 더욱 자기 자신을 더 잘 알아가는 계기가 된다. 그리스도인들이 자기 자신을 더 잘 알아갈 때 그리스도 안에서 자신의 연약한 점과 죄인 된 모습을 큰 거부감 없이 발견할 수 있을 뿐만 아니라 사랑과 수용하는 하나님의 사랑을 함께 상담에 참여한 지체들을 통하여 체험할 수 있다.

이처럼 그리스도인들이 자신의 본 모습인 죄인 된 현실을 바로 알고, 그것이 얼마나 심각한 것인지 바로 알아 하나님의 은혜와 도움을 구하며 하나님께 나아갈 수 있게 하는 것이 기독교 상담의 참 역할이다.

이것을 기초로 한 소그룹 상담 수련회를 통해서 개인의 참된 모습을 발견하고 지체와의 교제가 깊어지는 계기가 되기를 바라면서 소그룹 상담 수련회를 준비하였다.

(2) 소그룹 상담 수련회 개최를 위한 교사들과의 만남

고창중앙교회 교회교육을 담당하고 계신 김성식 목사님의 사모님께서 호남신학대학교 기독교상담 대학원에서 진행하는 사모상담과정에서 수업을 통하여 소그룹 상담 수련회에 대한 안내를 받고 김성식 목사님께 추천하여 '나를 찾아 떠나는 여행'이라는 제목으로 고창중앙교회 중·고등부 소그룹 상담 수련회를 갖게 되었다.

고창중앙교회 소그룹 상담 수련회는 4월경에 수련회를 소그룹 상담 수련회로 하는 것으로 연구소와 협의가 되어 일정이 확정되었다. 수련회 장소는 몇 군데로 좁혀졌고 6월 중에 확정되었다. 7월 1일에는 수련회 장소인 남원리조트에서 기독영성상담연구소 연구원들과 고창중앙교회 교사들과의 만남이 있었다.

기독영성상담연구소는 이 만남을 통해 고창중앙교회에서 기대하는 것과 요구하는 것 그리고 우려하는 것들과 궁금한 것들에 대한 이야기를 경청하였다. 기독영성

상담연구소에서는 이러한 만남을 통해 수련회 예상 인원과 소그룹 상담 편성의 문제 그리고 수련회 시간표들을 교사들과 협의하는 과정을 가졌다. 이러한 수련회 일정을 협의하는 과정이 있었으므로 소그룹 상담 수련회가 매끄럽게 진행될 수 있었다. 이 경험을 통해 깨달은 것은 소그룹 상담 수련회를 하기 위해서는 앞으로도 교사와의 만남이 꼭 필요하다는 점이다.

(3) 소그룹 상담 구성 : 소그룹 상담 크기

고창중앙교회에서 개최한 소그룹 상담 수련회에는 중·고등부 학생 92명, 교사 14명이 참석하였다. 소그룹 상담 지도자는 10명이었다. 한 소그룹은 1명의 지도자와 9명의 학생들로 구성하였다. 그리고 1명의 지도자가 교사 그룹을 맡았다. 이때 지도자들은 상담 석사 과정(5명), 박사 과정(3명), 박사(1명) 등 상담 전문가들로 구성되었다.

참여자들의 소그룹 구성은 중학생은 중학교 1학년을 따로 구성하였고, 중학교 2~3학년은 골고루 10여 명이 한 집단이 되도록 구성하였다. 고등학생은 고등학교 1~3학년을 골고루 10여 명이 한 집단이 되도록 구성하였다.

(4) 소그룹 상담 보고

소그룹 상담 수련회에서 상담 마지막 회기에는 수련회의 경험을 기록하게 하였다. 이는 수련회 마지막 시간에 전체가 모여 각 그룹별로 한 사람씩 나와서 경험 보고서를 발표하게 하는 방식으로 이루어졌다. 그리고 학생들이 기록한 경험 보고서는 수련회 후 교회에서 자체적으로 수련회를 평가한 후 그 자료를 모아 책자로 만들었다.

(5) 소그룹 상담 수련회 일정

25(목)	26(금)	27(토)
	3회기(6:30~8:00)	8회기(7:00~8:00)
	아침 식사(8:00~9:00)	
	4회기(9:00~10:30)	9회기(9:00~10:30)
	5회기(11:00~12:30)	10회기(11:00~12:30)
개회 예배(1:00~2:00)	점심 식사(12:30~2:00)	
1회기(2:00~3:30)	교회 자체 프로그램 (2:00~5:30)	
2회기(4:00~5:30)		
저녁식사(5:30~6:30)		
저녁 경건회기(6:30~8:00)		
교회 자체 프로그램 (8:00~11:00)	6회기(8:00~9:30)	
	7회기(10:00~11:30)	
취침		

(6) 고창중앙교회 중·고등부 소그룹 상담 수련회의 특징

고창중앙교회 중·고등부 소그룹 상담 수련회에서 진행된 프로그램은 '그리스도인을 위한 관계 증진 프로그램'을 주제로 정하고, 지금 나의 주변 관계는 어떤지를 중심으로 자기 자신을 돌아보고, 앞으로 주변 사람들과 어떻게 좋은 관계를 가질 것인지에 초점을 맞추었다.

수련회 첫째 날 저녁에는 고창중앙교회의 자체 프로그램을 가졌다. 이때 자체 프로그램은 그다음 날 소그룹 상담을 하는 데 지장이 없도록 활동이 적은 프로그램을 진행하여 전체 소그룹 상담이 잘 진행되도록 배려하였다.

수련회 둘째 날에는 오후 시간에 교회 자체 프로그램이 진행되었다. 이 시간에는 주로 학생들이 즐겁고 활동적인 시간을 가졌다. 수련회 둘째 날 교회 자체 프로그램은 활동적인 것으로 구성되어 학생들이 지루함 없이 소그룹 상담에 참여할 수 있었다.

수련회 새벽 시간은 설교 중심 대신에 소그룹별로 말씀 묵상을 중심으로 나눔을 통한 상담을 진행할 수 있도록 교재를 만들었다. 이 새벽 말씀 묵상 때는 지도자가 함께 말씀 묵상을 하면서 상담이 되도록 하였다. 새벽 경건회는 3회기와 8회기로 하였는데, 3회기의 주제는 '관심 기울이기'로 본문은 삭개오와 예수님이 만나는 말씀이 중심이었다. 8회기는 '용서하기'를 주제로, 말씀은 갈릴리로 돌아간 베드로와 제자들에게 예수님이 다시 나타나신 장면을 중심으로 하였다.

2. 청년·대학부 수련회 준비 과정

성동교회 청년요셉(대학부)은 저자가 사역한 교회이다. 저자는 청년요셉을 섬기면서 매년 소그룹 상담 수련회를 실시하였다. 성동교회 청년요셉의 소그룹 상담 수련회 준비 과정과 홍보 과정에 사용하였던 자료를 소개한다.

1) 청년요셉 겨울 수련회 준비 과정

(1) 겨울 소그룹 상담 수련회 안내문 작성 및 공고

청년요셉의 소그룹 상담 수련회를 개최하며

오늘날 신앙 안에서 무엇인가 문제를 해결하고자 할 때 개개인은 교회 안에서 고독하다고 느끼게 된다. 그 이유는 자신의 고민에 대해 터놓고 이야기할 수 있는 사람이 너무도 없기 때문이다. 사람은 공동체 안에서 기쁨을 나눌 수 있어야 하지만 그 마음을 이야기하지 못할 때 외로움을 느끼게 된다. 정말 우리들이 삶의 이야기를 나누어야 할 때는 '내가 고독할 때, 내가 죄악 가운데 있을 때, 실패했을 때, 문제를 만났을 때, 어려움을 만났을 때'이다. 우리들이 이런 힘든 일을 만났을 때 누군가를 만나 나의 이야기를 나누는 것은 정말 필요하다. 이것이 하나님께서 우리들에게 신앙공동체를 허락하신 이유라고 생각한다. 청년요셉 공동체는 예수 그리스도 안에서 삶의 이야기를 나눌 수 있는 길을 찾아야 한다.

이와 같은 마음에서 올해 청년요셉 겨울 수련회를 소그룹 상담 수련회로 개최하게 되었다. 상담이라는 용어가 때로는 부정적인 의미를 내포하고 있지만 소그룹 상담은 개인 상담과는 다른 차원이 있다. 나의 경험에 의하면 젊은이들이 소그룹 상담을 통해 서로 삶의 이야기를 하고 그것을 통해 서로 참 만남을 갖게 될 때 공동체가 회복되는 것을 보았다. 그리고 이러한 교제와 만남을 통해 공동체에 적극적으로 참여하는 것을 알게 되었다.

오늘날과 같이 급변하는 세대를 살아가는 기독 청년들은 가치혼란과 내면의 갈등으로 신앙적으로 위기의식을 느끼고 있다. 그래서 나는 청년요셉의 신앙교육과 생활의 교육을 담당하고 있는 교역자로서 이들에게 소그룹 상담 수련회를 통해 자기 정체성과 공동체 정체성을 회복할 수 있도록 도와주어야 한다는 뜻을 갖게 되었다.

오늘날 많은 신앙인들이 교회 안에서 고민이 있다는 것을 드러내면 자신이 문제 있는 사람으로 드러날까 봐 두려워한다. 그리고 그 문제가 다른 사람에게 알려질까 봐 두려워한다. 누구나 문제는 없을 수 없고, 또 사람이면 누구나 자신만이 갖고 있는 문제가 있는데 그 문제를 혼자서만 감당하려고 한다. 이렇게 그 문제를 혼자서 감당하고, 자신의 고민과 어려움을 다른 사람에게 숨기려고 하는 것이 지속되다 보면 결국 모임 속에서 더욱더 고독감이나 두려움 그리고 죄책감 등으로 괴로워할 수밖에 없다. 진정으로 성숙한 그리스도인에게서 찾아볼 수 있는 것은 서로를 보여주고 드러낼 수 있는 참 만남의 관계성이다.

이번 소그룹 상담 수련회는 교회 내에서의 형식적인 인간관계와 피상적인 공동체의 취약점을 보완해 주는 좋은 계기가 될 것이다. 교회 안에서 피상적인 관계에서 좀 더 성숙한 방향으로 나아갈 수 있는 방법 중 한 가지가 바로 소그룹 상담이다.

소그룹 상담은 8~10명이 한 그룹이 되어 서로가 서로의 진솔한 이야기에 귀를 기울이고, 그 이야기를 함께 공유하고 이해하는 과정을 거치게 된다. 궁극적으로는 소그룹 상담을 통해 자기를 이해하고, 자기를 수용하고, 자기를 개방하는 경험을 하게 된다. 이러한 과정을 거치면서 결국 하나님 안에서 자기가 성장하고자 하는 방향으로 나아갈 수 있는 자기변화의 힘을 얻게 된다.

또한 소그룹 상담은 한 회기로 마치는 것이 아니라 보통 10~12회기 과정으로 이루어진다. 교회에서 이러한 과정을 지속적으로 계속하기란 어려운 점들이 많이 있다. 그렇기 때문에 교회에서는 소그룹 상담이 단기간 내의 수련회에서 이루어질 때 효과적일 수 있다.

이 소그룹 상담 수련회는 각 회기를 통해 하나님 앞에서 치유받는 과정과 함께 삶에서 부딪히는 어려움과 곤란함을 지체들과 함께 나누고, 같이 느끼는 것이 필요하다. 소그룹 상담 수련회를 통해 기쁨과 함께 슬프고 아픈 것을 나누므로 '우리'라는 공동체 존재 이유에 대해서도 더욱 인식할 수 있는 계기가 된다. 그 무엇보다도 자신의 신앙 성장의 길을 찾아 나설 수 있는 계기가 될 수 있다. 상담 수련회는 서로의 모습을 보거나 혹은 보여주며 신앙 성숙의 길을 찾아 함께 떠나는 것은 새로운 기쁨과 즐거움을 맛보게 해 준다.

소그룹 상담 수련회를 통해 자신을 살펴보고, 자신의 모습을 다른 사람과 나누고, 다른 사람의 이야기를 들어 준다. 그런 과정에서 자신의 모습을 발견한다. 자신의 한계를 발견한다. 그리고 그런 한계조차도 하나님의 은혜라는 것을 발견한다.

우리는 모두 하나님의 은혜 가운데 살고 있다. 이렇게 풍성한 은혜 속에서, 하나님께 더 가까이 나아가고자 하는 하나의 방법으로 소그룹 상담 수련회를 하게 되었다.

– 청년요셉 담당교역자 박민수

(2) 청년요셉의 목적에 비추어 본 소그룹 상담 수련회

청년요셉은 목적에 이끌려 가는 교회가 되기 원한다. 목적이 이끌어 간다는 것은 그리스도가 부르신 목적에 정확하게 순종한다는 것을 말한다. 그것은 성경이 말하고 있는 균형 잡힌 신앙인 그리고 공동체로 세움을 받는 것을 말한다. 청년요셉은 그리스도의 부르신 목적을 이루기 위한 체계적이고 명시적인 목표와 비전을 갖고 있다.

청년요셉의 목적(존재가치)은 다음과 같다.

청년요셉의 사역은 그리스도로 인도함을 받은 영혼에게
- 구원의 도리를 가르침으로써 확신 있는 그리스도인을 양성하고
- 삶 전체에서 하나님을 향한 찬미를 돌리게 하며
- 그리스도께 자신을 봉사하도록 하여
- 다른 그리스도인과 함께 동역하도록 연결하며
- 세상에서 선교하도록 준비시키는 데 있다.

지난 겨울 밀양에서 있었던 청년요셉 리더수련회를 통해 청년요셉 사역을 평가해 보았다. 후반기 사역은 청년요셉의 목적에 비추어 보았을 때 '예배, 양육, 봉사, 교제, 선교'의 영역 중 교제와 선교의 영역에서 부족한 부분이 있는 것으로 판단되었다. 이에 청년요셉은 교제와 선교 사역에 새로운 힘을 쏟기로 마음을 모았다. 이를 위하여 이번 겨울 수련회를 소그룹 상담 수련회로 개최하여 지체들 간의 열린 마음을 가질 수 있는 기초를 쌓기로 하였다.

그리하여 이번 겨울 수련회는 소그룹 상담 수련회를 통해 청년요셉의 목적 중 '다른 그리스도인과 함께 동역하도록 연결하며'를 위하여 개최하게 되었다.

(3) 소그룹 상담 수련회 계획 및 일시

- 주제 : 화합과 교제를 위한 수련회
- 프로그램 : 소그룹 상담 수련회
- 일시 : 2월 12일(월) ~ 14일(수)
- 장소 : 성동교회교육관
- 지도자 : 박민수, 이귀숙, 이정림
- 조 구성

  A조 (폐쇄집단) : 김소아, 임선영, 권영주, 정일용, 홍주연, 홍귀남, 윤진훈, 이종수

  B조 (폐쇄집단) : 김미례, 김효원, 김희정, 정현선, 최동호, 박지혜, 함지훈, 제갈믿음

  C조 (개방집단) : 한지수, 박의정, 이주한, 배영주, 홍태화, 임영락, 김성기, 박용건

    김아솔, 이화목

소그룹 상담은 크게 개방집단과 폐쇄집단으로 구분할 수 있다. 개방집단은 소그룹 상담이 계속 진행되는 동안 몇몇 참여자들이 나가고 새로운 참여자들이 들어온다. 폐쇄집단은 새로운 회원은 받지 않으며 집단이 끝날 때까지 원래의 참여자들이 계속해서 소그룹 상담에 남아 있는 것을 원칙으로 한다.

청년요셉의 겨울 소그룹 상담 수련회는 개방집단과 폐쇄집단으로 운영하였다. 개방집단은 교회의 특성상 상담 수련회에 참여하고 싶은 지체들이 많이 있는데, 시간적인 제한으로 참석하지 못하는 사람들이 있어 운영하게 되었다.

〈 경건회 〉

- 찬양과 기도 : 청년요셉 예배팀
- 설교 : 박민수 목사
- 말씀 : 첫째 날 – 마가복음 5장 2–34절 '믿음의 손을 내밀어 주를 만져라'

    둘째 날 – 마가복음 3장 1–6절 '마른 손과 메마른 마음'

청년요셉 겨울 소그룹 상담 수련회 일정표
- 기독교인의 자기성장 프로그램 -

시간	12(월)	13(화)	14(수)
07:00 ~ 08:00		기상, 세면 및 정리	
08:00 ~ 09:00		아침 식사	
09:00 ~ 10:00		3회기 - 나는 누구인가 -	7회기 - 피드백 -
10:00 ~ 11:00			
11:00 ~ 12:00		4회기 - 자기 각성 -	8회기 - 삶의 의미 찾기 -
12:00 ~ 13:00			
13:00 ~ 14:00	개회 예배 및 오리엔테이션	점심 식사	
14:00 ~ 15:00	1회기 - 자기소개 -	5회기 - 경청하기 -	폐회 예배
15:00 ~ 16:00			
16:00 ~ 17:00	2회기 - 신뢰감 형성 -	6회기 - 가치관 명료화 -	
17:00 ~ 18:00			
18:00 ~ 19:00	저녁 식사		
19:00 ~ 20:00	저녁 경건회		
20:00 ~ 21:00			
21:00 ~ 22:00	군 지체에게 편지 쓰기	새내기 환영회	
22:00 ~ 23:00			
23:00 ~ 24:00	내일을 위한 안식과 쉼		

2) 청년요셉 여름 수련회 준비 과정

청년요셉 여름 소그룹 상담 수련회는 모든 프로그램이 소그룹 상담으로만 이루어졌다.

(1) 여름 소그룹 상담 수련회 계획

- 주제 : 나 자신의 회복과 하나님 알아 가기
- 성구 : 에베소서 4장 23절 '오직 심령으로 새롭게 되어'
- 일시 : 8월 6일(월) ~ 10일(금)
- 장소 : 대해유치원
- 지도자 : 박민수 목사
- 방법 : 소그룹 상담 수련회는 2차로 나누어 실시할 계획이다. 각 그룹을 둘로 나누어 12명 정도를 한 그룹으로 하여 2박 3일간 실시할 계획이다.

(2) 소그룹 상담 수련회의 목표 소개

① 소그룹 상담 수련회는 소그룹 상담을 수련회의 주 프로그램으로 하여 참여자들의 영적 성장을 추구하는 새로운 형식의 수련회이다. 소그룹 상담은 1명의 지도자와 10여 명의 참여자가 같은 목적에 의해 집단 내에서 자신을 내어놓으며, 서로를 돕는 형식의 상담 방식으로 전문가의 지도하에서 보다 효과적인 도움을 받을 수 있다. 교회 내에서 형식적인 인간관계와 피상적인 공동체의 취약점을 보완해 주는 좋은 계기가 될 것이다.

② 소그룹 상담 수련회는 참된 나를 찾는 과정이다. 이 부분은 나의 영혼, 영적인 갈망 등도 포함된다. 이것이 소그룹 상담 수련회의 목적이다. 있는 그대로의 자기 자신이 되지 않고서는 하나님과 바른 관계를 맺을 수 없다. 이 수련회를 통하여 참된 변화와 성숙한 그리스도인으로서 가지는 기쁨과 고뇌와 갈등을 진정 깨닫고 살아갈 수 있는 그리스도인으로서의 회복을 찾아가는 것이다.

③ 성숙한 그리스도인은 관계성을 통해 알 수 있다. 이 관계성은 나와 주님과의 관계, 나와 형제·자매와의 관계, 나와 부모님과의 관계이다. 우리가 성숙해 나가는 데 걸림돌이 되는 것 중 하나가 연약함이다. 이는 내 속에 있는 나의 약함을 드러낼 수 없는 두려움이다. 이 두려움을 유발하는 것은 내 내면 속에 있는 것들이다. 내 속에 있는 연약함은 그것으로 끝나는 것이 아니라 하나님께 내 자신을 노출시킬 수 없도록 한다. 이것을 드러내게 될 때 말할 수 없는 고통을 겪게 될 것이라는 두려움이 우리 속에 자리 잡고 있다.

④ 이와 같이 수련회도 이제 새로운 인식으로 전환되어야 할 때이다. 즉 하나님 앞에서 치유받는 과정과 함께 삶에서 부딪히는 곤란함과 어려움을 지체들과 함께 나누고 같이 느끼는 상담 수련회가 필요한 것이다. 기쁨과 함께 슬프고 아픈 것을 나누므로 '우리'라는 공동체 존재의 이유에 대해서도 더욱 인식할 수 있는 계기가 되고, 무엇보다도 나의 신앙 성장의 길을 찾아 나설 수 있는 계기가 될 것이다.

서로의 모습을 보며 혹은 보여주며 신앙 성숙의 길을 찾아 함께 떠나는 것이 새로운 즐거움과 기쁨을 맛보게 해 줄 것으로 기대한다.

(3) 소그룹 상담 수련회 프로그램 소개

■ 소그룹 상담 수련회의 방향성

자기 이미지 → 부모 이미지 → 하나님 이미지 자각

청년요셉 여름 소그룹 상담 수련회 일정표

- 하나님과의 관계 증진 프로그램 -

시간	첫째 날	둘째 날	셋째 날
06:00 ～ 07:00		말씀과 함께 시작하는 하루	
07:00 ～ 08:00		세면 및 청소	
08:00 ～ 09:00		아침 식사	
09:00 ～ 10:00	필요한 것 준비	5회기	11회기
10:00 ～ 11:00	교회 모임 및 출발		
11:00 ～ 12:00	짐 정리 및 준비	6회기	마무리 및 폐회 예배
12:00 ～ 13:00	개회 예배		
13:00 ～ 14:00		점심 식사	
14:00 ～ 15:00	1회기	7회기	
15:00 ～ 16:00			
16:00 ～ 17:00	2회기	8회기	
17:00 ～ 18:00			
18:00 ～ 19:00		저녁 식사	
19:00 ～ 20:00	3회기	9회기	'청년요셉 가족의 밤' 금요일 밤 부모님과 함께하는 시간
20:00 ～ 21:00			
21:00 ～ 22:00	4회기	10회기	(청년요셉 교육 방향에 대한 설명 및 역할극을 통해 부모님과 대화하는 시간)
22:00 ～ 23:00			
23:00 ～ 24:00		내일을 위한 안식과 쉼	

(4) 청년요셉 여름 소그룹 상담 수련회 준비 점검

1. 일용할 양식에 대한 준비(취사팀)

    1) 식판과 숟가락 및 식사를 하는 데 있어서 필요한 도구들 점검

    2) 수련회 식사에 봉사할 책임자 선정 점검

    3) 부모님들이 하루씩 도와줄 수 있는지 점검

    ① 장보는 것과 음식에 대한 것들은 어머니들에게 부탁하는 것이 좋을 것으로
    사료됨. 왜냐하면 학부모님 중에 한 분이 장을 봐주면 아마도 우리들보다
    는 효과적일 것으로 사료됨

    ② 학부모님이 하루씩 오셔서 봉사하여 주시면 더욱 좋을 것으로 사료됨. 이
    것은 임원진에서 의논해 보고 도움을 요청하면 좋을 것으로 생각함

    4) 간식 점검 : 간식은 소그룹 상담 중에는 허락하지 않고 쉬는 시간에 할 수 있음

2. 소그룹 상담 수련회 장소까지 이동하는 것에 대한 준비(차량팀)

    1) 팀장을 선정하는 것에 대한 점검

    2) 지체들의 이동에 대한 것들을 구체적으로 점검

    (예 : 첫 팀과 두 번째 팀을 어떻게 할 것인지? 학부모님들이 식사 봉사를 해
    주신다면 어떻게 할 것인지?)

3. 찬양과 경배에 대한 준비(예배팀)

    1) 각 회기마다 찬양으로 시작할 계획임. 그러므로 기타와 찬양집 준비에 대하여
    점검

    2) 금요일 밤 학부모님과 함께하는 특별 프로그램에서 함께 할 찬양곡 점검

    3) 예배팀에서 금요일 밤 특별 프로그램의 전반적인 기획과 준비를 하는 것이 좋
    을 것으로 사료됨

4. 학부모님과 함께하는 특별 순서 준비

1) 이 프로그램에 대한 생각은 전적으로 저의 생각이므로 임원회와 팀장회의에서 생각해 보고 결정을 내릴 수 있는 여지가 충분히 있다.

2) 이 프로그램을 생각하게 된 배경은 이 기회를 통하여 학부모님을 초청하여 청년요셉의 교육 방향과 커리큘럼에 대한 설명을 하여 학부모님들의 청년요셉 신앙교육에 대한 이해를 돕고자 함이다. 이런 부분은 이미 사회 교육에서는 이루어지고 있는 분야다. 그러나 교회는 학부모님들에게 신앙교육에 대하여 설명회를 갖지 않고 있다. 이런 점에 있어서 청년요셉이 추구하고 있고 나아가는 교육 방향에 대하여 학부모님도 알게 하는 봉사가 있어야 한다고 사료되어 생각해 보았다.

3) 금요일 마지막 날 밤에는 가칭 '청년요셉 가족의 밤'이라 정하여 모든 청년요셉 회원들과 학부모님이 함께 어우러지는 밤을 만들어 보았으면 한다. 이에 대하여 생각한 프로그램은 다음과 같다.

① 부모님과 함께하는 예배 및 찬양

② 직전 회장의 축하 메시지

③ 청년요셉 교육 방향과 비전에 대한 설명(빔 프로젝트 준비)

④ 역할극 준비 : 부모님들이 우리들에게 주로 사용하는 언어와 행동들을 연극으로 준비하여 우리들이 하고 싶은 말을 연극으로 표현하여 부모님들에게 당신의 언어 사용과 행동이 우리들에게 미치는 영향에 대하여 이해할 수 있도록 돕는다.

⑤ 부모님께 드리는 편지글

⑥ 부모님과 함께하는 레크리에이션 및 대화의 시간(부모님 업어드리기, 부모님 안아주기 및 부모님과 함께할 수 있는 레크리에이션을 준비한다. 그리고 학부모님과 함께 대화하는 시간을 갖는다.)

⑦ 모두 손을 잡고, 어깨를 나란히 하여 기도로써 하나가 된다.

※ 만약 특별 프로그램인 가칭 '청년요셉 가족의 밤'을 하기를 결정하면 이 프로그램에 대한 구체적인 기획과 준비를 해야 할 것이다. 그리고 금요일 오후 시간에는 모든 청년요셉 지체들이 대해유치원으로 와서 이를 위하여 준비를 해야 할 것이다.

5. 회비 및 장소 대여료

   1) 먼저 교육부에 청년요셉에게 주어질 찬조금이 얼마나 되는지 점검

   2) 장소 대여료를 얼마나 준비해야 하는지 점검

   3) 식비와 간식비가 얼마나 들 것인지 점검

   4) 그런 다음에 최소한의 경비를 회비로 받았으면 좋겠음. S.F.C 수련회를 다녀와서 경제적으로 부담을 느끼지 않는 선에서 회비를 정하였으면 좋겠음.

※ 위의 이 점검표는 제가 청년요셉 임원들과 팀장들이 이 수련회를 준비하는 데 작은 도움을 드리기 위하여 작성한 것이므로 변경과 발전 그리고 더 나은 것들을 기대해 봅니다. 이는 하나의 기초일 뿐이지 전적으로 임원들과 팀장들의 신세대적인 적극적인 사고와 아이디어가 충분히 첨가될 때 비로소 '청년요셉 소그룹 상담 수련회'와 '청년요셉 가족의 밤'이 주님 안에서 아름답게 이루어지리라 기대하며 기도드립니다.

3. 여호수아 수련회 준비 과정 : 서울등촌교회 대학부[1]

1) 소그룹 나눔 여름 수련회(1차)

(1) 주제 : 하나님은 사랑이시라(신약성경, 요한일서 4장 16절)

부제 : 샬롬, 온전해지다!

※ 주제 설명 : 하나님의 사랑이신 예수 그리스도를 만남으로 하나님의 사랑 안에 거하고, 그 사랑인 예수님과 공동체(형제 사랑)로 응답하는 하사랑 신앙 인격을 갖춘 청년이 된다.

※ 부제 설명 : '샬롬, 온전해지다!'는 우리 모두가 하나님의 피조물이요 주 안에서 한 형제자매라는 사실에서 시작된다. 그러므로 이번 수련회를 통하여 청년들이 자신과 이웃, 세상과의 화목을 이룰 수 있도록 한다.

(2) 방향

• 첫째 날 주제 : 나의 사랑 안에 거하라(요한복음 15장 9절)—예수님의 은혜에 초점을 맞춘다.

• 둘째 날 주제 : 나의 계명을 지키라(요한복음 15장 10절)—하나님의 사랑에 초점을 맞춘다.

• 셋째 날 주제 : 너희도 서로 사랑하라(요한복음 15장 12절)—공동체의 교제에 초점을 맞춘다.

(3) 일시 : 8월 6일(수) ～ 9일(토)

(4) 장소 : 한국중앙기도원(포천)

(5) 예상 참석인원 : 학생 90명, 교역자 1명

1 서울에 소재하고 있는 등촌교회 대학부인 여호수아는 여름 수련회를 2년째 소그룹 나눔 수련회로 개최하였다. 이 교회는 수련회를 떠나기 전에 지도자를 세워서 소그룹 나눔 프로그램을 훈련시켰다. 저자가 개발할 두 프로그램에 있는 내용을 그대로 지도자에게 가르치고, 그들은 그 가르침대로 소그룹 나눔 지도자로 활동하였다. 등촌교회 대학부 수련회 준비 과정은 담당 교역자인 김인제 목사님의 도움으로 싣는다.

(6) 준비일정

		주일	월	화	수	목	금	토	주간 미션
4 주 차		7월 13일	14일	15일	16일	17일	18일	19일	프로그램 확정 플랜카드 만들기
		수련회 광고 인원 파악 I		임원기획 모임				2차 수련회 장소 답사	
3 주 차		7월 20일	21일	22일	23일	24일	25일	26일	릴레이 금식기도
		인원 파악 II	기도회 금식기도 시작	기도회 핸드북 자료 마감 & 편집	기도회	기도회	기도회	기도회	
2 주 차		7월 27일	28일	29일	30일	31일	8월 1일	8월 2일	릴레이 금식기도
		인원 파악 III 영상광고	• 수련회를 위한 기도회 • 수련회 조 편성	기도회	기도회	기도회	• 핸드북 최종 완성 • 기도회	• 수련회 조장 모임 • 기도회	
1 주 차		8월 3일	4일	5일	6일	7일	8일	9일	
		인원 파악 IV	기도회	기도회	여름 수련회(8/6~9) '하나님은 사랑이시라' (장소 : 포천 한국중앙기도원)				

2) 소그룹 나눔 여름 수련회(2차)

(1) 주제 : 아버지께서는 예배하는 자들을 찾으시느니라(신약성경 요한복음 4장 23절)

부제 : "하나님과의 만남, 온전해지다!"

※ 부제 설명 : '하나님과의 만남, 온전해지다!'는 우리 모두가 하나님의 피조물이요 주 안에서 한 형제자매라는 사실에서 시작된다. 특히 하나님과의 올바른 만남인 예배가 모든 관계의 기본 이기에 하나님과의 올바른 관계 정립(하나님 사랑)을 통하여 자기 자신을 사랑하고 더 나아가 서 이웃을 사랑할 수 있다. 그러므로 이번 수련회를 통하여 청년들이 하나님의 사랑을 깨닫고 자신과 이웃, 세상과의 화목을 이룰 수 있도록 한다.

(2) 방향

- 첫째 날 주제 : 믿음으로 나아가라(히브리서 11장 6절)−예배자로서 나에게 초점을 맞춘다.
- 둘째 날 주제 : 산 제물로 드려라(로마서 12장 1절)−공동체에 초점을 맞춘다.
- 셋째 날 주제 : 하나님을 즐거워하라(시편 37장 4절)−하나님 사랑에 초점을 맞춘다.

(3) 일시 : 8월 5일(수) ~ 8일(토)

(4) 장소 : 십자수기도원(양평)

(5) 예상 참석인원 : 학생 100명, 교역자 1명

(6) 준비일정

	주일	월	화	수	목	금	토	주간 미션
4주차	7월 12일 수련회 광고 인원 파악 I	13일	14일 임원기획 모임	15일	16일	17일	18일 2차 수련회 장소 답사	프로그램 확정 플랜카드 만들기
3주차	7월 19일 인원 파악 II	20일 기도회 금식기도 시작	21일 기도회 핸드북 자료 마감 & 편집	22일 기도회	23일 기도회	24일 기도회	25일 기도회	릴레이 금식기도
2주차	7월 26일 인원 파악 III 영상광고	27일 • 수련회를 위한 기도회 • 수련회 조 편성	28일 기도회	29일 기도회	30일 기도회	31일 • 핸드북 최종 완성 • 기도회	8월 1일 • 수련회 조장 모임 • 기도회	릴레이 금식기도
1주차	8월 2일 인원 파악 IV	3일 기도회	4일 기도회	5일	6일	7일	8일	

여름 수련회(8/5~8/8)
'아버지께서는 예배하는 자들을 찾으시느니라'
(장소 : 양평 십자수기도원)

여호수아 소그룹 상담 수련회 일정표

- 성경적 인간관계 향상 프로그램 -

시간	6(수)	7(목)	8(금)	9(토)
07:00~08:00		아침 식사(07:00~08:00)		폐회 예배 및 정리
				사진촬영
08:00~09:00		소그룹 나눔 3 (나는 누구인가?)	소그룹 나눔 5 (부모님과의 관계)	복귀
09:00~10:00	개회 예배	개인 자유 시간		
10:00~11:00		소그룹 나눔 4 (보물찾기)	소그룹 나눔 6 (말과 몸으로 이야기해요)	
11:00~12:00	소그룹 나눔 1, 2 (자기소개 및 내 마음속에 느끼는 하나님)			
12:00~13:00		점심 식사(12:00~13:30)		
13:00~14:00				
14:00~15:00		공동체 세우기 1	공동체 세우기 2	
15:00~16:00	이동(45, 15인승 차량)			
16:00~17:00		개인 자유 시간		
17:00~18:00	휴식			
18:00~19:00	저녁 식사(17:30~19:00)			
19:00~20:00	저녁 경건회 I (하나님의 사랑)	저녁 경건회 II (예수님이라면?)	저녁 경건회 III (내가 본 너, 네가 본 나)	
20:00~21:00			기도회	
21:00~22:00	취침 준비 & 임원 및 조장 모임		고은이 축복 (21:00~21:40)	
22:00~23:00	개인 자유 시간		소감문 작성 (21:40~22:10)	
23:00~24:00			취침 준비 & 임원 및 조장 모임	

여호수아 소그룹 상담 수련회 일정표

-하나님과의 관계 증진 프로그램-

시간	6(수)	7(목)	8(금)	9(토)
07:00~08:00	×	아침식사(07:00~08:00)		폐회 예배 및 정리 / 사진촬영
08:00~09:00	개회 예배	소그룹 나눔 4 (마음속에 느끼는 부모 이미지)	소그룹 나눔 7 (마음속에 느끼는 하나님 이미지)	복귀
09:00~10:00	개회 예배	개인 자유 시간		
10:00~11:00	소그룹 나눔 1 (자기소개)	소그룹 나눔 5 (보물찾기)	소그룹 나눔 8 (말과 몸으로 이야기해요)	
11:00~12:00	소그룹 나눔 1 (자기소개)	소그룹 나눔 5 (보물찾기)	소그룹 나눔 8 (말과 몸으로 이야기해요)	
12:00~13:00	이동	점심 식사(12:00~13:30)		
13:00~14:00	짐 정리 및 숙소 배정			
14:00~15:00	소그룹 나눔 2 (친구와의 관계)	공동체 세우기 1	공동체 세우기 2	
15:00~16:00	소그룹 나눔 2 (친구와의 관계)	공동체 세우기 1	공동체 세우기 2	
16:00~17:00	휴식	개인 자유 시간		
17:00~18:00	휴식	개인 자유 시간		
18:00~19:00	저녁 식사(17:30~19:00)			
19:00~20:00	저녁 경건회 I	저녁 경건회 II	저녁 경건회 III / 소그룹 나눔 9 (새로운 하나님과의 관계)	
20:00~21:00	소그룹 나눔 3 (마음속에 느끼는 자기 이미지)	소그룹 나눔 6 (부모와의 관계)	찬양 및 기도회	
21:00~22:00	소그룹 나눔 3 (마음속에 느끼는 자기 이미지)	소그룹 나눔 6 (부모와의 관계)	찬양 및 기도회	
22:00~23:00	취침 준비 & 임원 및 조장 모임		축복 (22:00~22:40)	
23:00~24:00	개인 자유 시간		소감문 작성 (22:40~23:10) / 취침 준비 & 임원 및 조장 모임	

8

소그룹 상담
수련회
프로그램과
소감문

제8장

소그룹 상담 수련회 프로그램과 소감문

1. 소그룹 상담 수련회 프로그램 소개

1) 성경적 인간관계 향상 프로그램

성경적 인간관계 향상 프로그램은 하나님 이해와 자기이해, 그리고 타인 이해로 구성되어 있다. 이들 세 가지 요소는 독립적인 것이 아니라 서로 연결되어 있는 것이다. 이 프로그램의 1단계는 하나님 이해이다. 1단계에서의 각 회기별 주제는 하나님과의 관계, 하나님의 사랑이다. 2단계는 자기이해와 수용이다. 2단계에서의 각 회기별 주제는 자신과의 관계, 보물찾기, 예수님이라면?으로 구성되어 있다. 3단계는 타인 이해와 수용이다. 3단계에서의 각 회기별 주제는 부모님과의 관계, 귀 기울여 듣기, 감정 표현하기, 사랑의 실천 등을 세부 내용으로 하였다.

　이상과 같은 목적과 목표를 가지고 이 프로그램을 모두 11회로 구성하였으며, 크게는 세 가지 하위 프로그램, 즉 하나님 이해, 자기이해, 타인 이해로 구성되어 있다. 1회기와 11회기는 각각 시작과 종결 단계이다.

　이 프로그램은 소그룹 상담 수련회 참여자들의 친밀감과 상호 헌신의 질을 높이는 데 초점을 두고 구성되었다.

2) 하나님과의 관계 증진 프로그램

하나님과의 관계 증진 프로그램은 자기 이미지, 부모 이미지, 하나님 이미지로 구성되어 있다. 먼저 '자기 이미지'는 현재 자신이 맺고 있는 인간관계의 패턴을 중심으로 다루며, '부모 이미지'는 초기 양육자와의 관계를 중심으로 다룬다. 마지막으로 '하나님 이미지'는 하나님과의 관계를 중심으로 다룬다.

이 프로그램의 1단계는 자기 이미지이다. 1단계에서의 각 회기별 주제는 마음속에 느끼는 자기 이미지, 친구와의 관계 패턴, 중요한 파트너와의 관계이다. 2단계는 부모 이미지이다. 2단계에서의 각 회기별 주제는 마음속에 느끼는 부모 이미지, 초기 양육자와의 관계, 부모와의 관계이다. 마지막으로 3단계는 하나님 이미지이다. 3단계에서의 각 회기별 주제는 마음속에 느끼는 하나님 이미지, 하나님을 어떻게 볼 것인가, 사랑과 수용하심의 하나님 체험하기 등이 세부 내용이다.

개인이 하나님을 의미 있는 타자로 알고 있고, 그 하나님으로부터 사랑과 수용함을 경험한 사람들에게는 그 경험을 중간 경험으로 삼아 하나님을 모델로 삼고자 한다. 그러므로 중요한 타자로부터 사랑받고 수용함을 경험한 적이 있는 사람은 내면화된 작용모델을 새롭게 형성하는 데 훨씬 수월하다고 할 수 있다.

이상과 같은 목적과 목표를 가지고 이 프로그램을 모두 11회기로 구성하였으며, 크게는 세 가지 하위 프로그램, 즉 자기 이미지, 부모 이미지, 하나님 이미지로 구성되어 있다. 1회기와 11회기는 각각 시작과 종결 단계이다.

이 프로그램은 특히 부모님과의 관계에서 형성된 왜곡된 하나님 이미지를 자각하여 사랑과 용납하시는 하나님과의 관계를 향상하고자 하는 데 목적을 두고 있다.

2. 소그룹 상담 수련회 소감문

소그룹 상담 수련회의 주된 목적이 하나님을 통하여 자기 자신과 이웃과의 관계를 발전시키기 위한 자기성장과 행동 변화에 있다면, 마무리 단계에서 각자의 성장과 변화를 평가해 보는 일은 필수적이라고 할 수 있다. 그러므로 지도자는 참여자들로 하여금 그들의 발전을 소그룹 상담 수련회 시작 시점과 현재를 비교하여 살펴보고 그것의 적용 가능성을 알아보도록 도와야 한다.

이를 위하여 소그룹 상담 수련회 마지막 단계에서 참여자들로 하여금 그동안 소그룹 상담 수련회에서 경험한 중요한 변화에 관하여 과거, 현재, 미래의 관점에서 생각해 보게 한 후 그것을 차례로 발표하게 하였다.

아래의 글들은 소그룹 상담 수련회에 참여한 자들이 발표한 경험 보고서를 소개한 것이다. 참여자들의 개인 신상을 보호하기 위해 별칭은 실제로 사용되었던 것이 아닌 다른 것으로 바꾸었다.

해피트리

잠시 여호수아를 떠났습니다.

누구도 나에게 관심과 이해를 주지 않는다는 공동체적 상심이 첫째였고, 나의 여러 어려움을 돌보시지 않는다는 상심이 둘째였습니다.

의미 없는 무력감과 절망으로 주일을 보낸 지 4, 5주가 넘자 어머니께선 제 팔을 붙잡고 여호수아부에 데려가겠다는 엄포를 놓으셨고, 저는 마지못해 수련회 전 주에 예배를 드렸습니다. 하지만 몸만 돌아온 게 이전과 같이 무미건조하였습니다.

그리고 수련회에 왔습니다. 갈까 말까 하는 수없는 마음의 갈등 끝에 하루가 지난 목요일에 참석하기로 하였습니다. 3시간 넘게 달려온 수련회에서 저는 제가 받을 계획된 아주 큰 은혜를 짐작조차 하지 못하였습니다.

뜨뜻미지근하리라 짐작한 조모임에서 가장 먼저 공동체적 상심을 치유받는 은혜가 있었습니다. 서로의 어둡고 모르는 과거들을 거리낌없이 나누고, 또 주의 깊게 경청하는 조원들의 자세와 태도에 첫 번째 상심은 봄날의 눈 녹듯 사라지더군요.

또한 나, 부모님, 하나님의 이미지와 관계를 돌이키고 성찰하는 시간에서 다시 돌아온 저를 반기고 사랑하여 주시고 기뻐하시는 하나님을 발견하여 두 번째 상심을 치유받는 기적을 맛보았습니다. 말씀과 나눔을 통하여 제 마음의 미움과 증오가 얼마나 헛된 것인지 깨달을 수 있었습니다. 수련회로 인도하신 하나님의 놀라운 계획과 수고로움을 담당하여 주신 여러 사역팀께 감사드립니다.

하나님의 사랑

최근에 저는 예배가 싫었고 하나님과의 기도가 불편했습니다. 이런 태도가 잘못되었다는 것을 알고 있기 때문에 고쳐야 한다는 생각이 들었지만 고칠 의욕이나 엄두가 나지 않았습니다. 그래서 시도도 잘 하지 않았습니다. 수련회에서 정답을 찾고 해결하고 싶었지만 크게 기대하는 마음을 갖지 못하고 출발하였습니다.

이번 수련회는 지금까지 수없이 다녀왔던 수련회와는 조금 달랐습니다. 하나님의 말씀을 듣기 전에 나에 대해 알게 되었고, 친구 그리고 부모님과의 기억을 살펴보았습니다. 또 하나님과의 관계에 대해 생각했습니다.

저는 하나님을 두려워하고 있었고, 마음에 큰 죄책감을 가지고 있었습니다. 이런 제 마음을 솔직하게 나누면서 조원들과 가까워졌고 장난을 치거나 떠들지 않아도 서로에 대한 애정과 이해를 느끼게 되었습니다.

그리고 마지막에 말씀을 읽어보았습니다. 하나님은 항상 저를 기다려주시고, 용서해 주시며, 유쾌하시고, 즐거우시며, 능력 있는, 무엇보다도 있는 그대로의 저를 가장 사랑해 주시는 분이셨습니다. 하나님이 인간이셨다면 바로 결혼을 결심하고 싶을 정도로 멋진 분이셨습니다.

이번 수련회를 통해 '하나님'이라는 존재의 새로운 발견과 사람을 사랑하는 경험을 하게 되었습니다. 이렇게 새로운 것들이 앞으로 하나님을 예배 드리고 사람을 사랑하는 삶을 살 때 귀한 밑거름이 되었으면 좋겠습니다.

한 사람, 한 사람에게 관심을 가져 주시는 목사님께 감사드립니다. 수련회 준비에 힘쓰신 모든 분들과 여호수아부, 하나님께 감사드립니다.

사랑

어쩌면 이번 여름 수련회는 제 인생에서 잊지 못할 또 하나의 전환기가 되지 않을까 생각합니다. 제가 하고 싶었던 것을, 제 뜻대로 하려던 것을 어쩔 수 없이 내려놓고 속상한 마음으로 참여했던 수련회였습니다. 저는 이 수련회에서 제가 알지 못했던 저와 직면하게 되었고, 왜 제가 이제껏 그 모습을 깨닫지 못하고 알지 못했는지 어린 시절의 나를 돌아보며 깊이깊이 물어보는 시간을 갖게 되었습니다.

앞으로도 계속해서 새롭게 직면한 제 모습을 알아가야겠지만 잠잠히 그러나 끝까지 사랑하시는 하나님이 있기에 두려움보다는 더 성장할 제 자신을 기대하며 살아보려 합니다. 모든 분들께 감사드려요.

열쩡이

소그룹 상담을 통해서 우리가 마음과 마음으로 만날 수 있는 기회가 된 것 같다는 생각이 들어서 참 좋았다. 알고 있는 사람들, 함께하는 사람들이었지만 그들의 내면과 아픔은 볼 수 없었는데… 그래서 이 프로그램을 준비하신 하나님께 감사드린다.

또 개인적으로 '홍PD'의 솔직한 이야기를 통해서, 그리고 '외유내강'의 아픔들을 보면서 내 마음속으로만 그들을 생각하는 것이 아니라 이제는 그 마음을 표현해야 겠다는 마음을 품게 되었다. 어쩌면 나는 항상 남의 입장에 서기를 바랐지만, 항상 나의 입장에 서 있었다. 그래서 나의 기준에서 표현하고, 나의 기준에서 저들을 생각했기 때문에 저들을 충분히 위로해 주지 못하였고 저들을 충분히 감싸 주지 못한 것 같다.

또 나의 가정으로 인해 받은 상처들과 앙금이 이제는 그저 과거의 일이라고 생각했는데… 그것이 아직까지 남아서 내 맘에 눌려 있다는 것을 알게 되었다. 그래서 이제는 이 앙금들과 이 모든 나의 연약함을 하나님의 능력으로 옮겨질 수 있도록 내어놓고 풀어놓는 것에 좀 더 노력해야겠다는 생각이 든다.

홍PD

길지 않은 2박 3일 수련회…

하지만 여느 다른 수련회 때보다 더 좋았다.

'소그룹 상담'이라는 것에 조금은 기대를 가지고 있었는데… 이렇게 좋을 줄이야…

우리 동기들이 함께 참여하지 못한 것이 너무 안타깝다. 내가 누구인지를 알게 되고, 그 과정에서 내 속에 묻어 두었던 나의 내놓지 못한 감정들을 정리할 수 있게 되어 너무 좋았다.

항상 웃어야 했고, 항상 즐거워야 했고, 항상 잘할 수 있어야 했고, 항상 자신감 넘쳐야 했던 내 가식적인 모습들을 버릴 수 있었던 좋은 기회였다. 나의 열등한 것들을 내어놓음으로써 좀 더 솔직해지고, 울 수 있고, 좀 더 열심히 할 수 있는 에너지를 얻을 수 있었다.

이번 소그룹 상담 수련회가 나를 뒤돌아볼 수 있는 좋은 기회였고 새로움을 다짐하면서 새 힘을 얻을 수 있는 시간이 되었던 것 같다. 그리고 동기들의 사랑을 새삼스럽게 느낄 수 있었고, 진심으로 사랑할 수 있는 마음을 가질 수 있어서 정말 기쁘다.

쌕쌕

이번 소그룹 상담을 하면서 다시금 나의 내면을 살펴볼 수 있었다.

어릴 적 가졌던 생각들과 경험들이 내게 하나의 기억으로만 남아 있는 줄 알았다. 그런데 그게 알게 모르게 나의 아픔들을 무의식으로 밀어 넣고 있었다. 이와 같은 기억이 떠오를 때마다 '아니야, 이제 난 괜찮아. 다 견딜 수 있어'라고 생각하고 있었다. 이번에 나의 아픔들을 내어놓으면서 스스로가 너무 대견스럽다는 생각을 했다.

쉽지 않게 이야기를 꺼냈지만 함께하는 참여자들이 진지한 표정으로 나의 아픔들을 함께 느끼면서 나의 이야기에 귀를 기울여 주었기에 솔직히 이야기할 수 있었던 것 같다. 사실 '나의 이야기를 들어 줄 사람이 과연 있을까?' 하는 의심 때문에 내

속마음을 털어놓지 못했었다. 그런데 내 이야기를 관심 있게 들어 줄 사람이 있구나 하는 생각이 많이 들었고 이제는 사람들을 믿을 수 있을 것 같았고, 나의 모습을 솔직히 보여줄 수 있겠구나 하는 생각이 들어 너무 의미 있는 시간이었다.

세상에 나 혼자가 아니었구나, 주변에 나를 돕고자 하는 사람이 있구나 하는 생각에 대인관계에 대한 약간의 자신감도 생겼다. 또 내가 타인을 신뢰하기도 쉽지 않지만 나 또한 타인의 신뢰 대상이 되어 주기 어렵구나 하는 생각도 들었다. 그리고 그동안 얼마나 자신을 표현하지 않았나, 어쩌면 다른 사람이 그로 인해 상처를 받았을 수도 있겠구나 하는 생각이 들어 고치고 싶었다.

계속 상담을 하면서 육체적으로 피곤한 느낌도 들었지만 너무나 유익하고 귀한 시간이었다. 그리고 나의 모습을 이해하고, 참여자들을 이해하고, 나의 생각을 표현하는 훈련을 한 것 같아서 좋았다. 상담이 끝나 갈 때는 너무 아쉬웠고 시간이 좀 더 길었으면 하는 마음이 들었다.

e사람

나는 이 소그룹 상담에 그리 큰 기대는 하지 않았다.

첫째 날 자기소개를 한다. '나는 무엇을 소개할까?' 생각하다가 나의 이중적인 성격을 나타내기 위해 별칭을 'e사람'이라고 했다.

'e사람'과 '이 사람'을 비교해 가며 이중적인 성격을 고쳐야겠다는 마음이었다. 그러나 나는 이 이중적 성격을 합치지는 못했다. 아니 합칠 수가 없었다. 계속 소그룹 상담을 통해 나의 이중적인 성격이 내면에 있는 어떠한 문제 때문인 것을 알았다.

그리고 그것을 찾기 위해서는 참여자들이 필요하다. 그리고 더욱더 하나님의 능력이 필요하다. 나의 내면을 살펴본다. 내가 생각한 내면은 내가 말을 잘 못해서 말하길 꺼리고 있는 줄 알았다. 그리고 내 스스로 남을 배려한다고 생각했지만 이번 상담 수련회를 통해서 내 스스로 남을 피한다는 것을 발견했다.

나의 상자를 만들고 나는 그 안에 들어가 얼굴만 내밀고 있었다. 나는 그 상자에서 나올 능력을 갖고 있다. 하지만 두려웠던 것이다.

두 번째 날 경건회 시간에 '메마른 마음'에 대한 설교를 들으면서 나는 이러한 내 자신이 너무 부끄러웠다. 나는 기도했다. 나의 이 메마른 마음을 내어놓을 수 있는 용기를 달라고… 그리고 나는 나의 상자 안에서 남에게 잘 보이기 위해 상자 겉을 꾸미고 있었다. 이것이 나의 이중적 성격이었다.

그래서 나는 과감히 이 상자에서 나왔다. 그리고 나의 모습을 바꾸기로 했다. 그리고 남에게 좀 더 가까이 다가가서 그들에게 나의 이런 마음들과 과거의 이런 모습들을 말하고 그들과 더불어 주님 안에서 교제하며 그들과 함께 살고 싶다. 정말 뜻 깊고 나를 알 수 있었던 수련회였다. 이런 수련회를 허락해 주신 주님께 감사와 영광을 돌린다.

O 짱

그냥… 마냥 좋은 시간들뿐이었다.

아직 더 많은 수련회가 있을 테지만 이번 수련회를 잊지 못할 것이고 내 안의 문제점들을 보았던 시간이었다. 그래서 의미가 더 깊었던 수련회였다. 내 안의 문제점뿐 아니라 다른 이들의 고민도 들을 수 있어서 좋은 기회였고, 서로를 앎에 있어 너무나 좋은 기회였다. 이제 내가 해야 할 일들이 더 많이 생긴 것 같다. 나의 문제점들을 고쳐 가는 것과 그것들을 위해 기도를 해야겠고 다른 이들의 마음을 헤아릴 줄 아는 마음의 눈을 떠야겠다.

하하! 이제 내가 해야 할 것들을 알았기에 너무도 기쁘다. 이전과 크게 달라지는 것은 아니겠지만 그래도 달라질 그 무언가에 대해서 너무나 궁금하고 가슴이 떨려 온다. 그래, 이제 열심히 살아야지!

말로만 하는 내가 아니라 행동으로 옮기는 사람이 되어야지!

용서를 할 줄 아는 용서를 구할 줄 아는 자가 되어야지!

하나님과 함께하는 삶을 살아야지!

이해할 줄 알고 겸손할 줄 아는 자가 되어야지!

가족을 위해 사랑할 줄 아는… 친구들을 사랑할 줄 아는 자가 되어야지!

영적싸움

소그룹 상담이라서 '어떻게 사람들에게 말을 하고 어떻게 그 긴 시간들을 보낼까?' 하며 내심 걱정을 좀 했었는데… 막상 하고 나니 시간이 너무 짧게 느껴졌다. 첫 시간부터 마음이 참 편했고 여러 사람들의 새로운 면을 보게 되어 너무나 좋았다.

무슨 말을 어떻게 할지도 모르겠고, 왠지 모르게 말을 조리 있게 잘해야 한다는 부담감도 있었지만 내 이야기와 생각들을 다른 사람에게 말함으로써 표현력도 어느 정도 길러진 것 같아 너무나 좋았다. 더구나 내가 다른 사람에게 나를 개방하기보다는 폐쇄적이라 다른 사람에게 나의 이야기를 하는 것이 그동안 힘들었는데… 소그룹 상담을 통해서 조금은 자연스러워진 것 같다.

여러 가지 프로그램을 하면서 얼마만큼 사람 사이에 믿음과 신뢰감이 중요한지를 알았고 그에 대한 사랑의 표현 또한 얼마나 중요한지를 배울 수 있어서 참 좋았다.

함께한 지체들을 바라볼 때, 평소에 볼 때와는 참 많이 다르구나 하는 생각과 아! 내가 저 사람에 대해 잘 몰랐구나 하는 마음이 들었다. 그리고 또한 공동체 안에서 각자 다른 모습도 있겠지만 서로의 공통점을 발견함으로써 역시 우리는 하나라는 느낌을 받기도 했다.

그리고 이 세상에서나 우리 그리스도인의 모임 가운데서도 혼자서 살아갈 수 없음을 다시 한 번 깊이 깨닫게 되었다.

아무튼 나의 단점들, 보완해야 할 점들을 확실히 알게 되어 참 좋았다. 특히 내 이야기를 하고, 다른 사람의 이야기를 들으며 나에 대해 새로운 발견을 하고 또한 타인에 대한 새로운 발견도 할 수 있어서 참 좋았다.

내가 이 소그룹 상담 수련회에서 가졌던 앞으로의 계획들이 하나님의 뜻 안에서 잘 이루어지기를 원하며 나중에 또 하게 될 소그룹 상담 시간을 기대한다.

해바라기

먼저 이번 수련회를 계획하시고 저를 이렇게 수련회에 참석하게 하신 하나님께 감사드린다. 이번 수련회는 색다르게 상담 위주로 진행되어서 정말 나를 알아 가고 앞으로 살아가는 데 잣대가 형성되어 정말 감회가 새롭다.

'나는 누구인가'라는 제목으로 서로 대화하였는데, 나는 이 주제가 정말 마음에 들고 이 주제를 통해서 새로운 나의 인생목표와 가치관을 만들 수 있어서 기쁘게 생각한다. 처음에는 정말 난감했다. 나의 정체감을 찾아 간다는 것이 쉽지는 않았다. 내가 어떤 사람인지, 어떤 가치관을 가지고 살아가는지를 글로 정리한 것에서 많은 것을 느끼고 많은 것을 생각하게 된 것 같다.

모든 것에서 자기중심적이라는 것도 알게 되었고, 인간관계와 가족을 중요시한다는 것도 알게 되었다. 그리고 나의 생각이 하나님 보시기에 좋지 않다는 것도 알게 되었다.

나의 인생의 목표와 가치관을 하나님이 보시기에 좋은 방향으로 바꿀 수 있게 되어서 기쁘고, 나를 위해서 살아가는 것보다는 타인을 위해서, 하나님을 위해서 살아간다는 것이 더 가치 있다는 것을 깨달았다. 앞으로는 이번 수련회에서 수정한 나의 가치관을 위해서 노력할 것이다.

사랑의 표현

소그룹 상담을 하면서 자기 자신을 들여다보고 그것을 구체적으로 이야기하고 다른 지체들의 이야기를 들으면서 그 시간 시간마다 많은 것을 생각했고 많은 것을 배웠다.

먼저 나 자신을 돌아보고 마음을 열 수 있었던 것이 놀라웠다. 아마 첫 번째와 두 번째 시간을 지나면서 자연스레 마음을 열고 신뢰감을 가지게 된 것이 기초가 된 것 같다.

신뢰가 참으로 중요하고 참 많은 것들을 변화시킬 수 있음을 생각하게 되었다. 그리고 습관을 버리거나 고치는 것이 참으로 어려운 일이라는 것도 다시 한 번 확인할 수 있었다. 다른 사람의 이야기를 들으면서 나의 가치관으로 생각하지 않는 것이 정말 힘들었다. 그리고 나도 모르게 그렇게 하고 있는 모습들도 발견하게 되었다.

이러한 과정을 거쳐 전체 마무리를 하면서 짧은 시간이었지만 많은 것들이 달라

졌음을 발견할 수 있었다. 특히 다른 사람의 이야기를 들으면서 잘 들어 준다는 것이 주의 깊게 듣는 것이 아니라 그 사람의 입장에서 그 사람이 가진 감정까지 배려하고 확인해서 구체적으로 알아야 한다는 것이 중요하다는 것을 알았고, 그것에 대한 구체적 반응들도 중요하다는 것을 깨달았다. 그러나 이러한 것들이 쉽지 않았고 지금까지 나와 대화를 했던 사람들이 상처를 받았는지도 모른다는 생각도 들었다.

내 마음과 기분을 상대방이 잘 이해해 주었을 때도 기쁘지만 내가 그렇게 했을 때도 너무나 기뻤고 마음이 따뜻해짐을 느낄 수 있었다.

내 마음을 먼저 여는 것이 쉽지 않지만 그리 겁낼 것도 아닌 것 같다. 상대방이 마음의 문을 열 때까지 기다리지 말고 그 문을 두드리는 노력과 함께 그 문을 열 수 있는 신뢰감과 편안함을 먼저 베풀어야 한다는 것을 생각했다.

짧은 시간이었지만 이렇게 나의 생각과 가치관을 돌아보고 지켜 나가야 할 것과 고쳐야 할 점들에 대해 알게 되어 기쁘고 이것을 위해 노력해야겠다.

이렇게 좋은 프로그램을 허락해 주신 하나님께 감사드리고 목사님께도 감사드린다.

점점 나아지고 발전되는 나의 모습을 기대한다.

그리고 그렇게 되어 갈 나를 또한 사랑한다.

온유

특이하고도 색다른 소그룹 상담 수련회를 열게 하시고 또한 참여하게 하신 하나님께 감사드린다.

작년 겨울 이맘때쯤 소그룹 상담 수련회에 참여했던 나의 모습과 비교하게 되었다.

작년에는 내 차례가 오면 마음은 쿵덕거리고, 손에는 땀이 나고, 내가 할 말을 준비하고 정리하느라 나의 앞 차례에 말했던 사람들의 생각은 죄송스럽게도 경청하지 못했다. 소그룹 상담 프로그램이 시작되고 자원한 사람이 한 사람 한 사람 말하다가 시간이 길어져 내가 발표할 기회가 없게 되는 것에 감사했었다. 왜냐하면 나는 사람들 앞에서 말하는 자체가 부담이었기 때문이다. 하지만 작년 소그룹 상담 프로그램이 아주 열매가 없던 것은 아니었다. 나의 부족한 부분들과 서툰 부분들을 알게 하였다. 비록 수용하는 단계까진 이르지 못했지만… 후에 많이 고치려고 노력했다. 어색한 '왼손'을 사용하여 자연스러운 왼손이 되도록 말이다.

이번 소그룹 상담 수련회를 통해 내가 얼마나 성장했는지 알게 되었다. 나 자신에 대해 알게 되고, 또 나를 다른 사람들에게 이야기하고 싶어 이번 수련회에서는 한 번도 빠지지 않고 모두 발표하였다. 그것도 처음 순서로 말이다.

나는 이번 수련회에서 특히 사람들도 그리 다르지 않음을 느꼈다. 내가 생각하는 감정과 느낌이나 타인이 생각하는 가정들이 말이다. 내가 다른 사람들이 이야기할 때 집중하여 듣고 싶고, 그 사람의 연약함을 나누고 싶어 하는 마음을 가지는 것과 동일하게 남도 그렇다는 것을 알게 되었다. 내가 부끄러워하는 것을 그들이 나를 안타깝게 여기고 공감하고 있다는 것을 알게 되었다. 이제 사람들 앞에서 내 생각을 표현하는 게 그다지 어색하지 않다.

다만 생각이 나지 않고 생각이 없을 때 내 생각을 이야기하라고 하면 난처하고 당황하지만 내 생각이 있을 때는 자신 있게 어디서나 나의 생각들을 알릴 수 있을 것 같은 자신감이 생긴다.

이번 수련회를 통해서 나의 부족한 부분을 발견하게 되고, 보완해야 할 점들이 생겼지만 더욱 발전할 수 있는 것들이 많다는 생각에 뿌듯하고 기대된다. 그리고 함께한 참여자들이 나를 바라보는 점들을 들을 수 있어 좋았지만 무엇보다 내가 나 자신, 나의 가치관들을 생각하면서 나에 대해 자신 있게 한 장을 채울 수 있다는 것이 기쁘고 나 자신이 대견스럽다.

많은 것들을 함께 나누고 공유한 우리 조 수용님, 울타리님, 상담자님, 강건님, 사랑의 표현님, 흡수님, 해바라기님, 꽃나무님, 열심히님, 행복님, 영적싸움님 모두 너무 즐거웠고 잊지 못할 시간이었다.

울타리

나를 이번 소그룹 상담 수련회에 참여하게 하시고, 그 기간 동안 함께하신 하나님께 감사드린다. 처음엔 누구나가 그렇겠지만 나를 나타내고 내 생각을 표현한다는 것에 많은 어색함이 있었다. 나의 생각과 느낌을 말하는 것이 정말 어렵고 훈련되어야 한다는 것을 알게 되었다.

목사님과 함께하는 성경공부 시간이나 작년에 받았던 상담 프로그램을 통해 조금은 나 자신을 이해하고, 나의 약한 부분들을 수용하였다고 생각했었지만 그건 너무나 큰 착각이었다.

나는 나 자신의 모습을 알고는 있지만 나의 어두운 부분, 약한 모습은 자꾸 부인하고 겉으로는 아닌 척하려고 했던 것 같다. 남에게 나의 약한 모습과 문제점들을 숨기려고만 하고, 노출되는 것에 두려움을 느끼고 있었다. 그럴수록 나 자신이 더욱더 힘들어진다는 것을 알면서도… 이런 모습을 보이고 이런 말을 한다면 저 사람이 나를 어떻게 생각할까 하는 노파심에 자연스레 나를 감추기 일쑤였다.

내가 하나님 앞에서 내 생각과 내 자신의 있는 모습 그대로를 내어놓을 때 그 어느 때보다 편안하고 자유로움을 느낄 수 있었다. 그리고 내가 내 생각을 말하는 것도 중요하지만 마음을 열고 이야기하는 상대방의 이야기를 내 이야기처럼 경청할 수 있는 것도 참 중요하다는 것을 알게 되었다. 상대방이 이야기할 때 상대방의 마음이 되어 그 이야기를 듣고 그에 맞는 적절한 반응을 해야만 이 정말 진솔한 대화가 이루어진다는 것도 알게 되었다.

사람과 사람 사이에 있어서 신뢰감을 가지고 관계를 형성하여 갈 때 비로소 그 관계가 의미 있는 관계가 되고 서로를 편안하게 할 수 있다는 것도 알게 되었다. 사람은 혼자 살아갈 수 없듯이 누군가를 신뢰하고 의지할 수 있다는 것은 삶을 살아가는 데 참 많은 힘이 되는 것 같다.

소그룹 상담 수련회를 하면서 짧지만 이때까지의 나의 삶들을 돌아볼 수 있었다. 내가 어떠한 생각으로, 어떠한 목적을 가지고 살아가야 하는지도 알 수 있었다. 나의 이야기를 누군가에게 할 수 있고, 내 이야기를 경청하는 사람들을 볼 때 마음에 위로와 용기가 되었다. 내가 다른 누군가의 이야기를 들으면서 나 자신을 자각할 수 있었고, 내가 그를 위로할 수 있다는 것에 참 뿌듯함을 느낄 수 있었다. 사람의 겉모습을 보고, 행동을 보고 판단하는 것이 얼마나 어리석은 것인지도 알 수 있었다.

내가 삶을 살아가는 데 세워야 할 삶의 목표가 너무 추상적이고 막연한 것들이어서 그것들을 하나도 제대로 이루지 못하고 성취감을 느끼지 못해 참으로 침체된 삶을 살아간 것 같다. 하지만 이번 수련회 말씀에서 목사님께서 '사람은 땅을 밟고 살아갈 수밖에 없다'는 말씀을 하셨을 때 참 많은 힘을 얻었다.

주어진 현실에서 한 단계 한 단계 걸어 올라가는 내 모습을 기대해 본다. 나에게 능력과 지혜를 허락하실 하나님을 기대하며 살아가겠다. 그러다가 힘이 다 떨어진다 해도 오늘을 기억하며 나의 생각들을 다듬어 나가겠다.

바람

소그룹 상담이라는 것을 제대로는 처음 해 보았던 듯하다. 이야기를 하는 내용들은 친구들과 많이 나누던 주제들이었다. 그러나 전문가와 함께 그 어느 때보다 마음을 열고 심도 있는 상담을 한 듯하다. 다시 한 번 올바른 나를 바라보고 찾을 수 있게 된 것 같아 너무 감사하다. 몇 년 만에 눈물을 흘리며 찬양과 기도를 했다. 정말 어제가 얼마나 아름다운 날이었는지……. 지난 몇 년간 난 내 자신을 잃어 나 자신을 찾아 헤매며 다녔다. 세상에 너무 빠져서 살던, 그리스도인의 모습을 찾아보기 힘든 나의 모습.

그러나 이번 수련회는 아무 준비 없이 온 나에게 너무나 큰 것을 얻고 돌아가는 것 같아 너무 행복하다. 우리 누나에게도 조금은 자신감이 생긴 것 같다. 누나와도 가까워진 듯 느껴진다.

가을햇살

저는 제가 이번 여호수아부 하계 수련회를 통해 느낀 하나님을 나누려고 합니다. 저는 수련회에 가기 전 하나님과의 관계 회복이 너무나 필요하고 몸도 마음도 많이 지쳐 있는 상태였습니다. 저는 사람들과의 관계보다 우선 내가 회복되고 치유받았으면 좋겠다고 생각했습니다. 저는 새로운 여러 사람을 만나고 관계 맺는 것이 점점 힘들어지고 지쳐 가고 있는 상태였고, 그래서 여호수아부 수련회만 기다리고 기대하고 있었습니다. 저는 일단 저와 하나님과의 관계가 제대로 서 있어야 남들과의 관계도 잘할 수 있다고 생각했고 여러 관계들로 지쳐 갈수록 더 혼자 있고 싶어 하고 저 혼자 하나님을 만나길 원했습니다.

그러던 중 이번 여호수아부 수련회가 완전히 소그룹 나눔 중심(교제 중심)이라는 이야기를 듣고 마음이 더 힘들어지고 걱정이 되었습니다. 그렇지만 제가 너무도 기다리고 기대하고 있었던 수련회였기에 '일단 가보자'라는 마음으로 아무 계획도, 마음의 준비도 없이 수련회에 가게 되었습니다.

수련회에서의 첫째 날, 둘째 날… 정말 수련회는 조원들끼리, 여호수아 부원들끼리의 소그룹 나눔이 중심이었고 남들에게 내 이야기를 잘 할 줄도 모르고 잘 하지 못하는 제가 조금씩 제가 만난 하나님과 제 이야기를 하고 다른 사람들의 이야기를 듣고 있었습니다. 이런 여러 가지 주제들을 가지고 나누는 교제 속에서 저는 제가 예전에 느끼고 만났던 하나님을 다시 생각하게 되었고 그들의 삶의 이야기를 들음으로써 그들의 삶 속에서 일하셨던 하나님을 느낄 수 있었습니다.

('유언장 작성과 7시간 후에 내가 죽음을 맞이한다면 무엇을 할 것인가?'에 대해 생각해 보는 활동을 통해서는 지금 이 순간 나에게 가장 가치 있는 것이 무엇인지 확실하게 드러남을 알 수 있었습니다. 죽음을 7시간 앞두고는 내가 평소에 욕심내던 것도 다 아무 의미 없는 것이 되었습니다. 그러므로 그것은 진정으로 가치 있는 것이 아님을 알았습니다. 내 주위에 하나님을 전하지 못했던 사람들에게 하나님을 전하고 나의 소중한 사람들에게 고맙다고, 사랑한다고, 미안했다고 말하는 것이 나에게 가장 가치 있는 것임을 알았습니다. 또한 하나님이 나를 지으시고 이 땅에 보내시고 그 목적대로 살다가 다시 하나님의 곁으로 돌아간다면 그만큼 영광스럽고 가치 있는 삶이 어디 있을까라는 생각과 함께 나도 그러한 삶을 살고 싶다는 소망과 결심을 하게 되었습니다.)

제 자신을 가만히 되돌아보면, 혼자가 익숙하고 혼자 있는 중에 만난 하나님만 체험하고 살고 있었습니다. 그러나 이번 수련회를 통해 공동체 속에서 진심으로 나누는 교제 가운데 공유하고 느끼는 하나님은 더 귀하고 크게 역사하심을 느낄 수 있었습니다. 개인적으로는, 하나님께서 자꾸 혼자이려고 하는 나를 깨어나게 하시려고 준비해 주신 것 같아 너무너무 감사한 시간이었습니다. 또한 이번 수련회를 통해 제가 속한 공동체가 얼마나 소중하고 귀한지 알 수 있었고, 제가 지금 이 공동체 속에서 이 사람들과 교제할 수 있음에 참 감사했습니다.

(너무나 많은 기도 제목이 있어서 무엇부터 기도해야 할지 모르는 상황 가운데 하나님은 수련회에서의 여러 상황과 활동을 통해 저의 기도들이 결단으로 바뀌게 하셨습니다. 이 모든 상황을 주관하신 하나님 아버지께 너무 감사하고 모든 영광을 하나님 아버지께 올려드리기 원합니다.) 감사합니다.

헤미 나무

제가 수련회를 통해 느끼고 다짐한 것을 글로 표현해 보겠습니다. 일단 저와 저희 아버지의 관계에 대해서 말씀드려야 하는데, 저는 어렸을 때부터 아버지에 대한 좋은 기억이 거의 없습니다. 아버지는 항상 술 마시고, 술에 취해 다치고, 든든한 아버지의 모습보다는 불안하고 오히려 제가 돌보아야 하는 그런 모습이었습니다.

아버지가 술을 끊게 하기 위해서 울고불고 애원을 해도 변하지 않았습니다. 아버지를 전도해 보려고 어머니와 함께 40일 새벽기도도 드리고 교회에 모셔와 봤지만 결국 저희가 지쳐 포기하게 되더라구요.

그러한 과정 속에서 저는 그냥 제가 포기하면 괜찮다고 생각하게 되었습니다. 더 이상 아버지를 위해 기도하는 것조차 싫어졌습니다. 어차피 기도해 봤자 변하지도 않을 걸 왜 기도하나… 하는 생각이 들었습니다. 그리고 지금까지 아버지는 아버지, 나는 나 그렇게 살아왔습니다.

이번 수련회를 통해 많은 것을 느꼈습니다. 하나님의 진짜 모습, 하나님은 은혜로우시고 사랑이시라는 말씀을 읽으면서 하나님의 사랑을 다시 느꼈습니다.

아버지와의 불화 속에서도 비뚤어지지 않고 자라게 하시고 주변에 좋은 사람들을 많이 만들어 주시고 또 좋은 직장을 갖게 해 주시고… 저에게 많은 은혜를 베풀어 주셨습니다. '그렇게 사랑이 많으신 하나님께서 저를 사랑하심 같이 저의 아버지도 사랑하고 계시겠구나'라는 생각도 들었습니다. 그리고 제가 아버지를 위해 다시 기도를 드리면 얼마나 좋아하실까… 하나님도 아버지가 하나님께 돌아오길 바라시겠지라는 생각이 들게 하셨습니다.

그런 생각이 드니까 아버지께 항상 틱틱대고 피하던 제가 오히려 먼저 전화하게 되고 기도하게 되었습니다. 저는 나약하기 때문에 또 언제 아버지가 미워서 포기할지 모르지만 하나님께서 저를 다시 일으켜 주시리라 믿습니다.

9

성경적
인간관계
향상 프로그램

제 9 장

성경적 인간관계 향상 프로그램

1. 프로그램의 목적

성경적 관점에서의 인간관계란 독자적인 것이 아니라 상호 의존적인 것이다. 그리스도인이 그들의 삶의 지침으로 삼고 있는 성경을 보면 그들이 중요한 타자로 보고 있는 하나님은 이웃을 사랑하라는 계명을 주었고, 예수님께서는 이웃을 내 몸과 같이 사랑하라는 새 계명을 주었다. 이 계명을 통해 알 수 있는 것은 그리스도인의 삶은 하나님과 이웃과의 관계의 삶을 바르게 갖는 삶이다. 하나님을 사랑한다 하면서 이웃을 사랑하지 않는다면 그것은 거짓된 삶일 뿐이다.

그러므로 하나님과의 관계, 이웃과의 관계는 서로 분리된 것이 아니라 연결된 것이다. 하나님과의 관계가 좋은 사람은 이웃과의 관계도 좋아야 한다. 그렇지 못하고 어느 한쪽이 불균형 상태가 될 때는 진정한 하나님과의 사귐이라 볼 수 없다. 그리스도인이 바라는 성경적 인간관계는 바로 이웃과의 관계를 복음적으로 다시 정립하는 관계가 되어야 한다. 곧 자신과 하나님과의 관계를 발견하고 아울러 다른 사람과의 관계를 발전시키고자 하는데, 이 삶의 관계를 성경적인 방법으로 정립해 나가야 한다. 결국 성경적 인간관계를 통하여 하나님의 나라를 세우는 데 목적을 두고 있다.

기독교는 관계의 종교이다. 기독교의 토대는 하나님의 사랑이며, 사랑은 기독교의 가장 두드러진 특징이다. 이것은 감상적이거나 시시한 사랑이 아니다. 그것은 힘차고, 희생적이며, 주는 사랑으로 고린도전서 13장에 설명된 특징들을 포함하며, 죄 많은 세상을 구하기 위해 독생자를 보내어 죽이신 하나님의 사랑을 반영한다. 교회가 만일 기독교 메시지의 중심인 이 사랑을 실천하지 않는다면 교회는 자신의 의무를 이행하지 않고 있는 것이다. 이 메시지를 실천할 때 언제나 대인 관계에서 오는 긴장은 줄어든다. 그러나 하나님께서는 이 사랑을 가르쳐 주기 위해 보다 구체적인 지침들을 주셨다. 구체적인 지침들은 성경 요한일서 4장 16-19절과 요한복음 13장 35절에 기록되어 있다. 많은 충고가 성경에 있고 하나님께서 우리로 하여금 서로 잘 지내고 효과적으로 대화하기 위한 몇 가지 원칙을 깨닫도록 허락하셨다. 모든 사람에게 계속 실천해 나가도록 가르치고 격려할 때 대인관계는 개선될 수 있다.

이것은 실로 중요한 과제이다. 그러나 이것을 반복적으로, 특히 교회에서 강조해야 한다. 그래서 성경적 원리에 근거한 인간관계 훈련 프로그램을 통하여 대인관계에서 오는 긴장을 예방하는 일에 관계하고, 사람들로 하여금 서로 조화를 이루어 평화롭게 살며, 파괴적인 갈등을 피하고, 또 하나님으로부터 오는 평화를 경험하도록 돕는 것이다. 이를 위하여 그리스도인이 구세주로 믿고 있는 하나님의 도우심으로 성경적 인간관계 훈련 프로그램은 그러한 화평을 이룩하고, 평화롭게 사는 법을 가르치며, 또 수많은 대인관계를 특징짓는 긴장을 예방하여 보다 효과적인 인간관계를 맺고 살아가는 데 도움을 주고자 한다. 그래서 이 프로그램에서는 무엇보다도 하나님에 대한 올바른 이해를 통한 하나님과의 관계와 하나님이 인간 개개인을 사랑하고 용납하신다는 경험을 통한 자기이해와 자기수용, 그리고 나를 사랑하시고 용납하신 하나님이 타인도 사랑하시고 용납하신다는 경험을 통해 타인을 이해하고 수용할 수 있도록 하는 데 목적을 두고 있다.

이 프로그램은 자신과 하나님과의 관계를 발견하고 아울러 다른 사람과의 관계를 발전시키고자 하는 목적을 달성하기 위하여 성경적 관점에서 인간관계를 재조명하여 이를 기초로 하나님에 대한 이해와 함께 이를 토대로 하여 자기이해와 수용 그리고 타인 이해와 수용을 할 수 있도록 심리적 원리와 성경적인 원리를 통합하여 사용할 것이다.

성경적 원리에 근거한 인간관계의 원리는 우리는 모두 하나님의 피조물이요, 주 안에서 한 형제라는 사실에서 시작한다. 성경적인 인간관계는 심리적 훈련이 아니라 하나님 나라 백성으로서 올바른 관계를 세워 나가는 것이다. 심리학이나 심리적 훈련은 관계 향상의 하나의 보조로 사용될 뿐이다. 인간관계를 흔히 'human relation'이라 하지만, 성경에서는 '코이노네오, 코이노니아, 코이노코스, 숭코이노에오' 등 여러 그리스어를 사용한다. 이것은 기본적으로 성도들의 교제(fellowship)를 의미한다. 하나님의 백성들이 그리스도 안에서 교제를 나누며 함께 인간관계를 맺어 나가는 것이다.

그리스도인의 삶 속에는 여러 가지 삶의 법칙이 있다. 대표적인 것 가운데 하나가 바로 '서로'를 위하는 상호의 법칙이다. 세상 사람들은 서로보다는 '나'를 앞세운다. 나 위주의 법칙이 바로 세상 사람들이 바라고 있는 일반적인 법칙이다. 그래서 사랑을 주기보다 받기를 더 원한다. 그러나 하나님 나라는 나보다는 서로를 강조함으로써 탈이기적인 삶을 살아야 한다는 것을 가르쳐 주고 있다. 이것이 성경적인 인간관계의 큰 원리이다.

다시 말하면 일반적으로 하나님이 개입되지 않는 대인관계에서는 이해와 수용의 주체가 자기 자신이다. 그러나 하나님을 아는 경우, 특히 하나님을 사랑과 용서의 하나님으로 알고 믿는 경우 자기이해와 수용 그리고 타인 이해와 수용은 하나님을 통해서 이루어진다. 그러므로 성경에서 말하는 인간관계에서의 자기이해와 수용 그리고 타인 이해와 수용의 주체는 자기 자신이 아니라 하나님을 통해서 이루어진다. 하나님을 사랑과 용서의 하나님으로 알고 우리 가운데 역사(役事)하시는 하나님으로 그 분의 사랑과 용서하심을 경험한 삶은 자신을 이해하고 수용하기가 쉽다. 또한 자신을 용납하고 사랑받은 경험을 한 사람은 타인을 이해하고 수용하기가 쉽다.

하나님을 중요한 타자로 알고 있고, 그 하나님으로부터 사랑과 용납함을 경험한 그리스도인은 그 경험을 모델링해서 그 분을 따라 가고자 한다. 그러므로 자기 자신

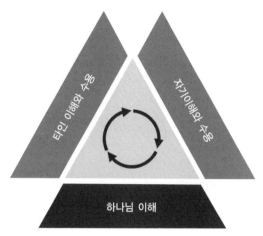

▲ 성경적 인간관계의 원리

이 중요한 타자로부터 사랑받고 용납함을 경험한 적이 있는 사람은 타인을 이해하고 수용하기가 쉽다.

성경적 원리에 근거한 인간관계의 원리는 크게 그리스도인이 중요한 타자로 알고 있는 크신 하나님을 사랑과 용서의 하나님이라는 것에 대한 이해와 함께 하나님의 사랑과 용납하심의 경험을 통한 자기이해와 자기수용, 그리고 타인 이해와 타인수용으로 나눌 수 있다.

2. 프로그램의 구성 및 내용

성경적 인간관계의 기본 구성요소는 하나님에 대한 이해와 하나님의 사랑과 용납하심의 경험을 통한 자기이해와 수용, 그리고 하나님의 사랑과 용납하심의 경험을 통한 타인 이해와 수용으로 나누어볼 수 있다. 이들 세 가지 요소는 서로 독립적인 것이 아니라 연결되어 있는 것이다.

(1) 하나님 이해 — 하나님은 우리보다 크신 분이며, 사랑과 용서의 하나님이다.

하나님에 대한 개념은 조직신학뿐만 아니라 하나님을 중요한 타자로 알고 있는 실제적인 그리스도인의 생활에도 기본이 된다. 그리스도인의 인간관계에 있어서 하나님에 대한 올바른 개념은 중요하다. 왜냐하면 하나님에 대해서 어떻게 생각하느냐 하는 것은 그리스도인의 모든 삶의 영역에 영향을 미치기 때문이다. 하나님에 대한 개념은 인간관계에 직접적인 영향을 미치는 한 기본적인 요소가 된다. 이는 하나님을 어떻게 생각하느냐 하는 것이 자신을 어떻게 생각하느냐를 결정하고 또 자신을 어떻게 생각하느냐 하는 것이 다른 사람들을 어떻게 생각하며 그들과 어떤 관계를 갖느냐를 결정하기 때문이다.

성경에서 말하는 인간관계 원리를 체득하기 위해서는 그리스도인들에게 있어서 중요한 하나님을 신학적으로 이해하는 것이 중요하다. 그중 하나가 하나님은 크신 분이라는 것이다. 성경에서는 하나님을 창조주라고 말하고 있다. 창조주 하나님은 인간을 신비스럽게 만드셨으며, 가장 소중한 존재로 삼았다. 또한 하나님은 사랑과 용서의 하나님이다. 그러므로 그리스도인들이 인간관계를 함에 있어서 성경에서 말하는 하나님은 크신 분이며, 사랑과 용서의 하나님이라는 것을 깨닫는 것이 우선적으로 중요하다. 하나님이라는 분은 그리스도인들에게는 중요한 타자가 되고 있다. 그리스도인들은 그들에게 중요한 타자가 되는 하나님을 모델 삼아서 그 분을 따르고자 한다.

하나님은 하나님의 백성들이 하나님을 무시하고, 불순종하고, 심지어는 잊기까지 하는 때에도 수시로 용서와 자비를 베풀어 주신다. 그러고는 마침내 인간이 과거와 미래에 저지를 모든 죄악을 대속해 주시기 위해 하나님의 독생자 예수 그리스도를 보내주었다. 이것이 크신 하나님의 사랑이다.

성경에는 인간들이 하나님의 독생자 예수님을 믿으면 하나님의 자녀가 된다고 한다. 인간이 하나님의 아들로 받아들여질 수 있다면 하나님과의 관계에서 결국 그분은 아버지가 되는 것이다.

아버지는 자녀의 주의를 기울이는 한편 자녀를 보호하고 이름을 갖게 해 주며,

또 한편으로는 자녀의 인생이 형성되고 틀이 잡히도록 도와주고, 자녀가 도움이 필요할 때면 아버지 자신의 힘을 빌려주기도 한다. 아버지와 자녀 간의 관계에서 이 이상 다른 것은 없을 것이다. 한쪽은 다른 한쪽에 속해 있는 것이다. 이것은 어떤 외부의 힘이 부술 수 없는 시공을 초월한 튼튼한 끈으로 연결된 관계인 것이다.

그러나 세상의 아버지가 이 같은 아버지로서의 책임을 다하고 있다고는 말할 수 없다. 그러나 많은 사람들은 자신의 아버지로부터 고통과 실망을 체험한 바 있다. 아버지에 의해 버려지거나 거부되었다. 그 같은 상황에서 아버지로서의 하나님이라는 개념을 포착한다는 것은 대단히 어려운 일일 것이다. 그러나 이런 비정한 경우에도 불구하고 아버지다움이란 것은 하나님과 인간과의 관계 속에서 구체화된 이상향임에 틀림없다. 하나님께서는 인간에게 생명을 주셨기에 인간은 그분의 것이다. 하나님은 자신의 형상대로 창조하였기 때문에 끊임없이 관심과 보호를 보여준다. 인간에게 필요한 욕구와 필요를 동시에 주셨기 때문에 하나님은 인간 존재의 삶에 있어서 틀을 만들어 주시고 올바른 길로 인도하신다. 또한 하나님은 결코 끊어지지 않는 단단한 끈으로 사랑 속에 붙잡아 준다(신약성경, 로마서 8장 15-16절).

(2) 자기이해와 수용 – 하나님으로부터 사랑과 용납하심의 경험을 통한

일반적으로 자기이해와 자기수용의 경험을 통하여 사람들은 자기실현(自己實現)을 할 수 있는 인간으로 변해 간다. 그러나 여기에 덧붙여서 하나님께서 나를 사랑하신다는 경험을 통한 자기실현도 중요하다. 하나님의 사랑과 용서하심을 경험한 사람은 자기 자신을 이해하고 수용하기가 쉽다.

하나님의 창조물인 인간이 하나님 앞에 자기 자신을 내어 맡겼을 때, 그는 올바른 조망으로 자기 자신을 보기 시작하고 참다운 자기 자신을 알기 시작한다. 예수 그리스도를 통해서 그의 결점이 치료됨을 발견하게 된다. 한 인간이 하나님의 무조건적인 용납함을 경험할 때 그는 자기 자신을 다른 사람에게 개방할 용기를 얻게 되고, 거부감의 두려움을 극복하기 시작한다. 성경에서는 인간 자존감의 시초를 이루는 것은 하나님께서 인간에게 주신 은혜와 사랑과 용납하심이라고 말한다.

　성경에서는 하나님이 이 세상의 모든 부분들이 서로 신비스러울 정도로 꼭 어울리게 창조하였으며, 그중에서도 걸작인 창조물은 바로 하나님 자신의 형상대로 지은 인간 자신이었다. 그러므로 성경에서 말하는 인간관계에 있어서 각 개인들은 모두가 자기 자신이 하나님 모습의 투영이라는 사실을 이해하는 것이 필요하다. 자기 자신이나 타인에게 보내는 이해와 수용은 자신과 타인이 하나님의 형상대로 그분에 의해 창조되었다는 사실에 뿌리박고 또한 그 같은 사실 안에서 이루어져야 한다.

　그리스도인들이 삶의 지침으로 삼고 있는 성경에 의하면 인간은 원래 하나님의 형상대로 창조되었으나 이러한 형상이 인간의 타락에 의해 왜곡되었다. 그러나 성경에서는 "우리가 아직 죄인 되었을 때에 그리스도께서 우리를 위하여 죽으심으로 하나님께서 우리에게 대한 자기의 사랑을 확증하셨느니라"고 한다. 인간이 모든 것을 가지고 있을 때나 삶을 제대로 이끌어 가고 완전하게 정리해 놓고 있을 때가 아니라 '우리가 죄인 되었을 때' 그리스도께서 우리를 위해 죽으셨음을 말하고 있다.

　사람들이 예수님을 영접할 때 예수님이 그 사람 안에 계신 하나님의 형상을 볼 수 있게 해 준다. 자기 안에 계신 하나님의 형상을 충분히 인식하는 일이 자기 자신을 이해하고 수용하는 데 있어서 중요하다.

　이처럼 그리스도인들이 중요한 타자로 믿고 있는 크신 하나님으로부터 사랑과 용납하심의 경험을 통해서 자기를 이해하고 수용할 수 있다. 일반적으로 사람들이 중요한 타자로부터 사랑과 용서를 받은 경험이 인간관계에서 중요하듯이 그리스도인들에게 있어서도 하나님으로부터 사랑과 용서를 받는 경험이 인간관계에 있어서 중요하다. 하나님이 인간 개개인을 사랑하고 용납하신다는 것을 느낄 때 자기 자신을 보다 더 이해하고 수용하기가 쉽다.

(3) 타인 이해와 수용 – 하나님으로부터 사랑과 용납하심의 경험을 통한

인간은 수년 동안 가지고 있었던 가면과 겉모습이 하나님이 자기 자신과 타인을 인정하고, 인간의 모든 결점 등을 사랑하는 것을 발견할 때 하나님의 임재하에서 벗겨진다. 하나님은 인간이 다른 사람과의 관계에 있어서 이러한 가면들을 벗도록 도우신다. 이 과정에서 인간은 자기 자신을 발견하고 타인과의 관계를 갖게 된다.

하나님의 무조건적인 사랑과 용납하심 때문에 자기 자신이 됨을 인식할 때 인간은 자기가 아무것도 아니라는 생각을 무시할 수 있다. 이런 하나님의 무조건적인 사랑을 통하여 인간은 자기 자신이 하나님에게 있어서 가치 있고 소중한 존재인 것을 알게 된다. 그러므로 그리스도인들에게 있어서 타인들과 맺는 인간관계는 이제 다른 수준에 놓일 수 있다.

그리스도인들은 자신이 중요한 타자로 보고 있는 하나님으로부터 무조건적인 사랑과 용납하심을 받았기 때문에 무조건적으로 사랑하고 용서하는 것을 배울 수 있다. 자기는 불완전함에도 불구하고 무조건적인 사랑과 용납으로 받아들여졌다. 그러므로 다른 사람의 결점이나 잘못도 이해하고 수용하는 것을 배울 수 있다. 이제 예수님이 그리스도인들의 모델이다. 진정한 의미에서 모든 사람의 모범이 되시는 예수님을 따른다면 우리는 하나님뿐만 아니라 타인들과도 관계를 맺을 수 있는 것이다.

예수님이 우리를 사랑하셨기에 자신을 죽음의 십자가에 바치셨던 것처럼 그 사랑을 받은 사람들은 예수님과 같이 서로 사랑하고 이해하고 수용해야 한다. 이처럼 그리스도인들이 예수님을 통해 하나님의 사랑과 용납함을 경험하게 되면, 하나님을 아버지로 하는 새로운 관계를 맺게 될 뿐만 아니라 다른 그리스도인들과 독특한 관계를 맺게 된다. 곧 자신이 하나님의 사랑과 용납함을 받은 것처럼 타인도 하나님이 사랑하고 용서하신다는 사실을 알게 된다. 하나님께서 타인도 사랑하고 용납하신다는 경험을 통하여 타인을 이해하고 수용하게 될 뿐만 아니라 타인의 자기실현도 중요하다는 것을 알게 된다.

인간관계론을 고찰해 보면 인간의 내면적 모습보다 외면적 행동에 관심을 집중하는 경우가 많다. 그러나 성경적인 입장에서는 하나님의 형상으로 지음 받은 인간 본래의 모습에 관심을 가져야 한다.

인간은 하나님의 피조물로서 죄로 인하여 타락하였으나 예수 그리스도를 통하여 구속함을 받은 하나님의 형상이요, 하나님의 자녀이다. 이러한 그리스도인들은 예수 그리스도 안에서 사랑과 용납함을 경험한 사람으로서 자기이해와 자기수용 그리고 타인 이해와 타인 수용을 가져야 한다. 하나님의 자녀로서 사랑을 실천하는 그리스도인들은 인간관계의 기본 열쇠인 하나님과 자기 자신과의 수직적 관계를 축으로 하여, 인간과 인간 사이의 수평적 관계를 바르게 정립해야 한다.

이 프로그램은 모두 11회로 구성되어 있는데 크게 보면 3가지 하위 프로그램으로 구성된다. 즉 하나님 이해, 자기이해와 수용, 타인 이해와 수용을 성경적 원리에 근거한 인간관계 증진을 위한 중요한 세 가지 영역으로 본다.

특히 집단상담 프로그램에는 보통 처음에 프로그램의 안내 및 참여자 소개 등을 통한 동기유발 및 분위기 조성의 시간과 마지막에 교육의 전체 과정을 종합 정리하는 마무리 시간이 포함되어야 한다.

이 프로그램의 전체적인 내용은 〈표 1〉과 같다.

3. 프로그램의 실제

여기서는 실제로 프로그램을 어떻게 진행하는지에 관하여 매 모임마다 목표, 강의, 활동, 토의 및 평가의 순서로 그 내용을 비교적 상세히 기술하고자 한다. 이 프로그램을 활용하고자 하는 상담자는 여기 소개되는 순서와 내용을 그대로 따라서 진행할 수도 있고, 아니면 상담자 자신과 참여자들의 성격이나 소그룹 상담이 이루어지는 상황에 따라 적절히 수정 · 보완하여 사용할 수도 있다.

인간관계 향상 프로그램의 각 회기별 목표 및 내용

〈표 1〉

회기	단계	제목	목표 및 내용	시간
1	준비단계	프로그램 안내 및 자기 소개	프로그램의 목적과 진행 방법에 대해 이해하며, 자신과 참여자 간의 이해 및 신뢰감이 발달한다.	100분
2	하나님 이해	하나님과의 관계	하나님을 사랑과 용서의 하나님으로 자신의 관점을 정립한다.	100분
3		하나님의 사랑	하나님이 나를 사랑하시고 용납하신다는 경험을 한다.	100분
4	자기 이해와 수용	자신과의 관계	성경에서 나는 어떤 사람인지를 살펴보고 자기를 이해하고 수용한다.	100분
5		내 안의 보물	자기 자신이 가치 있는 존재임을 알게 하고, 하나님이 내게 주신 달란트를 발견한다.	100분
6		예수님이라면?	예수님의 입장이 되어서 부정적인 생각이나 열등감, 고민 등을 바라보게 함으로써 문제를 해결한다.	100분
7	타인 이해와 수용	부모님과의 관계	부모님에 대한 자신의 태도를 점검해 보고 부모님을 이해하고 수용한다.	100분
8		관계를 맺고 싶은 마음	적극적인 경청에 관련된 지식과 기술을 습득한다.	100분
9		효과적인 감정 표현	자신의 감정에 대한 파악과 표현 기술을 습득한다.	100분
10		겸손과 섬김	타인을 섬기고 봉사함으로써 타인을 이해하고 수용한다.	100분
11	마무리	내가 본 너, 네가 본 나	긍정적인 표현을 함으로써 자기이해와 수용 그리고 타인 이해와 수용을 통한 친근한 인간관계를 체험한다.	100분

※ 이 프로그램의 활동은 크게 하나님 이해, 자기이해와 수용, 타인 이해와 수용으로 진행하였다.

<hr>

제 1 회
오리엔테이션 및 소개

1. 목표

자신의 특성들이 무엇인지 확인해 볼 수 있는 기회를 통하여 자신의 이해에 도움을 얻고 또한 그 특징을 다른 사람들에게 소개함으로써 참여자 간에 이해 및 신뢰감을 갖는다.

2. 준비물

작은 탁자와 함께 다음 준비물들을 마련해 놓는다 : 굵은 매직 펜, 각 사람들을 위한 큰 이름표(약 10cm×10cm 크기), 연필, 옷핀

3. 강의

안녕하세요? 반갑습니다. 오늘부터 우리는 보다 생산적인 삶을 위하여 11회에 걸쳐 여러 가지 삶의 이야기를 나누며 함께하는 시간을 갖게 되었습니다. 아마 여러분은 이러한 집단 상담에 대하여 생소하고 어색하게 생각하고 계실 줄 압니다. 그 이유는 지금까지 우리가 경험한 교육은 교사에 의하여 전달되는 일방적인 방식이었기 때문입니다. 그러나 이 시간부터 우리는 매 회기마다 프로그램을 위한 약간의 강의가 있은 후 함께 활동에 참여하게 될 것입니다. 그리고 마지막으로 자기가 경험한 느낌과 소감을 나누고 그날의 활동에 대한 평가 시간을 갖도록 하겠습니다.

　인간은 무엇을 하든 다른 사람과 더불어 해야 하며 또한 자신의 행동은 원하든 원하지 않든 간에 다른 사람, 나아가서는 자기가 소속된 집단에 영향을 미치게 됩니다.

　우리 삶은 여러 형태의 인간관계의 연속이라고 할 수 있습니다. 인간에게 있어서 인간관계는 인간 존재의 본질인 동시에 엄연한 사실입니다. 따라서 인간관계는 우

리 삶의 질을 결정하는 중요한 요인이 됩니다. 인간관계가 원만하고 건전하면 풍요로운 삶을 살 수 있지만, 인간관계에 문제가 있으면 자기발전은 물론 다른 사람들에게까지 피해를 주게 됩니다.

인간의 모든 문제는 한마디로 표현해서 '관계'의 문제라고 해도 과언이 아닐 것입니다. 종적으로 하나님과의 정상적 관계 형성과 횡적으로 이웃과의 갈등 해소를 통한 순리적 관계 정립이 이룩된다면 자신의 문제로부터 시작해서 친구와의 관계, 부모님과의 관계, 더 나아가 여러 사람들과의 관계가 새롭게 정립될 것입니다.

우리가 함께 참여하는 이 프로그램의 목적은 하나님을 이해하는 것을 기초로 하여 하나님의 사랑과 용납하심의 경험을 통한 자기이해와 자기수용, 그리고 타인을 잘 이해하고 수용하는 것입니다. 즉 나 자신을 보다 현실적으로 잘 이해하고, 있는 그대로의 나의 모습을 용납하고 받아들일 수 있도록 하며, 나아가서는 타인에게 있는 그대로를 개방할 수 있는 태도와 능력을 기름으로써 보다 생산적인 '우리'가 되는 경험을 하기 위한 것입니다.

그러기 위해서는 먼저 이 모임에 성실하게 참여하는 자세가 요구됩니다. 그리고 지금까지는 객관적인 것들에 대해서 많이 배웠고 이야기해 왔지만 이 공간에서는 자기 자신에 대해서 생각해 보고자 합니다.

이 집단 프로그램을 통해서 여러분들은 먼저 자신을 알아 감으로써 온전한 인간관계를 이룰 수 있도록 도움을 받고, 하나님이 기뻐하시는 아름다운 교제를 통해서 무언가를 얻을 수 있는 시간이 되기를 바랍니다.

아울러 프로그램 참여 시 마음에 새겨 두어야 할 사항이 있습니다.

(1) 비밀 지키기

(2) 개근상 타기

(3) 자발적, 개방적, 적극적으로 참여하기

(4) 참여자들에 대해 성급하게 판단하거나 평가하지 않기

(5) 자신의 감정에 정직하기

4. 활동

1) 시작하기 전에 모두가 묵도로써 마음을 정리합니다. 이때 마음을 모으고, 성령님께로 마음을 열고 그분께서 이 모임을 향하여 하시고자 하시는 말씀에 귀를 기울이도록 합니다.

2) 잠시 기다렸다가 집단 지도자가 이 집단에 참석한 모든 사람들의 마음이 잘 열릴 수 있도록 하나님께 기도드리며, 서로 간의 사랑과 신뢰감이 형성될 수 있도록 하나님께 기도합니다.

3) 집단 지도자의 대표 기도가 끝나고 나면 복음 송가를 함께 부릅니다.

4) 이름표 만들기 : 이름표, 활동지 ❶

참여자들 각자가 앞에 놓인 이름표를 한 장씩 가지십시오. 여러분의 성과 이름을 그 종이에 쓰십시오. 이름표에 이름을 쓸 때 굵은 매직펜을 사용하십시오(이때 잠시 이름을 기록할 수 있는 시간을 준다). 이제 연필로 이름표 위 여러분의 이름이 있는 쪽에 다음 항목들을 쓰거나 그리십시오. 여기 열 가지 항목이 있습니다(이때 지도자는 활동지 ❶을 나누어준 후 이러한 항목들을 불러 준다. 그림을 그릴 때는 이름표에 열 가지 항목이 다 들어갈 수 있도록 안배를 잘 해야 한다).

활동지 ❶   이름표에 넣기

① 어린 시절 당신이 가장 좋아했던 장난감의 그림

② 당신이 가장 좋아하는 직업을 나타내는 그림

③ 어린 시절 당신의 별명

④ 당신이 가장 좋아하는 친구의 이름과 그 사람을 묘사하는 낱말 하나

⑤ 당신이 존경하는 어른의 이름

⑥ 눈물방울을 그리고 당신이 최근에 운 날짜를 그 옆에 쓰십시오.

⑦ 손을 그리고 그 옆에 당신이 마지막으로 종아리를 맞은 연도를 쓰십시오.

⑧ 열쇠를 그리고 그 옆에 당신이 외출을 금지당했던 최근 날짜를 쓰십시오.

⑨ 3개의 낱말로 다음 문장을 완성하십시오.

"내 친구는 나를 _____하다고 생각한다."

"내 친구는 나를 _____하다고 생각한다."

"내 친구는 나를 _____하다고 생각한다."

⑩ 당신이 가장 좋아하는 하나님을 나타내는 상징을 쓰십시오(예 : 바람, 불, 바위, 빛, 공기 등).

5) 파트너 정하기를 합니다 → 이름표를 가지고 각자가 다가가고 싶은 사람에게 가서 그 사람과 함께 앉으십시오. 가능한 한 이성의 짝을 찾으십시오. 앉으실 때 남자는 왕자의 인사를 하시고 여자는 공주의 인사를 하십시오.

6) 이렇게 모두 자리에 앉았을 때 이름표를 설명합니다.

이제 여러분의 이름표를 짝에게 주고 상징 그림과 쓴 말들에 대해서 서로 설명을 하십시오. 한 번에 한 항목에 대해서 말하십시오. 주의 깊게 들으시기 바랍니다. 왜냐하면 여러분이 들은 것을 토대로 전체 참여자에게 여러분의 짝을 소개할 것이기 때문입니다.

7) 두 사람이 짝이 되어 10~20분 동안 대화를 나누고 그 시간 동안 가능한 한 상대방에 대하여 많은 내용들을 알아내도록 합니다.

8) 10~20분이 지난 후에 모두가 모여 앉아 대화한 내용 가운데 자신이 파악한 상대방을 집단 앞에 소개합니다. 이때 여러분 짝의 이름표를 다시 보고 우리 모두에게 말할 가장 흥미 있는 세 가지 항목을 선택하십시오(잠시 선택할 수 있는 시간을 준다). 자, 이제 참여자들에게 여러분 짝을 다음과 같이 소개합니다.

"이 사람은 _____입니다. 내가 지금 막 알게 된 것은 _____."

※ 소개할 때 주의해야 할 사항이 있습니다. 짝을 소개할 때 가능한 한 상대방의 인격에 손상을 입히지 않는 범위 안에서 흥미롭고 재치 있는 소개를 하여야 합니다. 그렇게 할 때 보다 자연스러운 분위기를 조성하고 상호 간의 이해에 많은 도움을 얻을 수 있을 것입니다.

9) 각 참여자들이 '이름 이어가기' 놀이를 합니다.

이 놀이에서는 참여자 안의 낯선 사람들이 놀이를 통해 서로의 이름을 익혀 가면서 서로 친해질 수 있도록 하고 있습니다. (원으로 둘러앉은 상태에서) 집단에서 저와 가장 가까이 있는 사람은 손을 들어주십시오. 여러분이 이 놀이를 시작하게 됩니다. 여러분 이름과 원에서 여러분과 맞은편에 있는 사람의 이름을 말하십시오(예진, 예리). 예리는 두 이름을 다시 한 번 말한 다음 다른 참여자의 이름을 덧붙입니다(예진, 예리, 세은). 세은이가 세 명의 이름을 한 번씩 다 말했을 때, 처음부터 새롭게 다시 시작하십시오. 목표는 실수 없이 가능한 한 길게 이름을 이어가는 것입니다. 누군가가 그 흐름을 깨면, 전체가 '우우'하고 소리를 지릅니다. 실수한 사람은 자신의 이름과 다른 한 사람의 이름을 말하면서 새로 시작합니다.

10) 5분이나 10분 후에 놀이를 멈추게 하십시오.

5. 느낌 나누기

오늘은 첫 시간이었습니다. 여러분이 오늘 활동을 통해서 활동 이전과 도중, 그리고 끝난 후를 관련 지어 자신의 느낌이나 생각 또는 참여자들에게 하고 싶은 말이 있다면 이야기하도록 합시다(이때 참여자들이 빠짐없이 한 마디씩 하게 하여 침묵을 지키고 있는 참여자들에게 발표의 기회를 제공할 수 있다. 그러나 처음부터 강제성을 띠어서는 안 된다).

집단 지도자는 어느 정도 평가가 이루어졌다고 판단되었을 때 오늘의 활동 과정을 요약하고 다음 시간을 예고한 후 기도로 학습을 마친다.

─────── 제 2 회 ───────
하나님과의 관계

1. 목표

자신이 가지고 있는 하나님에 대한 관점을 점검하여, 하나님은 크신 분이시며 사랑과 용서의 하나님으로 자신의 관점을 정립한다.

2. 강의

우리 모두는 하나님을 바라보는 두 가지 방법을 가지고 있습니다. 첫째는 우리가 배운 하나님에 대한 이성적인 개념입니다. 둘째는 하나님에 대한 정서적 혹은 마음속의 개념입니다. 하나님에 대한 우리 마음속의 개념은 부모와 다른 권위 있는 중요한 타인의 인격을 반영하고 있을 수 있습니다.

『기억을 통한 정신치료(Healing of Memories)』의 저자인 시맨즈(David Seamands)는 여러 번 환자들에게 하나님에 대한 개념을 그려 보도록 요청하였다고 합니다. 어떤 환자는 '하나님은 모든 사람의 행동을 지켜보면서 그들의 실수와 잘못을 잡아내려고 기다리고 계시는 분이다'라는 뜻을 나타내는 커다란 눈동자를 그렸습니다. 어떤 환자는 날카로운 부리와 발톱이 달린 새를 그렸습니다. 어떤 신학생은 장부를 들고 책상 위에 있는 스크루지 그림을 가져왔습니다. 책상 앞에는 겁에 잔뜩 질려 있는 봅 크래칫이 있었습니다. 그 학생은 스크루지를 가리키며 말했습니다. "이 분이 바로 하나님입니다." 그리고 크래칫을 가리키며 말했습니다. "그리고 이게 저입니다." 그 신학생은 자기 반에서 언제나 A학점을 받는 우등생이었습니다.

여러분이 지닌 하나님은 어떤 모습입니까? 저는 지금 이성적으로 생각하고 있는 하나님에 대해서 말하고 있는 것이 아닙니다. 여러분의 감정과 마음으로 느끼고 있는 하나님의 모습을 말하고 있는 것입니다. 역기능 가정에서 자녀들이 가지고 있는 하나님에 대한 모습은 정서적으로 결핍되어 있는 부모의 모습과 혼동될 수 있습니다. 만약 여러분의 부모가 완벽주의자였고 결코 기쁘게 해줄 수 없는 사람이었다면 여러분은 하나님도 결코 기쁘게 해줄 수 없는 분이라고 생각할지도 모릅니다. 만약 부모가 가혹한 사람이었다면 여러분은 하나님도 가혹한 분이라고 생각할지 모릅니다.

여러분의 하나님은 어떤 분이십니까? 그분은 여러분을 심판하시기 위해 하루종일 앉아서 여러분의 모든 실수를 일일이 적고 있는 율법적인 하나님이십니까?

그분은 여러분의 주위를 맴돌고 있다가 여러분이 무슨 잘못을 하는 순간 뛰어나와 "잡았다! 나는 네가 그럴 줄 이미 알고 있었지."라고 말하는 형사와 같은 하나님이십니까?

어쩌면 여러분이 가지고 있는 하나님에 대한 모습은 '앉아 있는 황소'와 같을지도 모르겠습니다. 이런 모습의 하나님은 번제를 기다리며 구름 위에 요가 자세로 앉아 있는 하나님입니다.

아니면 여러분의 하나님은 무관심하고 냉정하며 멀리 떨어져 있고 은하계를 운영하느라 바쁜 철학자의 하나님일지도 모릅니다. 그러한 하나님의 사무실 문에는 다음과 같이 적혀 있을 것입니다. "지금 바쁘니 방해하지 말 것."

또 다른 하나님의 잘못된 모습은 언제나 "벽돌을 만들라"고 말하는 바로와 같은 하나님이십니다. 여러분은 벽돌을 만듭니다. 그러면 그분은 말합니다. "벽돌을 더 만들라." 여러분은 벽돌을 더 만듭니다. 그러면 그분은 이렇게 말합니다. "짚단 없이 벽돌을 만들라." 여러분은 이 일이 언제 끝나게 될지에 대해 의문을 갖게 됩니다.

하나님께서 다음과 같이 말씀하신 구절을 기억해 보십시오. "너희 중에 아비된 자 누가 아들이 생선을 달라 하면 생선 대신에 뱀을 주며 알을 달라 하면 전갈을 주겠느냐"(누가복음 11장 11-12절). 그 대답은 분명합니다. "아니다. 하나님은 사랑 많은 아버지와 같은 분이시다. 만약 여러분이 빵을 구하면 그분은 돌이 아니라 빵을 주실 것이다."

3. 활동

▶ 시작하기 전에 모두가 묵도로써 마음을 정리합니다. 이때 마음을 모으고, 성령님께로 마음을 열고

그분께서 이 모임을 향하여 하시고자 하시는 말씀에 귀를 기울이도록 합니다.

1) 내가 알고 있는 하나님에 대해서 점검하기 : 집단 지도자는 활동지 **❷**-1을 나누어준 후 이를 기록하게 한다(체크할 수 있는 시간을 준다).

활동지 ❷-1

활동 1. 평소 내가 알고 있는 하나님은?

1. 여러분에게 하나님은 어떤 분으로 보입니까? 여러분 자신의 하나님에 대한 느낌을 나타내는 그림을 옆의 여백에 그려 보십시오.

2. 여러분은 아래에 묘사된 잘못된 하나님에 대한 개념 중 어떤 것을 가지고 있습니까? 여러분 마음속에 느끼고 있는 하나님의 개념과 일치하는 것에 표시하십시오.

    □ 인색한 구두쇠와 같은 하나님

    □ 율법자와 같은 하나님

    □ 검사와 같은 하나님

    □ 판사와 같은 하나님

    □ 철학자와 같은 하나님

    □ 바로 왕과 같은 하나님

    □ 기타 :

2) 당신의 마음속에 느끼고 있는 하나님은 어떤 분이신지에 대해서 서로 나누는 시간을 가지겠습니다(이렇게 하는 의도는 내가 알고 있는 하나님은 나 혼자뿐만 아니라 서로가 다르게 생각하고 있다는 것을 발견하기 위해서다). 자신의 머리로(이때 집단 지도자는 손으로 자신의 머리를 가리킨다)가 아니라 마음으로, 가슴으로 느끼는(이 말을 하면서 지도자는 손으로 자신의 가슴을 가리킨다) 하나님에 대해

서 이야기합니다.

3) 위와 같은 하나님의 생각에 대해 논박하기

(이때 집단 지도자가 판단할 때에 참여자들이 어느 정도 발표가 되었다고 생각하면 다음과 같은 논박을 한다.) 여러분이 하나님에 대해서 이렇게 생각했을 때 여러분에게 어떤 도움이 되었는지에 대해서 생각해 보십시오. (잠시 생각할 수 있는 시간을 준다. 할 수 있으면 참여자 모두 눈을 감는 것이 좋다. 눈을 감으면 자기만의 공간을 가질 수 있고 또한 좀 더 깊이 생각할 수 있기 때문이다.) 자! 이제 하나님에 대해서 위와 같이 생각했을 때 나 자신에게 어떤 도움이 되었는지에 대해서 이야기해 보도록 합시다.

▶ 위와 같이 하나님에 대한 왜곡된 개념을 가지고 있었을 때에 마음속에 느끼는 부담감과 두려움들을 서로 나눔으로써 잘못된 하나님의 개념들을 바꾸어 하나님은 나를 사랑하시고 용납하시는 분이라는 올바른 개념을 가지게 하여 하나님을 신뢰하고 의지하도록 한다.

4) 하나님의 성품에 관한 성경 구절 찾기(집단 지도자는 활동지 ❷-2를 준다)

활동지 ❷-2

활동 2. 하나님의 성품에 관한 성경 구절 찾기

"여호와로라 여호와로라 자비롭고 은혜롭고 노하기를 더디 하고 인자와 진실이 많은 하나님이로라"(출애굽기 34장 6절).

"주는 긍휼히 여기시며 은혜를 베푸시며 노하기를 더디 하시며 인자와 진실이 풍성하신 하나님이시오니"(시편 86장 15절).

"너의 하나님 여호와가 너의 가운데 계시니 그는 구원을 베푸실 전능자시라 그가 너로 인하여 기쁨을 이기지 못하여 하시며 너를 잠잠히 사랑하시며 너로 인하여 즐거이 부르며 기뻐하시리라 하리라"(스바냐 3장 17절).

"소망이 부끄럽게 아니 함은 우리에게 주신 성령으로 말미암아 하나님의 사랑이 우리 마음에 부은 바 됨이니"(로마서 5장 5절).

"우리가 아직 죄인 되었을 때에 그리스도께서 우리를 위하여 죽으심으로 하나님께서 우리에게 대한 자기의 사랑을 확증하셨느니라"(로마서 5장 8절).

"높음이나 깊음이나 다른 아무 피조물이라도 우리를 우리 주 그리스도 예수 안에 있는 하나님의 사랑에서 끊을 수 없으리라"(로마서 8장 39절).

"보라 아버지께서 어떠한 사랑을 우리에게 주사 하나님의 자녀라 일컬음을 얻게 하셨는고, 우리가 그러하도다 그러므로 세상이 우리를 알지 못함은 그를 알지 못함이니라"(요한일서 3장 1절).

"하나님은 사랑이심이니라"(요한일서 4장 8절)

(집단 지도자는 활동지 ❷-2를 나누어준다.) 이 활동지에서 여러분은 성경에서 인용한 몇 구절을 찾을 수 있습니다. 우리는 잠시 하나님을 생각하며 하나님의 말씀이 우리 마음속에 속삭이는 바에 대해 묵상하는 조용한 시간을 가지려고 합니다. 혼자서 천천히 성경 구절을 읽으십시오. 하나님이 여러분 각자에게 직접 건네시는 말씀을 들으려고 노력하십시오. 성경을 통해서 하나님이 여러분의 마음속에서 하시는 말씀에 주파수를 맞추십시오. (성경은 하나님이 주신 말씀이다. 그러므로 성경이 가장 하나님이 어떤 분이신지 잘 나타내고 있다. 그러므로 하나님이 주신 성경 말씀을 통하여서 하나님을 가장 잘 알 수 있다. 또한 이 성경 말씀을 우리들이 묵상할 때에 이 말씀을 통하여 성령님이 하나님에 대한 올바른 생각을 깨닫게 하신다고 우리 기독교에서는 믿는다. 그래서 성령님의 역사하심을 기도하면서 하나님에 관한 올바른 개념을 성경 말씀을 묵상함으로 깨닫게 하고자 한다.) 말씀을 읽기 전에 잠시 묵상하고 읽읍시다. (묵상할 수 있는 시간을 잠시 준다. 이 말씀을 통해서 하나님에 대한 성경적인 개념을 가질 수 있도록 기도한다.)

5) 이제 여러분이 읽은 성경 말씀에 기초한 하나님의 모습에 대해서 조용히 머리에 떠 올려 보십시오. 그리고 묵상해 보십시오. (잠시 시간을 준다.) 이제 여러분의 하나님은 누구입니까? (서로 이야기하게 한다 — 하나님에 대해서 한 사람이 이야기하였을 때 집단 지도자는 이렇게 생각하니 마음이 어떤지 물어본다. 이렇게 하여 전체 참여자가 참여할 수 있도록 한다.)

6) 잠깐 멈추어서 그분의 참모습을 체험할 수 있도록 도와 달라고 기도하십시오. 지금부터 24시간 내에 하나님의 사랑을 더욱 분명히 알 수 있게 해 달라고 기도하십시오.

7) 여러분이 성경 말씀을 통하여 알고 깨달은 여러분의 하나님에 대해서 참여자들과 함께 나눕시다. 내가 깨달은 하나님을 참여자들과 함께 나눌 때에 우리 모두에게 많은 도움이 될 것입니다. (이때 자유롭게 발표할 수 있도록 한다. 발표하기를 어려워하는 참여자들에게는 부담을 주지 않도록 배려한다.)

4. 토의 및 평가

여러분이 오늘 활동을 통해서 갖게 된 생각이나 느낀 점들이 있으면 이야기하도록 합시다. (이때 참여자들이 모두 발표할 수 있도록 한 참여자씩 돌아가면서 이야기하도록 한다. 이렇게 하는 것은 자기들의 생각을 다시 한 번 정리할 수 있는 시간을 가질 수 있기 때문이다.)

집단 활동이 모두 끝났으면 다음 시간에 필요한 '개인 독사진' 한 장씩을 가지고 오게 한 후 참여자 가운데서 기도를 하게 한 후 마친다.

—————— 제 3 회 ——————
하나님의 사랑

1. 목표

- 크신 하나님이 나를 사랑하시고 용납하심의 체험을 통하여 자기 자신을 이해하고 자신을 수용한다.
- 하나님의 사랑 체험을 통해서 그 사랑을 타인에게도 실천한다.

2. 준비물

초, 성냥, 빵, 포도 음료수, 컵, 동영상(편집한 20분짜리 '나사렛 예수'), 각자의 독사진, 풀

3. 강의

마태복음과 누가복음에서 예수께서는 누구든지 나를 따르고자 하는 사람은 자기를 부인하고, 자기 십자가를 지고, 그리스도를 위하여 자기 생명을 잃을 각오까지 하여야 된다고 말씀하십니다.

예수님께서 십자가 위에서 죽으신 것은 무엇을 증명하고자 하신 것도 아니었으며, 그분이 자기 학대증에 걸린 환자였기 때문도 아닙니다. 그 당시 바리새인들의 본색을 드러내기를 원하신 것도 아니었습니다.

예수님께서 행하신 모든 행동, 모든 희생은 우리를 완벽하게 사랑하시고 우리를 하나님과 화해시키고자 하는 목적이었습니다. 따라서 우리가 그리스도와 그의 나라를 위해 희생을 바칠 때 그것으로 인해 우리가 주님과 함께 있던 그리스도인들보다 더 의로운 존재가 되었다고 생각해서도 안 되며 그 희생의 이유가 우리가 비천하게 되기를 즐기기 때문이라든가 다른 어떤 이유에 의한 것이라고 생각해서도 안 됩니다. 그것은 바로 우리들을 사랑하셨기 때문입니다.

오늘 이 프로그램은 하나님께서 얼마나 나를 사랑하시고 계시는지를 깨닫는 시간입니다. 자기 자신을 보호하고 사랑하려면 무엇을 해야 합니까? 여러분들이 잘못된 과거를 근거로 한 잘못된 반사가 아닌, 하나님을 통하여 여러분의 가치와 소중함에 대한 그림을 그려 보십시오. (잠시 생각할 수 있는 시간을 준다.) 자신에 대해 건강하지 못하고 그리스도인답지 못한 느낌과 인식을 계속 갖게 만드는 사탄의 음성에 귀를 기울일 것인가? 아니면 하나님과 하나님의 음성에 귀를 기울임으로써 진정 하나님의 은혜와 사랑과 용납하심을 깨달을 것인가? 이는 여러분의 선택에 달려 있습니다.

4. 활동

▶ 시작하기 전에 모두가 묵도로써 마음을 정리합니다. 이때 마음을 모으고, 하나님께서 이 모임을 통하여 하나님의 사랑과 용납하심을 깨달을 수 있도록 도와 달라고 간절히 기도하시기 바랍니다.

1) 우리는 예수님에 대한 생각을 서로 나누려고 합니다. 제가 하는 질문에 대해 한 사람씩 한 문장으로 대답해 주십시오. 집단 중에서 저와 가장 가까이 있는 사람이 손을 들어주시겠습니까? 질문에 대한 답을 시작하겠습니다. 모든 사람들은 제가 '그만'이라고 말할 때까지 그 대답에 무슨 말인가를 덧붙이면 됩니다. 질문을 하겠습니다.

Q : 예수님을 생각할 때 여러분 마음에 떠오르는 모습은 무엇입니까?

2) '그만'이라고 말하기 전에 4~5명이 대답할 수 있을 만한 시간을 준다. 멈추게 했을 때에 말하고 있던 사람이 다음 질문에 대해 첫 번째로 답한다.

Q : 여러분이 예수님을 생각할 때면 그분이 무엇을 하고 있는 것을 상상하게 됩니까? 그분이 설교하고 있습니까? 치료하고 있습니까? 구름 위에 앉아 있습니까? 십자가에 매달려 있습니까? (4~5명이 대답할 수 있는 시간을 준다.)

3) 우리를 향한 하나님의 사랑에 대해서 설명한다.

여러분은 자신이 생각하는 예수님에 대해서 잘 대답해 주셨습니다. 정말 예수님은 여러분의 대답처럼 여러 가지 일을 하신 분이십니다. 그분은 우리 모두를 사랑하시고 용납하시는 분이십니다. 그분의 사랑이 얼마나 클까요? 오늘 이 시간에는 우리들을 사랑하시고 용납해 주시는 예수님에 대해서 영상을 보기로 하겠습니다. 이 영상을 통해서 정말 예수님이 나를 사랑하시고 용납하신다는 사실을 깨달았으면 좋겠습니다. 영상을 보실 때 조용히 봐 주시고 정말 이 영상을 통해서 나를 향하신 예수님의 참 사랑을 체험하시기를 바랍니다. (방을 어둡게 하고 참여자들이 영상을 볼 수 있도록 자리를 배치한다. 자리를 배치할 때 참여자 한 사람 한 사람에게 최대한 공간을 넓게 만들어준다. 이렇게 함으로써 어둠과 함께 자신만의 공간을 갖게 할 수 있다. 자신만의 공간을 가질 수 있을 때 하나님과 나만의 시간을 갖는 데 도움이 된다.)

4) 준비한 동영상을 함께 본다.

(이 동영상은 '나사렛 예수'라는 제목을 가진 영화로서 1, 2, 3편으로 구성되어 있다. 3편을 중심으로 20분으로 편집하였다. 3편은 예수님이 십자가에 못 박혀 돌아가시기 전에 제자들과 함께 마지막 만찬을 하시는 장면부터 시작하여 예수님의 십자가의 죽으심과 부활하심의 장면을 다루고 있다. 특히 편집한 동영상에서는 주로 마지막 만찬 장면과 십자가에 돌아가시기 전까지 예수님이 친히 겪으신 고난의 장면을 담았다. 이 장면들을 통하여 정말 예수님이 우리를 사랑하시고 우리들을 위하여서 수많은 조롱과 멸시, 고통을 당하셨다는 것을 알리기를 원하고자 하였으며 또한 주님의 사랑과 용납하심을 받은 우리들이 그분을 본보기로 삼아서, 그 사랑을 실천하기를 원하시는 예수님의 말씀에 따라 사랑을 실천하고자 하는 목적으로 편집하였다.)

5) 동영상을 보고 난 후 기도하는 시간을 갖는다.

하나님은 여러분을 어떻게 평가하신다고 생각하십니까? 우리의 경험으로 볼 때, 아무리 훌륭한 사람이라도 자신의 생명을 희생한다는 것은 지극히 드문 일입니다. … 이것이 바로 하나님의 놀라운 사랑입니다. 우리가 죄인임에도 불구하고 그분은 우리를 위하여 목숨을 버리셨습니다. … 이로써 우리는 주 예수 그리스도 안에서 즐거워합니다. 하나님은 여러분이 얼마나 가치 있는 사람인지 확실히 밝히셨습니다. 여러분을 구원하기 위해서 하나님께서 아들을 희생하실 만큼 여러분을 사랑하시고 용납하셨습니다. 정말 여러분은 하나님의 은혜와 사랑과 용납하심을 받은 가치 있는 사람입니다.

지금은 우리가 기도함으로써 그분의 사랑과 용납하심을 체험할 수 있습니다. 우리는 각자 우리의 마음에, 우리 가정과 친구들 사이에 예수님을 초대하기를 기도합니다. (기도할 수 있는 시간을 잠시 준다. 이때 '그가 찔림은 우리의 허물을 인함이요'라는 찬양 노래를 틀어 준다. 이렇게 하였을 때 참여자 각자는 다른 참여자를 의식하지 않고 자기만의 기도 시간을 가질 수 있다.)

6) 자신의 사진 한 장을 빈 여백에 붙인다.

(집단 지도자가 판단하기에 어느 정도 기도 시간이 끝났다고 생각하면 다음과 같이 말한다.) 우리는 얼마나 자주 하나님의 은혜와 사랑과 용납하심을 우리 자신에게 상기시켜야 하나요? 이제 여러분이 하나님의 자비와 사랑과 용납하심 가운데 있음을 상기시키기 위하여, 준비한 여러분 자신의 사진을 아래의 공간에 붙이십시오.

《 하나님께서는 무조건적으로 나를 사랑하시고 용납하신다 》

(사진을 붙일 수 있는 시간을 잠시 준다.) 이제 그 붙인 사진을 보고 정말 하나님이 나를 사랑하시고 용납하신다는 사실을 상기해 보시기 바랍니다. 이것이 여러분을 향한 크신 하나님의 사랑입니다. (붙인 사진을 보며 잠시 생각할 수 있는 시간을 준다.)

7) 사진을 붙인 후 2인 1조가 되어 나를 사랑하시고 용납하시는 예수님에 대해서, 신앙적인 자신의 모습에 대해서 서로 이야기를 나눈다.

8) 애찬식 하기

나를 사랑하시고 용납하신 예수님이 그리하셨던 것처럼 우리들도 함께 사랑을 실천하려고 합니다. 둥글게 앉아 주세요. 그리고 빵과 포도주를 자기 자신이 먹지 말고 옆에 앉아 있는 사람에게 "주님의 사랑으로 당신을 사랑합니다"라고 사랑을 고백하면서 먹여 주시기 바랍니다. 장난으로 하지 마시고 진지하게 하시기 바랍니다. 서로 먹여 주셨으면 평화의 포옹이나 악수를 하며 잠시 이야기를 나누시기 바랍니다.

5. 토의 및 평가

오늘 활동을 통해서 새롭게 배운 점이나 느낀 점을 이야기하면서 마치도록 하겠습니다. (이때 참여자 모두가 이야기할 수 있도록 한 사람씩 순서대로 돌아가면서 이야기하도록 한다.)

제 4 회
자신과의 관계

1. 목표

- 보통 자기 자신이 자기를 가장 잘 아는 것처럼 생각하지만 그러나 사실상 자기가 자기 자신을 잘 모르고 있음을 발견한다.
- 스스로 자기 자신에 대해서 어떻게 생각하고 있는지를 발견한다.
- 성경에서 본 나는 어떤 사람인지를 살펴봄으로써 성경적인 자아상을 확립하게 한다. 즉 하나님의 사랑과 용서함을 받은 가치 있는 존재임을 깨닫는다.

2. 준비물

필기도구, 활동지 ❸ ❹ ❺

3. 강의

만일 우리가 자신에 관한 여러 가지 사실에 대하여 정확하게 이해할 수 있다면 우리는 보다 바람직한 삶을 꾸려 갈 수 있을 것입니다. 자기 자신을 이해한다는 것은 자기의 몸과 마음에 관한 여러 가지 상태, 대인관계의 질, 가치관 및 이와 관련된 자신의 행동 등에 관하여 현실적으로 이해하는 것을 말합니다. 우리는 이때까지 지나치게 객관적인 지식 위주의 교육만을 받아 왔습니다. 이는 곧 자기 자신에 대해서는 학습할 기회를 많이 갖지 못했다는 말이 됩니다. 그래서 막상 '나는 누구인가?'라는 물음에 직면할 때 망설이는 수밖에 없습니다.

이렇듯 내가 누구인지를 아는 것은 대단히 중요합니다. 이것은 자기의 정체성을 발견하는 어떤 일을 함에 있어 중요한 영향을 미칩니다. 우리는 언제나 현재의 나의 모습을 발견하면서 나는 어디까지 와 있으며, 현재의 모습에서 더 발전시켜야 할 부분은 어떤 것이고, 또 버려야 할 것은 무엇인가 하는 검토가 늘 있어야 합니다.

그러므로 자신이 누구인가를 아는 것은 관계를 향상시키는 데 있어서 대단히 중요합니다. 이렇게 자기 자신을 정확하게 아는 것도 중요하지만 나아가서 자신을 있는 그대로 용납하고 받아들일 수 있는 아량을 갖는 것은 더 중요합니다. 자기 자신이 누구인지를 안다는 것은 자신이 느끼고, 원하고, 믿고, 가치를 두고, 경험한 것을 함께 나눈다는 의미가 포함되어 있습니다. 타인과 함께 자신의 경험을 나눌 때 그 개인에 대해 좀 더 깊이 이해하게 됩니다. 자아 개념은 타인과의 관계에 영향을 주는 중요한 요소 가운데 하나입니다. 자아 개념이란 인간으로서 나 자신이 어떤 존재인지에 대한 자각으로 이것은 여러 생활에서 나 자신의 반응을 결정합니다.

우리가 할 주된 일은 우리 자신의 마음과 접하는 것입니다. 스스로에게 물어보십시오. 나는 누구인가? 이 몸뚱이 안에 살고 있는 사람은 누구인가? 나에게 중요한 것은 무엇인가? 나는 누구를 사랑하는가? 나는 삶에서 진정 무엇을 원하는가? 우리가 너무나 자주 그 뒤에 숨곤 하는 가면을 벗고, 우리의 가장 깊은 곳, 가장 진실한 마음 안에서 어떠한 일이 일어나고 있는지 발견하도록 노력해야 합니다.

4. 활동

1) 나는 누구인가?

편안한 자세로 지금부터 자신에 대해서 생각해 보십시오. 이제 자기에게 있는 모습을 찾아가는 여행을 떠나겠습니다. 여러분에게 자기를 찾아 떠나는 여행에 필요한 볼펜과 활동지 ❸을 나누어 드리겠습니다. 제가 번호를 하나씩 부를 때마다 '나는 누구인가?'에 대해서 기록하십시오. (이때 한 번호당 시간은 10~15초 정도로 한다.) 자! 시작합니다. 1번. (잠시 시간을 준다.) 2번. (기록할 수 있는 시간을 잠시 준다. 이런 식으로 하여 10번까지 집단 지도자가 불러 주어서 기록을 하게 한다.)

활동지 ❸ **나는 누구인가?**

▶ 지도자의 지시에 따라 기록하십시오.

①

②

③

④

⑤

⑥

⑦

⑧

⑨

⑩

※ 이 활동지의 의도는 자기가 자기를 잘 알고 있다고 보통 생각하는데 사실상 자기가 자신을 잘 모르고 있다는 것을 먼저 깨닫게 하는 것이다. 그러므로 자기가 누구인지에 대해서 정말 알고 자 하는 마음이 있게 하고자 한다.

2) 참여자 모두 기록이 끝났으면 활동지 ❸을 기록하고 난 느낌 나누기

수고하셨습니다. 지금까지 자기 자신에 대해서 정말 깊이 있게 생각해 보지 않았구나 하는 사람들이 많았을 줄 압니다. 이제부터 자신이 기록한 것을 함께 나누는 시간을 가지겠습니다. 자! 저하고 맞은 편에 앉은 사람부터 기록한 것을 순서대로 발표해 주십시오. (발표할 수 있는 시간을 준다. 발표가 끝난 후에는 다음과 같이 이어간다.) 그러면 자기 자신에 대해서 기록하면서 느낀 점에 대해서 이야기해 보도록 합시다. (이야기가 끝나면 자유롭게 모든 참여자가 돌아가면서 이야기하도록 한다.)

3) 나는 누구인가? 활동지 ❹ 기록하기

지금까지 우리는 직관적으로 떠오르는 나에 대해서 생각해 보았습니다. 우리는 모두 자기를 잘 알고 있는 것 같았지만 '나는 누구인가?'라고 생각할 때 막상 자기 자신에 대해서 아는 것이 별로 없다는 것을 깨달았을 것입니다. 혹 다 기록하였다고 하더라도 피상적인 나의 모습에 대해서 알고 있었을 것입니다. (집단 지도자는 활동지 ❹를 나누어준다.) 이제부터는 내가 본 나는 어떤 사람인지에 대해서 적어 보도록 하겠습니다. 이제 여러분에게 활동지를 나누어 드리겠습니다. 5분 정도 자기 자신에 대해서 생각해 본 후 나의 참 모습에 대해서 적어 보십시오. 다른 사람과 이야기를 하지 않고 혼자서 해야 합니다. (기록할 수 있는 충분한 시간을 준다.)

활동지 ❹ 나는 누구인가?

---

4) 내가 나의 모습 발표하기

(집단 지도자가 판단할 때에 다 기록이 되었다고 생각하면 다음과 같이 말한다.)
제 생각에는 여러분이 이 시간을 통해 특별히 자기 자신에 대해서 고민하고 많이
생각한 것 같습니다. 이제 내가 본 나의 모습을 다른 사람과 함께 나누는 시간을
가지겠습니다. 내가 나를 어떻게 생각하고 있는지를 알림으로써 다른 사람들이
나를 이해하는 데 많은 도움이 될 것입니다. 또한 다른 사람들은 자기 자신을 어
떻게 생각하고 있는지를 들을 때에 그 사람에 대해서 좀 더 알 수 있는 시간이 될
것입니다. (집단 지도자는 모든 참여자가 다 참여할 수 있도록 배려한다. 이때 자
유롭게 이야기할 수 있도록 한다.)

참여자들이 이야기할 때 우리 모두 잘 들어 보는 시간이 되었으면 합니다. 다
른 사람이 이야기할 때 잘 들어 주면 이야기하는 사람이 굉장히 기분이 좋을 것
입니다. (여기서 집단 지도자는 적극적인 경청이 어떤 것인지 간단한 설명과 함
께 시범을 보여준다.)

5) 성경에서 나를 누구라고 하는지 발견하기

(집단 지도자는 활동지 ❺를 나누어준다.) 우리는 지금까지 내가 나를 어떻게 생각하고 있는지 살펴보았습니다. 이제 우리는 하나님의 말씀인 성경에서는 나를 어떻게 말하고 있는지를 살펴볼 것입니다. 우리는 성경 말씀을 통하여 정확히 나를 발견할 수 있습니다. 활동지 ❺에 기록되어 있는 성경에서 우리를 누구라고 말하고 있는지를 살펴보도록 합시다. 그리고 우리를 무엇이라고 말하는지 찾아서 기록하도록 합시다.

활동지 ❺　　**말씀탐구**

1. "당신은 누구인가?"라는 질문에 바울은 자신을 "죄인 중에 괴수"라고 실토했습니다. 성경은 당신을 누구라고 말씀합니까?

① 로마서 8장 1–4절 —"그러므로 이제 그리스도 예수 안에 있는 자에게는 결코 정죄함이 없나니 이는 그리스도 예수 안에 있는 생명의 성령의 법이 죄와 사망의 법에서 너를 해방하였음이라 율법이 육신으로 말미암아 연약하여 할 수 없는 그것을 하나님은 하시나니 곧 죄를 인하여 자기 아들을 죄 있는 육신의 모양으로 보내어 육신에 죄를 정하사 육신을 쫓지 않고 영을 쫓아 행하는 우리에게 율법의 요구를 이루어지게 하려 하심이니라."

② 로마서 3장 10, 23절 —"의인은 없나니 하나도 없으며 … 모든 사람이 죄를 범하였으매 하나님의 영광에 이르지 못하더니."

③ 에베소서 2장 3–5절 —"전에는 우리도 다 그 가운데서 우리 육체의 욕심을 따라 지내며 육체와 마음의 원하는 것을 하여 다른 이들과 같이 본질상 진노의 자녀이었더니 긍휼에 풍성하신 하나님이 우리를 사랑하신 그 큰 사랑으로 인하여 허물로 죽은 우리를 그리스도와 함께 살리셨고 너희가 은혜로 구원을 얻은 것이라."

④ 고린도후서 5장 17절 —"그런즉 누구든지 그리스도 안에 있으면 새로운 피조물이라 이전 것은 지나갔으니 보라 새것이 되었도다."

⑤ 마태복음 5장 13-14절 — "너희는 세상의 소금이니 소금이 만일 그 맛을 잃으면 무엇으로 짜게 하리요 후에는 아무 쓸데없어 다만 밖에 버리워 사람에게 밟힐 뿐이니라. 너희는 세상의 빛이라 산 위에 있는 동네가 숨기우지 못할 것이요."

  2. 진정한 '나'는 누구인가?

6) 약 10분 정도의 시간을 주고 살펴보고 기록하도록 한 후 어느 정도 정리가 되었으면 '진정한 나는 누구인가?'에 대해서 발표하도록 격려한다.

5. 토의 및 평가

오늘 '나는 누구인가?'라는 자기탐구 시간을 통해서 새롭게 깨닫게 된 점이나 느낀 점 등에 대해서 돌아가면서 한마디씩 이야기하도록 합시다. (집단 지도자가 볼 때에 어느 정도 정리가 되었다고 생각되면 오늘의 활동 과정을 요약하고 다음 시간에 대해서 예고한 후 모두 함께 묵상기도를 함으로써 마친다.)

———————— 제 5 회 ————————
내 안의 보물

1. 목표
• 자기 자신은 하나님으로부터 온 선물이며 단순히 외형이 아니라 그 자체로서 가치가 있는 존재임을 안다.
• 자기 자신이 가지고 있는 재능을 발견한다.

2. 준비물
필기 도구, 활동지 ❻

3. 강의
우리가 그리스도인으로서 자라면서 배워야 하는 한 가지는 사람들을 올바로 평가하는 법입니다. 세상에 있는 사람들은 각각 독특하고 아름답고 특별합니다. 그것은 나에게도, 당신에게도 적용됩니다. 그러나 우리 대부분은 우리가 특별하다는 것과 다른 사람들이 그렇다는 것을 잘 깨닫지는 못합니다. 우리는 사람들을 진정으로 바라보지 못합니다. 우리는 나 자신과 그들의 특별함에 주의를 기울이지 않습니다. 우리는 다른 사람들이 나 자신을 알고 나면 좋아하지 않을까 봐 두려워하기 때문에, 사람들이 우리 자신을 아는 것을 꺼립니다. 마치 우리 자신을 포장지 안에 숨기고서 상자 속에서 걷고 있는 것과 같습니다.

우리는 누구나 자신의 장단점을 가지고 있습니다. 때로는 자신의 단점만 생각하면서 자신의 장점을 전혀 찾지 못하기도 합니다. 장점만 갖고 있는 사람은 없으며, 단점만 갖고 있는 사람도 역시 있을 수 없습니다. 어떤 훌륭한 사람일지라도 한두 개의 단점은 가지고 있습니다. 다만 이 장점과 단점은 자신의 노력 여하에 따라 달라지는 것입니다. 장점이 때로는 단점이 될 수도 있고, 단점을 잘 개발하면 장점이 된다는 것을 생각해봅시다. 훌륭한 사람들은 자신의 단점을 잘 활용하거나 변화시켜 장점으로 키워 간 사람들입니다.

이처럼 하나님께서 나에게 주신 재능을 아는 것은 중요합니다. 그 재능이 나에게 있어서 장점이든 단점이든 상관이 없습니다. 그 생각은 내가 생각하기에 장점이요 단점이 되는 것입니다. 이처럼 하나님께서 주신 나의 재능을 아는 것이 인간관계를 맺어 나가는 데 있어서 아주 중요합니다. 곧 나의 장점과 단점을 아는 것이 타인을 이해하고 수용하는 데 있어서 중요합니다.

4. 활동

▶ 프로그램을 시작하기 전에 먼저 '아주 먼 옛날'이라는 찬양을 하고, 기도로 시작한다.

(이 찬양을 선택한 이유는 정말 우리들은 하나님의 형상대로 지음을 받았고 또한 우리들 각각을 하나님께서는 계획을 가지시고 창조하셨다는 것이다. 하나님께서 계획을 가지시고, 하나님 자신의 형상대로 창조하신 나는 정말 귀한 존재이며 지금 나의 모습을 보시고 하나님께서는 심히 기뻐하시고 만족하셨다는 것을 깨달을 때에 있는 모습 그대로 자신을 받아들일 수 있기를 바라는 마음으로 이 찬양을 선택하였다.)

1) 설명하기

우리는 자기 자신의 아름다움과 독특함을 잘 발견하지 못합니다. 우리는 우리 자신의 재능을 잘 발견하지 못하고 있습니다. 그저 포장된 나의 모습만을 바라보고 실망하고 낙심하기도 합니다. 그러나 우리는 모두 하나님의 형상대로 지음을 받은 귀중한 존재들입니다. 하나님은 우리 각자 각자를 만드시고 기뻐하시고 심히 좋아하셨습니다.

2) '사람은 선물입니다' 시 낭송과 개인적으로 묵상하기

(집단 지도자는 '사람은 선물입니다'가 적혀 있는 활동지 ❻과 필기도구를 나누어 준다.) 여러분의 유인물에는 '사람은 선물입니다'라는 시가 있습니다. 큰 소리로 읽는 동안 잘 들으십시오.

활동지 ❻　사람은 선물입니다

사람들은 창조주 하나님이 우리에게 주신 포장된 선물입니다.

어떤 사람은 아름답게 포장되어 옵니다.

어떤 사람은 평범한 포장지로 포장되어 옵니다.

어떤 사람은 아주 허술하게 포장되어 옵니다.

어떤 사람은 아주 단단하게 포장되어 옵니다.

때로는 선물이 잘못 배달되기도 하지만,

이따금 특별히 배달되기도 합니다!

그러나 포장은 선물이 아닙니다!

그렇게 착각하기 쉽죠.

아기가 착각할 때는 그래도 재미있지만.

어떤 선물은 아주 쉽게 열립니다.

어떤 사람의 선물 상자를 열려면 도움이 필요합니다.

두려워하기 때문일까요?

열리면 상처를 받게 될 거라고 생각하기 때문일까요?

아마도 전에 누군가 그들을 저버린 적이 있었는지도 모릅니다!

그들의 선물이 나를 위한 것이 아닐 수도 있습니까?

나는 사람입니다. 따라서, 나는 선물입니다!

무엇보다도, 나에 대한 선물입니다.

나의 창조자이신 하나님은 나에게 나 자신을 주셨습니다!

나는 포장 안을 들여다본 적이 있을까요?

나는 그러기가 두려운 것일까요?

어쩌면 나는 나를 선물로 받아들인 적이 없을지도 모릅니다.

내가 생각하는 것 이외의 무엇인가가 포장 안에 있는 것은 아닐까요?

나는 나를 훌륭한 선물로 본 적이 없습니다.

하나님의 선물은 어떠한 것도 아름답지 않습니까?

나는 나를 사랑하는 사람들이 나에게 보낸 선물들을 사랑합니다.

내가 왜 선물이 아니겠습니까?

나는 다른 사람들에게 선물입니다.

나를 기꺼이 다른 사람들에게 줄 수 있습니까?

기꺼이 다른 사람들을 위한 사람일 수 있습니까?

다른 사람들은 결코 선물을 즐겨서는 안 되고,

오로지 포장된 내용물이 되어야 합니까?

사람들과의 모든 만남은 선물의 교환입니다.

사랑은 자신의 참모습을 아는 사람들 사이의 관계입니다.

하나님한테 받은 선물은 다른 사람들에게 주어야 합니다.

재능 상자

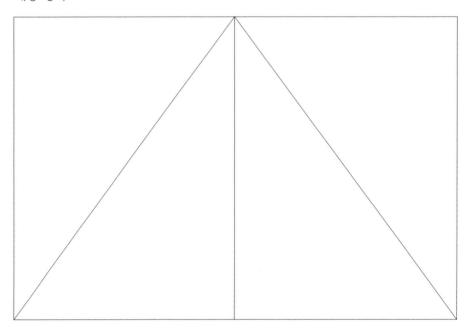

소망 상자

	나는 바란다⋯

(참여자 가운데서 두 명의 봉사자가 교대로 시를 읽는다. 그러고 나서 그 시를 다시 모든 참여자에게 조용히 읽게 하고 자기에게 특히 의미 있는 부분에 밑줄을 긋게 한다.)

3) 옆에 앉은 사람과 밑줄 그은 부분에 대해서 이야기를 나누도록 한다.

자! 이제 이 시를 통해 자신이 밑줄을 그은 부분으로 옆에 앉아 있는 사람과 이야기하는 시간을 갖도록 하겠습니다. 이 시를 통해서 깨달은 점이나 가슴에 와 닿는 내용을 서로 나누도록 합시다. (이야기를 나눌 시간을 준다.)

4) 자신의 재능(달란트) 발견하기

자! 이제 활동지 두 번째 장의 아랫부분을 보면 '재능'이라는 단어가 적힌 상자가 있습니다. 재능이란 하나님이 사람을 창조하시어 각각에게 주신 특별한 선물입니다. 우리 각자는 독특한 재능을 가지고 있습니다. 어느 누구도 똑같은 재능을 가지고 있지는 않습니다. 넷으로 나뉜 각 칸에 여러분의 재능을 하나씩 써 넣으십시오. 그것으로 인해 명성을 얻는 사람은 여러분이 아니라 하나님이심을 깨닫는 한, 여러분의 재능을 말하는 것은 자신을 자랑하는 것이 아닙니다. 오히려 여러분이 아무것도 가지고 있지 않다고 말하는 것은 하나님께 옳지 않습니다.

여러분의 재능은 이러한 것일 수 있겠습니다 — 즉 미술, 음악, 춤, 운동 경기, 신체적 조화, 유머 감각, 연기, 물건 고치기, 글쓰기, 기계를 다루는 기술, 듣기, 감수성, 인내심, 다재 다능, 좋은 성격, 노래 부르기, 지력, 아이들 돌보기, 조직력, 바느질하기. 천천히 목록을 읽고 여러분 자신이 갖고 있다고 생각하는 것을 써 넣으십시오.

5) 자신의 재능에 대해서 발표하기

이제 여러분이 재능 상자에 쓴 것들에 대해서 참여자들에게 발표하는 시간을 가지겠습니다. 자! 자기 스스로 아무 재능도 없다고 불평하는 사람부터 시작하십시오. (집단 지도자는 모든 참여자가 자기 재능에 대해서 이야기할 수 있는 시간을 준다.)

6) 자신이 갖고자 소망하는 재능(달란트) 발견하기

또 다른 상자는 소망 상자입니다. 우리 모두는 우리가 가지고 있지 않은 선물과 재능을 받기를 원합니다. 나는 언제나 … (여러분 자신이 원하는 재능)이 있기를 원해 왔습니다. 이 상자에 자기가 받기를 소망하는 선물을 써 넣으십시오. (기록할 수 있는 시간을 준다.)

7) 여러분의 소망을 나누고, 왜 여러분이 그런 재능을 원하는지 참여자들에게 말하십시오. 가장 키가 큰 사람부터 시작하십시오. (이때 집단 지도자는 참여자들의 이야기가 끝날 때마다 이렇게 질문을 한다.) 만일에 여러분이 그것에 매달리면 얻을 수 있는 선물입니까?

8) 나의 장점과 단점 세 가지 기록하기

(집단 지도자는 활동지 ❼을 나누어준다.) 우리는 살아가면서 수없이 거울을 보지만 나의 내면의 모습을 돌아보는 경우는 드물 것입니다. 그러나 우리는 자신의 내면의 거울을 바라보는 것이 꼭 필요합니다. 그리고 그렇게 거울을 바라볼 때 꼭 필요한 것 중 하나는 자신을 긍정적으로 생각하는 것입니다. 나 자신의 단점과 장점을 발견하여 있는 모습 그대로 받아들이면서 스스로를 격려해야 합니다.

활동지에 기록되어 있는 대로 자신의 장점과 단점 세 가지를 완성해 주십시오. (기록할 수 있는 시간을 준다.)

활동지 ⑦ 나의 장점, 나의 단점

나의 장점	나의 단점
①	①
②	②
③	③

9) 이제 나의 모습을 우리 참여자들이 어떻게 보고 있는지, 또한 나는 다른 참여자들을 어떻게 보고 있는지 알아보는 시간을 가지겠습니다. (집단 지도자는 참여자 가운데 한 사람을 선정하거나 지원하는 한 사람을 선정한다.) 모든 사람은 그 사람에 대해 잠시 생각해 줍니다. 모든 사람은 그 사람이 어떻게 여러분과 세상에게 선물인지를 그 사람에게 말합니다. 그 사람에 대해서가 아니라 그 사람에게 말하려고 노력하십시오. 그 사람에 대해서 말을 할 때는 다음과 같은 문장으로 말합니다. "내 생각에 너에게 정말 특별한 것은 … 이다." 또는 "내가 보기에 너에게 정말 특별한 것은 … 이다." 말을 할 때 긍정적인 관점에서만 이야기해 주십시오. 그리고 선정된 참여자는 모든 사람이 이야기가 끝날 때까지 각 참여자들에게 "감사합니다."라는 말을 하면서 이 반응만을 보여야 합니다. (이 활동이 끝난 후 자신이 정말 하나님께로부터 특별한 존재라는 나만의 달란트가 있음을 인지하도록 돕는다.)

5. 토의 및 평가

여러분이 오늘 활동을 통해서 새롭게 알게 된 점이나 생각 또는 느낀 점에 대해서 서로 이야기하도록 합시다. (집단 지도자가 볼 때 어느 정도 정리가 되었다고 생각되면 오늘의 활동 과정을 요약하고 다음 시간에 대해서 예고한 후 다 함께 묵상 기도를 함으로써 마친다.)

— 제 6 회 —
예수님이라면?

1. 목표
자기 자신에 대해서 부정적으로 생각하는 것이나 고민 등을 소개하여 자기 자신과 참여자가 예수님의 입장이 되어 자기 자신을 바라보게 함으로써 문제를 이해하고 수용한다.

2. 준비물
활동지 ❽ ❾, 필기도구, 바구니

3. 강의
우리는 모두 다 완전하지 못합니다. 우리는 모두 하나씩은 부족한 부분들이 있습니다. 어떤 때는 우리들이 가지지 못한 것들에 대해 괴로워하거나 힘들어했던 적도 있었을 것입니다. 나에게는 없는 것을 다른 사람들이 소유하고 있는 것을 보았을 때 부러워하기도 하고 속상해 했던 적도 있을 것입니다.

만약 여러분이 텔레비전이나 잡지를 읽고 사람의 능력과 미래에 대해서 대중매체가 말하는 개념을 받아들였다면 여러분은 자신의 모습을 감추고 위장하려고 할 가능성이 높습니다.

그럴듯한 잡지 광고와 30초짜리 텔레비전 광고들은 현실에 존재하지 않는 영상들을 만들어냅니다. 여러분은 단지 손만을 위한 모델들도 있다는 사실을 아십니까? 그러한 모델들은 아름다운 손과 손톱을 가지고 있기 때문입니다. 그 모델들은 손의 모습을 찍는 데는 사용되지만 얼굴 사진의 모델이 되어 달라는 요청을 받기는 어려운 것입니다. 일부 의류나 화장품 광고 모델들은 아름다운 손을 가지고 있지 않기 때문에 매니큐어를 위한 모델로는 부적당합니다.

어떤 여성은 이런 사진을 하나 보고 다음과 같이 생각할지도 모릅니다. "나도 저렇게 아름다운 손을 가지고 싶어." 그 여자는 아름다운 얼굴 사진을 보고 생각합니다. "나도 저렇게 아름다운 외모를 가지고 싶어." 실제로 거의 누구도, 아니 아무도 완벽한 외모를 가지고 있지 않습니다.

우리네들은 이런 외모뿐만 아니라 성격이나 가정 환경 등 모든 부분에서 완전하게 갖추고 있지는 않습니다.

이제 우리는 각자가 그 사람의 입장이 되어 '내가 그 사람이라면 지금의 고민을 어떻게 할 것인가?'를 생각하여 그 해결책을 솔직하게 진술하는 역할놀이를 함으로써 서로 도움을 받는 시간을 갖도록 할 것입니다.

또한 내가 정말 예수님의 입장이 되어서 예수님의 입장에서 그 사람을 어떻게 바라보시는지에 대해서 솔직하게 진술하여 서로 도움을 받는 시간을 갖도록 할 것입니다.

예수님께서도 우리들에게 말씀하시기를 "수고하고 무거운 짐 진 자들아 다 내게로 오라 내가 너희를 쉬게 하리라"고 말씀하셨습니다. 그리고 "모든 염려를 다 주께 맡기라"고 하셨습니다.

우리는 이제 다음과 같은 활동을 통하여 우리 각자 자신에 대해 부끄러워하거나 자신에 대해 만족하지 못하는 부분들을 이야기하여 서로 예수님의 입장에서 그 문제를 바라봄으로써 자기 자신을 있는 모습 그대로 용납할 수 있는 시간을 갖도록 할까 합니다.

4. 활동

1) 자기 자신의 부족함에 대해서 기록하기

(집단 지도자는 각 참여자들에게 활동지 ❽-1과 연필을 나누어준다. 이때 종이와 연필은 같은 것으로 한다. 그리고 나서 집단 지도자는 참여자들에게 다음과 같이 말한다.) 지금 자기 자신이 부족한 점이 있다고 생각하는 점이나 또는 열등감이 있다고 생각하면 써 보십시오. 그리고 자기를 괴롭히는 문제나 고민에 대

해서 써 보십시오. 자기의 글을 다른 사람이 누구인지 알아보지 못하도록 이름을 기록하지 마시고, 자기의 필체도 위장할 수 있으면 위장하면 좋겠습니다. 자기 자신의 문제에 대해서는 가능하면 자세하게 설명해 주시고, 글을 쓴 사람이 누구인지 알아볼 수 없도록 그 문젯거리에 관련된 이름이나 지명 등을 쓰지 않도록 하십시오(생각하고 기록할 수 있는 시간을 10분 정도 준다).

활동지 ❽-1

현재 자신이 부족하다고 생각하는 부분이나 현재 당하고 있는 어려운 문제나 고민을 적어 주세요.

2) 자기 자신이 예수님의 입장이 되어 자신의 문제를 바라보기

(쓰기가 다 끝났으면, 활동지 ❽-2를 나누어준다.) 수고하셨습니다. 자기 자신의 부족한 점이나 부정적인 면을 기록한다는 것은 결코 쉬운 일이 아닙니다. 그럼에도 여러분들이 이렇게 자기 자신의 부족한 점이나 고민 등을 솔직하게 기록하여 주신 데 대해 고맙습니다.

자! 이제 내가 정말 예수님의 입장이 되어 봅시다. 당신이 정말 예수님이라면? 예수님의 눈으로 한번 당신을 바라보십시오. 지금 당신은 당신의 육체를 떠나서 예수님 속으로 들어갔습니다. 그런데 지금 나는 나 자신에 대해서 고민하고 있습

니다. 불만족하고 있습니다. 키가 작다고 고민하고 있습니다. 뚱뚱하다고 고민하고 있습니다. 빼빼 말랐다고 고민하고 있습니다. 나는 나 자신에 대해 불만족하고 있습니다. 나는 지금 이러이러한 문제로 고민하고 있습니다. 나는 지금 이러이러한 어려움을 겪고 있습니다.

내가 정말 예수님이 되어서 예수님의 눈으로 나를 바라볼 때 내가 이런 사람이라서 나를 부정적으로 바라보실까요? 지금 여러분이 기록한 여러 가지 문제들을 정말 예수님의 눈으로 바라본다면 무어라 하실까요? 여러분이 기록한 문제를 예수님 쪽에서 생각해 보십시오. (집단 지도자는 잠시 생각할 수 있는 시간을 준다.) 여러분이 예수님이라면 여러분의 문제를 어떻게 하셨을지를 뒷면 종이에 기록하십시오. (기록할 수 있는 시간을 20분 정도 준다.)

활동지 ❽-2 예수님이라면 어떻게 하셨을까?

Q : 내가 예수님의 눈으로 현재의 나를 바라보았을 때 어떻게 하셨을까?
(기록할 수 있는 백지를 준비해 나누어준다.)

3) (쓰기가 완료되면, 종이를 똑같이 접어서 지정된 장소에 넣도록 한다. 종이들을 섞어서 한 장씩 무작위로 나누어준다).

자! 지금부터 종이를 한 장씩 받으시기 바랍니다. 만약 자기가 쓴 종이를 갖게 되었더라도 그것이 자기 것임을 표시를 내어서는 안 됩니다. 마치 남의 것을 가지고 있는 것 같이 해야 합니다. 그리고 자기가 가진 그 종이를 집단 앞에서 읽어주십시오. 이때 문젯거리만 읽어 주시고 해결책은 읽어서는 안 됩니다. (모두 한 번씩 읽었으면 다음과 같이 물어본다.) 이러한 문제를 나 자신이 가졌다면 예수님은 어떻게 하셨을까요? 여러분 자신이 예수님의 입장에서 예수님의 눈으로 그 문제를 바라보고 그 사람에게 도움이 될 수 있도록 긍정적인 쪽으로 기록해 주시기 바랍니다. (기록할 수 있는 시간을 준다.)

4) 쓰기가 끝났으면 집단 지도자는 자기가 가진 문제를 다시 간단하게 이야기한 다음 자신이 쓴 내용을 집단 앞에서 읽어 주게 한다.

5) 모두 한 번씩 읽기가 다 끝났으면 집단 지도자는 종이를 거둔다. 그러고 난 후 다시 모든 참여자에게 그 종이를 돌리면서 자기 것을 찾아가게 한다. "종이가 돌아갈 때 자기 것이 오면 자기가 갖고 계속 다른 종이는 돌리시면서 자기의 것을 찾아 갖기 바랍니다."

6) 특별히 발표하고픈 내용이 있으면 서로 나눔의 시간을 갖고 자기의 문제에 대해서 하나님께 도움의 기도를 드린다. (마지막에 집단 지도자가 가장 좋은 해결자는 우리 주님이심을 설명하면서 자기의 열등감이나 문제 등을 기도의 제목으로 삼고 함께 기도하는 시간을 갖는 것도 유익하다.)

5. 토의 및 평가

여러분이 오늘 활동을 통해서 새롭게 알게 된 점이나 생각 또는 느낀 점에 대해서 서로 이야기하도록 합시다. (집단 지도자가 볼 때 어느 정도 정리가 되었다고 생각되면 오늘의 활동 과정을 요약하고 다음 시간에 대해서 예고한 후 모두 함께 묵상기도를 함으로써 마친다.)

제 7 회
부모님과의 관계

1. 목표

부모에 대한 자신의 태도를 점검해 보고 부모님을 이해하고 수용하여 관계를 증진한다.

2. 준비물

질문지, 필기도구, 빈 의자나 물체, 편지지, 편지 봉투, 우표, 동요 테이프

3. 강의

만일 우리가 질병이나 사고로 부모를 잃지 않는다면, 또는 부모들의 이혼으로 인해 아픈 이별을 겪지 않는 한에 있어서 그들 부모가 있다는 사실은 당연한 것으로 생각하기 쉽습니다. 설사 부모님과 우리의 관계가 대단히 원만하다 할지라도, 우리는 언제나 부모를 개인이나 평범한 사람으로 생각하지 않습니다. 우리는 대부분 우리 자신과의 관계 안에서 그들을 어머니나 아버지로 생각합니다.

잠시 각 부모를 우리들에게서 분리해 생각해 보는 것도 도움을 줄 수 있을 것입니다. 부모라는 사실을 제외하고 그분들의 존재는 과연 무엇입니까? 그분들이 소유하고 있는 개성은 무엇입니까? 개방적입니까? 부끄러움을 잘 타는 성격입니까? 유머가 풍부합니까? 차분한 성격입니까? 독단적인 성격입니까? 아니면 생각하는 성격입니까? 그들의 취미는 무엇입니까? 무엇이 그들로 하여금 미소 짓게 만듭니까? 그들을 화나게 하는 것은 무엇입니까? 그들이 지금 우리의 나이 때는 어떤 모습이었을까요? 그들은 심각한 삶의 절망을 느낀 적이 있었을까요? 그들이 인간적으로 갖고 있는 가장 위대한 장점은 무엇일까요?

이러한 문제점들을 파악하려는 시도 속에서 여러분은 자신의 부모를 분명히 인

식할 수 있을 것입니다. 여러분은 어머니가 지나치게 잔소리를 한다든가, 아버지가 지나치게 엄격하다고 느낄 수도 있습니다. 그들의 이혼으로 인해 여러분은 부모에게 분개할지도 모릅니다. 이러한 현실적인 문제점들은 그들과 여러분과의 관계뿐 아니라 그들 부모에 대한 여러분의 인식에도 지대한 영향을 미칩니다. 그러나 잠시만이라도 그들의 입장에서 생각해 봅시다. 그들은 행복합니까? 아니면 불행합니까? 그들의 일은 긴장과 경쟁을 요구하고 있지는 않습니까? 그들이 갖는 최대의 관심사는 무엇입니까?

부모들과 우리와의 관계는 우리에게만 책임이 있는 것도 아니며 부모들에게만 책임이 있는 것도 아닙니다. 다른 관계들과 마찬가지로 이것도 상호 의존적입니다. 그리스도인들의 인간관계의 일부를 형성하는 부모들과의 관계가 세워지는 조건은 (1) 부모로서의 그들의 역할과 의무를 이해하며, (2) 부모로서의 그들을 이해하는 것입니다.

4. 활동

▶ 프로그램을 시작하기에 앞서 찬송 '사철에 봄바람 불어 있고'를 부르고 난 후에 기도를 하고 프로그램을 시작한다.

1) 서로 둥그렇게 앉은 후 가운데 빈 의자나 물체를 놓는다.
2) 빈 의자에 어린 시절의 아버지 혹은 어머니가 앉았다고 상상한다.

자! 지금부터 이 의자에 우리의 아버지나 혹은 어머니가 앉아 있다고 상상하기 바랍니다. 우리의 하나님은 사랑의 하나님이시지만, 우리 대부분은 그것을 믿기가 어려운 때가 있습니다. 우리는 하나님이 나를 사랑한다는 것을 확신하지 못합니다. 우리를 향한 하나님의 사랑에 대해 하나님이 우리에게 가르치는 가장 좋은 방법은, 그분이 우리의 삶으로 보낸 사랑하는 사람을 통해서입니다. 그리고 우리 대부분에게 가장 사랑하는 사람은 부모님입니다.

잠시, 여러분이 사랑하는 부모님이 수년의 세월 동안 여러분에게 바쳐 온 모든 것들을 생각하시기 바랍니다. 추억 속의 그림을 그려 보십시오. 어머니는 여러분이 아프거나 두려워할 때 여러분을 꼭 껴안고 있습니다. 아버지가 어깨 위에 목말을 태우고 있습니다. 아버지의 무릎에 앉아 아버지가 책 읽어 주는 소릴 듣습니다. 여러분이 첫 번째 달리기 대회에서 이겼다는 걸 어머니에게 말하기 위해 방과 후에 달려가고 있습니다. 여러분이 성장해 온 각 단계마다 여러분이 사랑받았다는 것을 기억할 수 있는지 보십시오. (잠시 멈춘다.)

3) (집단 지도자는 참여자들에게 활동지 ❾를 나누어준 후, 조용한 동요 곡을 들려준다.) 활동지를 보고 부모님과 나와의 관계에 대한 질문에 진솔하게 답해 주십시오.

활동지 ❾　나와 부모님과의 관계 점검

부모님과의 관계 질문지

1. 아버지(어머니)가 평소 갖고 계셨던 장점과 단점 세 가지를 기록하세요.

　　장점 ①

　　　　②

　　　　③

　　단점 ①

　　　　②

　　　　③

2. 아버지(어머니)와 주로 어떤 종류의 대화를 나누었나요?

3. 아버지(어머니)와 나누었던 가장 즐거운 이야기나 대화는 어떤 것이었나요?
   가장 고역스러웠던 때는 언제인가요?

4. 아버지(어머니)는 어느 때 나에게 꾸중을 하고 벌을 주었나요?

5. 아버지(어머니)는 어떤 분이라고 생각하나요? 그리고 내가 받은 인상은 무엇
   인가요? 이것을 색깔로 표현한다면?

6. 나와 아버지(어머니)와 차이점이 있다면 무엇인가요?

7. 나와 아버지(어머니) 관계를 시기적으로 점선 그래프를 그려 보세요.

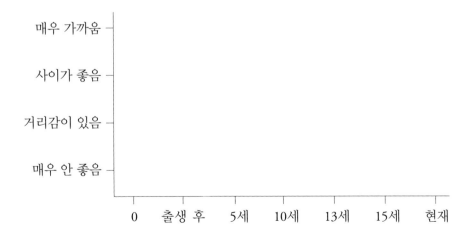

4) 질문지에 기록한 내용을 토대로 2인 1조가 되어 지금까지 나에게 영향을 주고 있는 점(부정적인 것, 긍정적인 것)을 서로 나눈다.

5) 참여자 전체적으로 부모님에 대해서 이야기를 나눈다. (잠시 시간을 준다. 집단 지도자가 판단하기에 서로 충분히 이야기가 되었다고 생각하면 다음 순서를 진행한다.)

6) 부모님에게 편지 쓰기

부모님은 우리에게 사랑을 가르쳐 준 첫 번째 사람이지만, 그분들은 종종 우리가 사랑하는 법을 잘 배우기 가장 어려운 사람이기도 합니다. 오늘 밤 우리는 부모님에게 특별한 선물을 드리려고 합니다. 우리네의 사랑의 마음을 담은 편지를 보내려고 합니다. (소그룹 지도자는 미리 편지지와 편지 봉투를 나누어 줄 봉사자를 선정해 놓는다.) 참여자 가운데서 봉사자가 편지지, 편지 봉투를 줄 것입니다. 혼자서 활동지를 다시 한 번 읽고 답장을 쓰십시오. 끝나면 봉투에 주소를 쓴 다음, 우리에게 주십시오. 우리는 편지에 우표를 붙여 보내겠습니다. (소그룹 지도자는 봉사자가 편지지를 나누어주는 동안 찬송가 304장 '어머니의 넓은 사랑'을 튼다.)

5. 토의 및 평가

여러분이 오늘 활동을 통해서 새롭게 알게 된 점이나 생각 또는 느낀 점에 대해서 서로 이야기하도록 합시다.(집단 지도자가 볼 때 어느 정도 정리가 되었다고 생각되면 오늘의 활동 과정을 요약하고 다음 시간에 대해서 예고한 후 모두 함께 묵상 기도를 함으로써 마친다.)

―――――― 제 8 회 ――――――
관계를 맺고 싶은 마음

1. 목표

• 타인의 말에 주의와 관심을 기울여 경청하는 기술을 습득하여 더욱 상대방을 이 해하고 수용할 수 있도록 한다.

• 대인관계에서 자신의 성향을 알아본다.

• 관계 형성을 어떻게 해야 할지 논의한다.

2. 강의

그동안 사람들과의 관계에서 감정이나 의사 표현의 어려움을 경험했을 것입니다. 그 래서 이번 시간은 자신의 감정이나 생각을 행동이나 언어로 잘 전달할 수 있는 방법 을 익히는 데 목적이 있습니다.

그런 표현의 어려움을 해결할 수 있는 가장 좋은 방법이 적절한 의사소통입니다. 상대방의 메시지에 반응하는 방법은 세 가지로 나눌 수 있습니다. 첫째는 상대방의 메시지에 관심을 보여주는 것입니다. 이것은 상대방의 자존심을 유지해 주고 모든 인간이 보편적으로 가지고 있다는 인정의 욕구를 충족해주는 기초적인 반응입니다. 관심 기울이는 주로 상대방의 언어적, 비언어적 메시지에 대해서 좋은 자세로, 온화 한 시선의 접촉을 유지하고, 즉각적인 언어적 · 비언어적 반응을 하는 것이 주요소 입니다. 둘째는 상대방의 메시지 내용에 내가 적절하게 반응하는 것입니다. 즉 상대 방이 말하고자 하는 내용을 내가 적절하게 이해하였는지를 상대방에게 피드백하는 것입니다. 주로 이것은 말의 내용과 관계되는데, 대체로 우리는 상대방과 대화를 할 때 상대방의 말을 끝까지 들으려 하지 않고 말을 중간에 끊거나 자기의 주장할 바에 만 관심을 두는 경우가 많습니다. 그래서 갈등이 생기기도 할 뿐만 아니라 갈등의 해결은커녕 상대방에 대한 몰이해의 심화나 악감정을 유발하는 계기를 만들기도 합니다. 그러므로 상대방의 말하는 내용을 확인해 보면 상대의 입장을 보다 잘 이해하기 위한 노력을 기울이는 모습을 상대에게 전달할 뿐만 아니라, 상대방에게 이해하고 있다는 입장을 전달할 수 있습니다. 내용에 반응하기에는 상대방이 말하고자 하는 바가 무엇인지를 자신이 이해한 바대로 가능한 한 구체적으로 변환하는 것이 포함됩니다. 셋째는 상대방이 말하는 메시지의 내용보다는 오히려 그 메시지의 저변에 깔려 있는 느낌의 상태를 확인하는 것입니다. 이렇게 함으로써 상대방은 자신이 가진 감정의 문제를 나타낼 기회가 증가하게 되며, 스스로 감정 문제를 정화할 기회를 가질 기회를 갖게 될 뿐만 아니라 갈등 문제를 해결할 의지를 더 높이게 됩니다. 물론 상대방이 가지는 감정이나 느낌을 정확하게 지적하는 것이 쉬운 문제는 아닙니다. 그러나 감정의 문제는 비언어적 메시지를 관찰함으로써, 예컨대 목소리, 신체 동작 및 표정 등을 세심하게 살핌으로써 그의 느낌을 추론하는 것이 가능합니다.

3. 활동

▶ 먼저 찬양 1곡을 부르고, 오늘 프로그램을 위해서 기도로 시작한다.

1) 활동지 ❿-1의 예를 보고 느낀 점을 말해 본다.

활동지 ❿-1 무언의 메시지 전달표

활동 1. 무언의 메시지 전달표 작성

무언의 메시지 전달표

나는 지금 다른 사람과의 만남에서 얼마나 무언의 메시지를 효과적으로 전달했는지, '재치 있는 무언의 대화'를 했는지를 살펴봅시다. 자신의 상태를 가장 잘 나타내는 칸 위에 V표를 해 주십시오.

	전혀			자주
1. 나는 상대방의 말에 공감을 하거나 수긍이 가면, 말 대신 고개를 끄덕인다.	0	1	2	3
2. 나는 상대방의 말이 부당하면, 순간 나도 모르게 얼굴을 찡그리는 버릇이 있다.	0	1	2	3
3. 나는 남의 우스갯소리에 잘 웃는다.	0	1	2	3
4. 나는 화가 나면 정면으로 노려볼 때가 있다.	0	1	2	3
5. 나는 상대방에게 가끔 눈짓을 보낸다.	0	1	2	3
6. 나는 회의 장소 같은 데서 고갯짓으로 인사한다.	0	1	2	3
7. 나는 헤어질 때 인사말 대신 손짓으로 인사한다.	0	1	2	3

2) 활동지 ❿-2의 반응하기 연습지를 이용해 사례를 보고 기술해 보고한다. 지도자가 먼저 참여자 중 한 사람과 함께 그가 기술한 문제를 가지고 대화를 하면서 관심 기울이는 것과 관심 기울이지 않는 것의 시범을 보인다. 계속적으로 변화하기와 느낌에 반응하기 실습을 하게 한다.

활동지 ⑩-2

활동 2.내 귀는 얼마나 열려 있나

내 귀는 얼마나 열려 있나 : 듣기

■ 목표
• 대화의 기본인 듣기 태도를 점검해 본다.
• 적극적 경청의 태도를 익힌다.

■ 준비물
• 듣기 태도 점검표, 필기도구

■ 진행 방법
• 참가자들로 하여금 듣기 태도 점검표를 작성하게 한다.
• 참가자들이 돌아가면서 자신의 듣기 태도의 장단점과 개선 방향에 대해서 토의해 보게 한다.
• 진행 담당자는 적극적 경청에 대해서 설명해 준다.
• 사후 통찰을 보고하게 한다.

활동지 ⑩-3

듣기 태도 점검표

일상생활에서 다른 사람의 이야기를 어떻게 듣고 있는지 너무 깊게 생각하지 말고 머릿속에 떠오르는 대로 자기 자신을 한번 점검해 보기 바랍니다. 각 문항에 따라 자신의 상대를 가장 잘 니터내는 정도를 해당 칸에 V표를 해 주기 바랍니다.

	전혀			자주
1. 표정 변화의 의미를 모를 때가 있다.	0	1	2	3
2. 눈을 쳐다보면서 이야기를 듣는다.	0	1	2	3
3. 이야기를 들으면서 자기 생각에 빠지는 경우가 있다.	0	1	2	3
4. 대화 장면에서 이야기를 독차지하는 편이다.	0	1	2	3
5. 남의 이야기를 들을 때 사소한 이야기도 흘려듣지 않는다.	0	1	2	3
6. 이야기를 듣고도 쉽게 잊어버리는 편이다.	0	1	2	3
7. 긴 얘기를 듣고도 찾아온 사람의 의도를 모를 때가 있다.	0	1	2	3
8. 상대방의 감정을 쉽게 알아차린다.	0	1	2	3

3) 참가자들은 3명씩 조를 나눈다. 각 조에서 2명은 시범을 보이고 1명은 관찰을 한다. 시범을 보이는 2명은 교대로 관심 기울이기와 관심 기울이기를 하지 않는 연습을 하고 나서 계속해서 변화하기와 느낌에 반응하는 것을 실습한다. 각 조에 속하는 모든 사람이 한 번 이상 관심 기울이기, 변화하기, 느낌에 반응하기 실습을 하게 한다.

4) 각 조별로 앞에 나와서 자신들이 활동한 내용을 시범을 보이고, 지도자는 적절하 게 수행하고 있는지 피드백한다.

4. 토의 및 평가

여러분이 오늘 활동을 통해서 새롭게 알게 된 점이나 생각 또는 느낀 점에 대해서 서로 이야기하도록 합시다. (집단 지도자가 볼 때 어느 정도 정리가 되었다고 생각되면 오늘의 활동 과정을 요약하고 다음 시간에 대해서 예고한 후 모두 함께 묵상기도를 함으로써 마친다).

———————— 제 9 회 ————————
효과적인 감정 표현

1. 목표

현재 자신의 정서와 감정을 표현하거나 부인하지 않고 그때그때 확인하여 말로 보고하는 기술을 익힌다. 또한 자신의 감정에 민감하고 풍부하여 이를 솔직히 표현할 수 있을 뿐만 아니라 타인들이 마음이 상하지 않도록 한다.

2. 강의

인간관계를 형성하는 데 있어서의 일반적인 어려움은 감정을 다루는 데 있다고 합니다. 문제는 감정이 현재 있기 때문이 아니라 이를 잘 다루지 못하기 때문입니다. 분노, 미움과 같은 부정적 감정에 대해서는 거부나 배척에 대한 두려움과 자책감으로 감정을 억압하게 되므로 의식하지 못하는 경우가 많고, 애정과 같은 긍정적인 감정도 상대방에게 쉽게 표현하지 못하는 경우가 허다합니다. 이와 같이 우리는 많은 경우에 우리의 감정을 의식하지 못하거나 의식한다 하더라도 그것을 받아들이지 못하는 경우가 많습니다. 또한 그것을 다른 사람에게 표현할 때 그 감정이 무시되는 경험을 많이 하게 되므로 상대방에게 자기의 감정을 잘 드러내지 못하게 됩니다.

우울이나 실망, 고통을 느끼는 사람에게 "그런 식으로 느끼지 마라.", "힘내.", "그런 일로 기죽지 마.", "이미 엎질러진 물 생각해서 뭐하니.", "이제 다 좋아질 거야.", "울지 마. 즐겁게 생각해.", "그까짓 일로 화를 내냐, 너 답지 않게."라는 등의 말을 하는 것을 많이 보게 됩니다. 이러한 피드백을 반복해서 받을 때 감정 표현은 억제되고, 다른 적절한 표현 방법을 찾지 못할 경우 억제된 감정은 의사소통을 방해하는 망의 한 요인으로 작용하게 됩니다. 이 망은 선택적인 지각과 표현, 그리고 편협한 행동을 초래하게 되며 결국은 인간관계에 벽을 만들고 관계를 깨뜨리게 됩니다.

이러한 의미에서 감정의 표현이란 친밀한 관계 형성을 위하여 중요하다고 할 수 있습니다. 그러면 감정을 잘 표현하기 위해서는 어떻게 해야 할까요? 우선 자기 자신의 감정이 어떠한지 아는 것이 중요합니다. 상담을 하는 많은 학생들은 슬픔이나 분노, 적대감 등의 감정을 모르고 있는 경우가 많습니다. 특히 남학생들의 경우 슬프고 우울하고 위축된 감정들을 느끼는 것은 남자답지 못한 것으로 여겨 더욱 억압하는 경향이 있습니다.

이러한 경우 우선 신체적 반응에 주목함으로써 감정을 지각할 수 있습니다. 왜 심장 박동이 빨라지나? 입에 침이 언제부터 마르기 시작했나? 등입니다. 이렇게 지각된 정서 경험에 명명이나 은유로써 감정을 명료화합니다. "나는 화가 났다.", "나는 당황했다.", "나는 너에게 따스한 정을 느낀다.", "나는 구름 속을 걷는 느낌이다.", "나는 쭈그러진 공같은 느낌이다."라는 말로 내 감정이 충분히 표현될 수 있습니다.

그다음에는 이렇게 명료화된 감정에 대한 책임을 다른 사람에게 전가하거나 비난하는 것이 아니라 나 자신의 가정으로 수용하는 것이 중요합니다. 나의 감정으로 수용된 다음에는 그 감정에 따라 하고자 하는 것을 선택하여 행동할 수 있습니다. 관계 속에서 일어난 감정일 경우 직접적인 관계 개선을 위해서는 당사자와 이야기하는 것이 가장 지름길이 될 것입니다. 이때 직접적으로 공격적인 언어나 행동을 하게 되면 관계는 오히려 깨지기 쉽기 때문에 '나' 메시지로 하는 것이 중요합니다.

우리는 흔히 "네가 나한테 그럴 수 있어?", "너 참 이상한 놈이다." 등의 말을 합니다. 이러한 말들은 '너' 메시지로서 나의 감정에 대한 책임을 상대방에게 전가하는 표현입니다. 나 자신의 감정으로 수용하기 위해서는 '나'를 주제로 하는 '나' 메시지로 바꾸어야 할 필요가 있습니다.

'나' 메시지는 감정의 확인, 피드백을 주고받는 것, 행동 변화를 요구하는 것 등을 포함하는 의사소통 기법으로 감정의 원인 진술, 감정의 확인, 타인에 대한 영향 진술의 세 부분으로 구성됩니다. 즉 '당신이 … 했을(할) 때는 나는 … 했(한)다. 왜냐하면 당신의 그 행동(말)은 내 감정을 … 하게 만들(었)기 때문이다. 그래서 나는 당신이 … 행동(말)을 하기를 원합니다."로 요약할 수 있습니다.

예를 들어 친구가 약속 시간에 번번이 늦었다고 합시다. 몹시 화가 나고 무시당하는 기분이 들 것입니다. 이때 "나는 네가 계속해서 약속 시간을 안 지키는 데 대해 몹시 화가 나고 무시당하는 기분이 들어. 앞으로 다시 약속한다면 시간을 지켜 주기 바라."라고 할 수 있겠습니다. 화가 나서 아무 말 않거나 그냥 말없이 일어나 가 버리거나 아니면 다시는 상종하지 못할 친구로 여겨 관계를 끊어 버리는 것보다는 관계를 개선할 수 있는 여지가 많아질 것입니다.

3. 활동

▶ 프로그램을 진행하기 전에 먼저 '주님과 같이'라는 찬양을 부른다. 부른 후에 이번 프로그램을 위하여 기도로 시작한다.

1) 한 주 동안 가장 강렬한 자신의 느낌 찾기

(소그룹 지도자는 참여자들을 둥글게 둘러앉게 한다.) 지난 며칠 동안 여러분이 가졌던 경험들 가운데서 가장 강렬한 느낌을 불러일으켰던 것을 2~3분 동안 묵상해 보십시오. 과연 어떤 느낌이 있었을까요? (잠시 시간을 준다.)

→ 느낌 보고하기

자! 이제 한 사람씩 돌아가면서 자신의 경험을 느낌의 차원에서 줄거리만 간단하게 이야기하겠습니다. (집단 지도자가 유의할 점은 이때 흔히 그 이유를 설명하느라고 긴 시간 동안 지루하게 이야기하는 사람들이 있는데, 1분 정도 짧은 시간에 줄거리만 이야기하게 해야 한다).

→ 한 사람의 사례를 선정하여 더 자세하게 이야기한다.

(참여자들의 경험 이야기가 끝나면 그중에서 더 자세히 취급하고 싶은 경험 하나를 선정하게 한다. 선정은 가능하면 전원의 합의에 의해서 이루어지는 것이 바람직하다.) 자신의 경험이 채택된 참여자는 이제 더 자세하게 그 경험을 다시 한

번 이야기해 주면 우리들이 그 경험을 이해하는 데 많은 도움이 되겠습니다. 이야기하는 가운데 이해되지 않거나 좀 더 자세한 설명을 듣고 싶으면 질문을 해도 좋습니다. 그러나 어떠한 경우든 청취자들은 보고자의 말에 대하여 판단하려고 하지 마십시오. 단지 그 사람의 입장이 되어 경험에 동참하는 기분으로 하시기 바랍니다. 그리고 경청하고 있는 자신의 느낌에도 유의하면서 이야기를 들으시기 바랍니다.

혹 우리들 가운데 "내 생각으로는 X라는 일이 일어났을 때, 당신은 이렇게 느꼈다고 보여지는데 … 그것이 사실입니까?"라고 질문을 해 봐도 됩니다(이는 이런 질문을 해 봄으로써 자신의 공감 능력을 확인해 보는 계기가 되기 때문입니다). 이때 보고자는 이 질문에 대해서 "네 맞습니다." 또는 "아닙니다. 나는 이러한 기분이었습니다."라는 식으로 대답을 해 주면 됩니다. 혹시 맞지 않으면 수정을 해도 괜찮습니다.

→ 보고자의 느낌 보고하기

보고자는 자신의 보고가 끝났으면 자신이 보고할 때의 느낌에 관하여 보고하게 한다(시간이 허용되면 두 번째 사례를 채택하여 같은 요령으로 진행할 수 있다).

2) 상대방의 느낌 관찰하기

두 사람씩 짝이 되어 서로 마주보게 한다. 그러고는 말을 하지 않고 1분 동안 서로 관찰하게 한다. 그동안에는 자신의 느낌에 특별히 유의하여 반응하게 한다. 1분이 지난 후에는 각자 상대방에게 그 1분 동안 경험한 느낌을 보고하게 한다.

3) 게임하기

두 사람씩 나와서 팔씨름이나 엄지손가락 씨름(서로가 악수한 상태에서 엄지손가락으로 상대방의 엄지손가락을 잡아 누르는 게임) 등의 게임을 합니다. (모든 사람이 빠짐없이 게임을 할 수 있는 시간을 준다.) 모든 사람이 게임을 한 후 두 사람 중 먼저 상대방을 선택한 사람이 상대방에게 게임을 할 때 그리고 하고 난 후에 어떠한 느낌들을 경험하였으며, 다른 한편 택함을 받은 사람은 신청 받았을 때와 게임을 할 때 그리고 하고 난 후에 각각 어떻게 느꼈는지에 대하여 이야기 하는 시간을 갖도록 하겠습니다.

4. 토의 및 평가

이번 학습 경험에 대하여 서로 소감을 교환하게 하고 각자로 하여금 깨달은 점 및 학습한 바에 대하여 간단하게 한 마디씩 하게 한 후에 서로를 위해 주님께 도움의 기도를 드린다.

─────── 제 10 회 ───────
겸손과 섬김

1. 목표

• 자기 자신은 왜 타인을 섬기기를 힘들어하는지를 발견한다.

• 타인 섬김을 통해 인간관계를 형성한다.

2. 준비물

활동지, 의자, 수건, 대야, 비누, 찬양곡

3. 강의

섬기는 사람은 다른 어떤 사람을 도와주고 이롭게 하기 위하여 봉사를 하는 사람입니다. 섬기는 사람이 되기 위해서는 타인의 이익을 자신의 그것보다 우선에 두어야 합니다.

때가 이르렀습니다. 서른세 해 동안의 공생애의 마지막 순간이 다가오고 있다는 사실을 아신 예수께서는 유월절 만찬을 함께 하면서 제자들과의 마지막 밤을 지내셨습니다. 요한복음 13장 1절을 보면 "자기 사람들(제자들)을 사랑하시되 끝까지 사랑하시라"고 말씀하십니다.

그분은 어떻게 제자들을 사랑하셨을까요? 예수께서는 대단히 진귀한 일을 행하셨습니다. 자리에서 일어서신 예수께서는 물이 담긴 대야와 수건을 가져다 놓고 제자들의 발을 씻기시기 시작하였습니다.

이같은 풍습은 샌들 같은 신을 신는 나라나 도로에 먼지가 많이 일어나는 지역이라면 어디서나 보편적으로 행해지는 것이었습니다. 여행 중인 손님의 발을 씻기는 일은 종이나 노예의 임무였습니다. 제자들 중에 누군가는 이 천한 일을 차례로 돌아가며 했었을지도 모릅니다. 그리고 대야와 수건은 그들이 사용하고 있는 방의 주인이 준비해 둔 것이었는지도 모릅니다. 그러나 어느 누구도 다른 사람, 심지어는 예수님의 발도 자발적으로 나서서 씻기려고 하지 않았습니다. 그런데 만찬이 진행되는 도중에 갑자기 예수께서 일어서시더니 제자들 모두의 발을 한 사람씩 씻기기 시작하신 것이었습니다.

처음에는 모두 아무 말이 없었습니다. 아마도 그들은 심히 당황했을 것입니다. 그리고 자신은 지금껏 자존심 때문에 자기 형제에게도 그런 천한 봉사를 베풀 생각조차 하지 않았다는 사실을 깨닫고는 부끄러움을 느꼈을 것입니다. 그런데 예수께서 그들이 보는 앞에서 그들 중 어느 누구도 원치 않았던, 그리고 다른 이들에게 그런 일을 하는 것조차 귀찮게 생각하던 천한 일을 몸소 행하시는 것이었습니다.

마침내 더 이상 참지 못하게 된 베드로가 예수께 말합니다. "내 발은 절대 씻기지 못하시리이다"(요한복음 13장 8절). 그러나 예수께서는 그 일이 당신이 할 일 중에서 중요한 것이라고 말씀하시며 굽히시지 않습니다. "내가 너희에게 행한 것을 너희가 아느냐? 내가 주와 또는 선생이 되어 너희 발을 씻겼으니 너희도 서로 발을 씻기는 것이 옳으니라. 내가 너희에게 행한 것을 너희도 행하게 하려 하여 본을 보였노라"(요한복음 13장 12-15절).

예수께서는 여러 번에 걸쳐서 하나님 나라에서 높이 되고 싶은 자는 기꺼이 마지막이 되어 나머지 사람들을 섬기는 자가 되어야 한다고 말씀하셨습니다. 그리고 예수께서 그들 제자들에게 영향을 끼친 마지막 말씀 중 하나가 바로 그가 뜻하신 바에 대한 이 극적인 예화인 것입니다.

4. 활동

1) 함께 둘러앉아서 '왜 다른 사람을 잘 섬기지 못하고 섬기기 힘든 이유는 무엇인가?'에 대하여 서로의 의견을 나눈다.

2) 집단 지도자가 활동지를 나누어주면 참가자는 자신의 섬김과 봉사의 현재 상태를 솔직하게 V 표시로 점검해 본다. (좋다고 생각하는 사고가 아닌 지금 나의 습성에 배어 있는 상태를 그대로 점검한다.)

활동지 ⑪-1 섬김과 봉사의 생활 진단표

번호	항목	A	표시	B	표시
1	다른 사람이나 공동체를 섬길 일이 생겼을 때	무조건 한다.		조금 망설이며 주저한다.	
2	섬김에 따른 보상에 대해서	관심이 없다.		관심이 있다.	
3	보상이 없다면 그 일을	한다.		안 한다.	
4	결과에 대해 크게 관심을	갖지 않는다.		갖는다.	
5	봉사와 섬김의 대상에 차별을	안 둔다.		두는 편이다.	
6	봉사에 있어 상황에 따라 (기분에)	좌우가 안 된다.		좌우가 된다.	
7	봉사와 섬김의 생활의 계획이 오래	가는 편이다.		안 간다.	
8	나의 섬김의 생활이 공동체에 유익을	주는 편이다.		별로 주지 않는다.	
9	섬길 때 남을 평가하는 나의 자세는	높게 평가하는 편이다.		낮게 평가하는 편이다.	
10	섬길 때 남을 평가하는 나의 자세는	나를 낮게 평가하는 편이다.		나를 높게 평가하는 편이다.	
11	상대방의 언어에 대해	별로 개의치 않는다.		귀를 기울인다.	
12	사소한 일이나 무가치하다고 여기는 말을	들어 주는 편이다.		듣지 않는 편이다.	
13	언제나 봉사와 섬김의 주도권은	남에게 있다.		나에게 있다.	
14	봉사와 섬김을 할 때	숨어서 한다.		나타내고 하는 편이다.	

3) 자기가 표시한 것 중에서 시정하고 고칠 수 있는 항목은 어느 것이며, 고치기 힘들
다고 생각하는 것은 어느 것인지, 그리고 그 이유는 무엇인지 서로 이야기를 한다.

4) 다음의 성경에 나와 있는 말씀을 찾아보면서 섬김과 봉사의 원칙을 10개씩 백지
에 적어 본다.

활동지 ⑪-2 섬김의 실천에 관한 성경 구절 찾기

(성경구절) 사무엘상 8장 8절, 전도서 7장 8절, 에베소서 6장 18-19절, 에베소서
4장 2절, 22절, 25절, 골로새서 3장 13절, 23절, 갈라디아서 6장 1-2절, 로마서
12장 3절, 16-17절, 베드로전서 4장 9절, 갈라디아서 5장 13절, 고린도후서 5장
18절, 고린도전서 10장 24절, 14장 12절, 마가복음 6장 2-4절, 23장 10-12절, 요
한복음 13장 14-15절, 누가복음 17장 3-4절, 디모데전서 4장 13절, 디모데후서
4장 2절, 빌립보서 2장 1-4절

5) 자기가 정한 수칙 중에서 지금 그룹원들에게 실천할 수 있는 것들을 하도록 한다.

6) 2인 1조가 되어 서로 대화를 나눈 뒤 행동으로 서로 실천하게 한다. 이때 짝을 지
을 때 무작위로 참여자들이 눈치채지 못하도록 한다. 혹시 마음에 안 드는 사람을
만났을 때는 좋은 섬김의 훈련의 장이 될 수 있음을 주지시킨다.

7) 모두 한자리에 서서 찬양 1곡(예 : '오늘 나는')을 부른 후 평소 섬김과 봉사를 해
주기를 원하는 사람을 찾아 섬김을 실천하도록 한다.

8) 모든 사람은 자신의 신발과 양말을 벗는다.

9) 2인 1조가 되어 서로의 발을 씻은 후 서로의 기도 제목을 나누고 손을 잡고 2분 정
도 기도한다.

10) 이 과정이 끝나면 함께 모여 합심으로 기도한다.

5. 토의 및 평가
둥그렇게 둘러앉아 이 활동에서 갖게 된 서로의 느낌과 생각들을 이야기한다.

제 11 회
닫는 마당 : 내가 본 너, 네가 본 나

※ 참여자들이 노래를 부르면서 마지막 프로그램을 진행한다.

1. 목표
- 긍정적인 피드백을 통해 자신의 장점을 발견함으로써 그것을 더욱 살리고 발전시키면서 긍정적인 자아개념을 갖는다.
- 상호 간에 감사와 애정의 표시를 함으로써 자기이해와 수용 및 친근한 인간관계를 체험한다.

2. 강의 I

우리는 가끔 자신의 긍정적인 면 또는 장점이 많이 있는데도 불구하고 그것을 잘 모르고 자기를 필요 이상으로 낮게 생각하여 발전적 또는 긍정적으로 살아가지 못할 때가 있습니다. 그런 경우에 만약 우리가 자신의 장점이나 긍정적인 면들을 발견하여 그것을 더욱 발전시킬 수 있다면 자아실현에 한 걸음 더 나아갈 수 있게 될 것입니다.

우리가 우리의 장점이 상대편에 의해 지적받게 되면 기분이 좋아지게 될 뿐만 아니라 그 장점이나 긍정적인 면들을 더욱 발전시킬 수 있게 되며 또한 '우리가 사람들에게 줄 수 있는 가장 큰 선물 중 하나는 그의 장점과 긍정적인 소질들을 인정해 주고 그것을 인정해 줄 수 있는 것'이라는 사실을 생각한다면 긍정적 피드백 활동에 큰 의미를 갖게 될 것입니다. 아울러 그렇게 된다면, 자신의 장점이나 긍정적인 면들에 더욱 관심을 기울이게 되고 긍정적인 자기존중감을 갖게 될 것입니다.

3. 활동 I
1) 모든 소그룹 참여자들이 둘러앉는다.

2) 상담자는 각 소그룹 참여자들에게 피드백에 사용될 용지를 참여자의 수만큼 나누어주고 각자가 전체 소그룹 참여자 각각에 대하여 긍정적 또는 부정적 피드백을 기록할 수 있도록 한다. 즉 모든 소그룹 참여자들은 결국 자기 자신의 다른 소그룹 참여자들 각각으로부터 평가를 받게 된다. 가능하면 솔직하고 진지하게 각 소그룹 참여자의 성장·발전을 위한다는 생각으로 평가를 한다.

3) 모든 기록이 끝나면 순서대로 각 소그룹 참여자들에 대하여 자기가 기록한 피드백 용지를 나누어준다.

4. 강의 II

이때까지 우리는 열한 번의 모임을 가지고 인간관계 향상을 위한 여러 가지 학습 경험을 한 셈입니다. 처음에는 어색하던 우리 소그룹도 이제는 상당히 친숙한 분위기로 발전하게 되었습니다. 우리 각자는 나 자신을 보다 더 이해하고 수용하게 되었을 뿐만 아니라 상대방도 이해하고 수용하게 되어 꽤 가까운 느낌을 갖게 되었습니다. 그러나 약속한 기간이 다 지났기 때문에 우리의 학습 집단도 종결을 짓지 않을 수 없게 되었습니다. 우리의 소그룹은 이로써 해체되지만 여기서 학습하고 얻은 결과는 우리의 삶과 과정에서 계속적으로 영향을 미치게 되기를 바라는 마음이 간절합니다.

　따지고 보면, 우리들의 학습은 나 혼자만의 힘으로 이루어진 것이 아닙니다. 우리 모두의 협력을 통하여, 즉 상호 간에 주고받은 도움에 의하여 이루어진 것입니다. 헤어지기 전에 우리는 상호 간에 돕고, 도움 받은 사실에 대하여 다시 한 번 살펴볼 필요가 있습니다. 그리고 서로 감사하는 심정으로 그 사실을 직접 그 대상에게 일려주게 되면 우리의 경험은 한층 더 풍부해질 것입니다.

5. 활동 II

소그룹 지도자는 구성원을 둘러앉게 한 후 한 사람씩 차례로 소그룹 가운데 나와 서게 한다. 다른 모든 참여자들이 차례로 나와서 시선을 부드럽게 마주치며 직접적으로 그에 대하여 좋은 느낌이나 감사한 일에 대하여 이야기를 해 주도록 한다. 가운데 선 사람은 아무 말 없이 그냥 듣고만 있다가 사람들이 이야기를 모두 마친 후에 간단히 몇 마디로 감사 반응을 보이게 된다. 12명의 참여자 모두에게 차례로 같은 방법을 적용한다.

1) 성경 인물 이름 지어 주기

로마 가톨릭 교회를 다니는 사람들은 세례명을 가지고 있습니다. 그들은 이 세례명을 평생 자기의 이름으로 사용하며 그들 간에 이 세례명으로 부릅니다. 그들은 이 세례명을 귀중하게 생각하며 마음에 간직합니다. 그리고 그들은 세례명의 인물을 존경하며 그 사람을 본받기를 원합니다.

그래서 우리들도 집단을 마무리하면서 참여자 서로에게 성경에 나오는 인물 중에 어떤 사람이 되었으면 좋겠는지에 대해서 이야기해 주도록 하겠습니다. 자기가 이야기해 주고 싶은 사람에게 해 주면 좋겠습니다. 그리고 이름을 받은 사람은 '고맙습니다'라고 말씀해 주십시오.

(참여자들이 서로 돌아가면서 참여자가 성경에 나오는 인물 중 어떤 사람이 되었으면 좋겠는지에 대해서 이야기한다. 그리고 그 이유에 대해서 이야기한다. 이름을 지어 주게 하는 의도는 그 사람이 성경 인물 중에 그 사람의 이름을 받았을 때 평생 그 사람을 닮아 가기를 노력할 것이기 때문이다. 저자가 여섯 살 때 나이 많으신 권사님께서 '너는 사무엘과 같구나'라고 하신 그 말씀을 지금도 기억하고 있으며 그 분과 같이 되고자 노력하고 있다.)

2) 마지막으로 참여자 모두가 손을 잡고 자신과 서로를 위해서 기도한다.
3) 모든 사람에게는 긍정적 · 부정적 면들이 많이 있다는 사실을 알고 그것을 지적하거나 지적받을 때의 느낌들을 발표해 보고 또한 이것이 자신을 성장시키고 자아실현과 적응력을 신장시키는 데 도움이 될지를 생각해 본다. 그리고 자신에 대해서 반성할 점이 무엇인지 생각해 본다.

6. 평가(마무리)

촛불 의식을 진행한다.

자기 몸을 말없이 녹이면서 주위를 밝히는 촛불을 나 자신과 연관지어 본다. 세상에 빛이 되는 역할을 하기 위해 말없이 다른 사람을 섬길 것을 다짐해 본다. 나의 삶을 경건하게 엮어 나갈 것을 다짐하며, 나와 너를 있는 그대로 받아들이고, 그래서 '우리'라는 공동체 의식 속에서 진지하고 성숙된 삶이 되도록 노력하겠다는 다짐을 한다. 따라서 앞으로 어떻게 살아갈 것인지를 진지하게 구체적으로 계획할 수 있고 개인의 소중함과 공동체를 향한 모두의 협력 관계가 조화를 이룬다는 것을 안다.

10

하나님과의
관계 증진
프로그램

제 10 장

하나님과의 관계 증진 프로그램

1. 프로그램의 목적

이 프로그램은 집단 참여자들이 소그룹 상담을 통하여 양육자와의 관계에서 형성된 이미지가 자기를 바라보는 틀이 되며, 타인을 바라보는 틀이 되고 또한 하나님을 바라보는 틀이 됨을 자각하고자 한다. 더 구체적으로 말하면 소그룹 참여자가 이 프로그램을 통해 초기 양육자와의 관계에서 형성된 자기 이미지를 자각하고, 자기 이미지가 초기 양육자의 이미지와 연결되어 있음을 자각하게 한다. 또한 자기에게 형성된 하나님 이미지가 초기 양육자와의 관계에서 형성된 것임을 자각하게 한다. 즉 소그룹 상담 수련회 참여자가 이 프로그램을 통하여 자기 이미지와 부모 이미지 그리고 하나님 이미지가 상호 연결되어 있음을 자각하게 하고자 한다. 더 나아가 집단 참여자가 자신에게 형성된 하나님 이미지가 성경에서 말하는 사랑과 수용하심의 이미지가 아니라 왜곡되어 있음을 자각하게 한다. 그리고 이런 왜곡된 이미지를 사랑과 수용함의 경험을 통하여 내면화된 작용모델을 새롭게 변화시키고자 한다.

대상관계 이론에서는 개인의 현재 생활이나 사고방식들이 과거의 중요한 양육자와의 관계에서 형성된 축적물이라고 한다. 개인이 맺고 있는 현재의 인간관계는 그 사람의 과거 중요한 타자와의 관계와 관련이 있다는 것으로 보고 있다. 그러므로 상담 장면에서 '지금-여기'에서 일어나고 있는 일들은 그 사람의 상담 장면 밖의 생활 속에서도 반복적으로 나타나고 있는 것이라고 할 수 있다. 더 나아가 상담 장면에서의 상담자나 참여자들과의 관계는 일상생활에서의 대인관계 양상과 크게 다르지 않다. 결국 이것은 원천적으로 자신의 과거사와 관련이 있다. 따라서 '지금-여기'에서 일어나는 현상들은 결국 자신의 과거사의 축적된 결과라고 말할 수 있다.[1] 이러한 차원에서 볼 때 대상관계 이론을 접목한 소그룹 상담 프로그램을 개발할 수 있는 여지가 생기게 된다. 즉 지금-여기에 중점을 두고 있는 자기성장 프로그램과 인간관계 훈련 프로그램의 여러 가지 방법을 토대로 하여 그 현재 안에 함유되어 있는 과거의 역사를 찾아보고, 이것을 토대로 현재를 이해하고 재조명하는 것이다. 좀 더 구체적으로 말하면 집단 참여자의 현재에 영향을 미치고 있는 초기 양육자와의 관계에서 형성된 틀을 자각하게 됨으로써, 고통스러운 현재로부터 벗어나 사랑과 수용하는 중요한 타자로서의 하나님의 형상을 새로운 내면화된 작용모델로 갖게 함에 있다. 개인에게 있는 하나님의 형상을 내면화된 대상들과 연결해 주고, 그 개인과 관계를 맺고 있는 다른 사람들에게 연결해 주고자 한다. 따라서 소그룹 상담 참여자는 하나님의 형상을 통해 새롭게 형성된 내면화된 작용모델을 통하여 현재의 장을 정립하고 더 나아가 효율적이고 보람 있는 미래의 장을 설계하는 데 도움을 주고자 하는 것이라고 할 수 있다.

이에 대하여 매슬로(A. Maslow)는 내면을 들추어내는 정신치료는 사랑, 용기, 창조력과 호기심을 증진시키는 반면 두려움과 적개심을 감소시킨다고 하였다. 이러한 유형의 치료는 무에서 유를 창조해내는 것이 아니라 이미 개인에게 있던 것을 드러내는 것을 의미한다.[2] 그러므로 변화를 촉진케 하는 한 가지 방식은 이전에 분리된 자신의 부분에 대해 재인식하고, 통합하고, 그리고 자유로운 표현을 하도록 하는 데

---

1 박경순, "대상관계 이론과 게슈탈트 심리치료 기법의 접목을 통한 집단상담 프로그램 개발", 『심리검사 및 상담연구』 4 (1999): 98.

2 A. Maslow, "The Need to Know and the Fear of Knowing," *Journal of General Psychology* 68 (1963): 111-125.

있다.

이러한 관점을 기초로 하여 이 프로그램은 대상관계 이론을 중심으로 하여 초기 양육자와의 관계에서 형성된 이미지를 자각하는 방법의 유형으로, 객관적인 지식이 아니라 주관적인 경험을 중심으로 사용한다. 이 프로그램은 지도자의 강의가 중요한 것이 아니라 참여자들이 스스로 자신의 관계 유형을 탐색하고 긍정적인 관계를 저해하는 걸림돌을 파악하고자 한다. 그리고 집단 참여자 자신에게 형성된 자기 이미지를 자각하고 그것을 소그룹 상담 과정을 통하여 안아 주고 보듬어 주고 수용받는 경험을 통하여 초기 양육자를 새롭게 이해하는 데 목적이 있다.

변화시킬 수 있는 하나의 방법으로는 집단 참여자가 소그룹 상담 과정 중에 초기 양육자와의 관계에서 형성된 자기 이미지를 돌아보게 하고 또한 자기 마음속에 있는 부모 이미지를 자각하게 한다. 이렇게 자기 마음속에 있는 자기 이미지와 부모 이미지를 참여자들에게 이야기하여 그 의미를 자각하게 한다. 이런 과정을 통하여 참여자들 간에 안아 주고, 보듬어 주고, 있는 그대로 수용함을 받는 새로운 경험을 하게 한다. 이런 과정을 통하여 집단 참여자는 현재 자신의 성격 형성에 중요한 영향을 주었던 부모를 새롭게 이해하고자 한다. 또 다른 하나는 이런 경험을 효과적으로 수행하기 위해 그리스도인들에게 의미 있는 타자인 하나님에 대한 올바른 이해를 경험하도록 한다. 이 하나님의 형상이 개인의 삶과 정체성 형성에 지속적인 영향을 끼친다고 할 수 있다. 그러므로 집단 참여자가 자기 속에 내면화된 하나님 이미지를 자각하고, 종교적 가르침을 통해 새로운 이해를 얻게 하여 왜곡된 하나님의 형상을 변화시키고자 한다. 이런 새로운 이해를 통하여 자아기능과 대상관계를 향상시키고자 하는 것이 이 프로그램의 목적이다.

2. 프로그램의 구성 및 내용

이상에서 살펴본 바와 같이 개인이 하나님을 의미 있는 타자로 알고 있고, 그 하나님
으로부터 사랑과 수용함을 경험한 사람들은 그 경험을 중간 경험으로 삼아 하나님
을 모델로 삼고자 한다. 그러므로 중요한 타자로부터 사랑받고 수용함을 경험한 적
이 있는 사람은 내면화된 작용모델을 새롭게 형성하기 훨씬 쉽다고 할 수 있다. 이를
위하여 다음과 같은 세 가지 기본 요소를 중심으로 이 프로그램은 구성되었다. 하나
님과의 관계 증진을 위한 소그룹 상담 프로그램의 원리는 자기 이미지, 부모 이미지,
하나님 이미지로 나눌 수 있다. 다시 세부적으로 설명하면 '자기 이미지'는 현재 자
신이 맺고 있는 인간관계의 패턴을 중심으로 다루고, '부모 이미지'에서는 초기 양육
자와의 관계를 중심으로 다루며, '하나님 이미지'에서는 하나님과의 관계를 중심으
로 다룬다. 이상의 구조를 아래 그림과 같이 나타낼 수 있다.

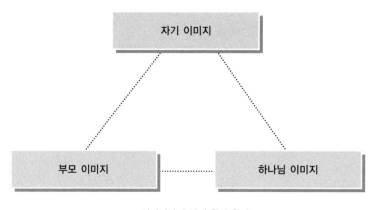

▲ 하나님과의 관계 향상 원리

그러므로 하나님과의 관계 향상을 위한 프로그램의 기본 구성요소는 자기 이미
지, 부모 이미지, 하나님 이미지이며, 이들 세 요소는 독립적인 것이 아니라 서로 연
결되어 있다.

프로그램의 이론적 배경에 따라 대상관계 이론을 중심으로 개발된 하나님과의 관계 증진을 위한 소그룹 상담 프로그램은 크게 자기 이미지, 부모 이미지, 하나님 이미지 등 세 영역으로 프로그램을 개발하였다. 더 구체적으로 말하면 '자기 이미지'는 현재 자신이 맺고 있는 인간관계를 중심으로 프로그램을 구성하였고, '부모 이미지'는 초기 양육자와의 관계를 중심으로 프로그램을 구성하였고, '하나님 이미지'에서는 하나님과의 관계를 중심으로 프로그램을 구성하였다.

이상에서 살펴본 바와 같이 이 프로그램의 1단계는 자기 이미지이다. 1단계에서의 각 회기별 주제는 내 마음속에 느끼는 자기 이미지, 친구와의 관계 패턴, 중요한 파트너와의 관계이다. 2단계는 부모 이미지이다. 2단계에서의 각 회기별 주제는 내 마음속에 느끼는 부모 이미지, 초기 양육자와의 관계, 부모와의 관계이다. 마지막으로 3단계는 하나님 이미지이다. 3단계에서의 각 회기별 주제는 내 마음속에 느끼는 하나님 이미지, 하나님을 어떻게 보고 있을까?, 사랑과 수용하심의 하나님 체험하기 등을 세부 내용으로 하였다.

이상과 같은 목적과 목표를 가지고 이 프로그램은 모두 11회로 구성하였고, 크게 보면 세 가지 하위 프로그램, 즉 자기 이미지, 부모 이미지, 하나님 이미지로 이루어져 있다. 1회기와 11회기는 각각 시작과 종결 단계이다. 프로그램의 회기별 목표 및 내용은 〈표 2〉에 정리하였다.

하나님과의 관계 향상 프로그램의 회기별 목표 및 내용

〈표 2〉

회기	단계	제목	목표 및 내용	시간
1	도입	프로그램 안내 및 자기 소개	이 프로그램의 이해를 돕고 자기 소개를 통하여 참여자 간의 이해 및 신뢰감의 발달을 돕는다.	100분
2		내 마음속에 느끼는 자기 이미지	자신에게 내면화된 자기 이미지를 이해하고 자각한다.	100분
3	자기 이미지	친구와의 관계	대인관계를 맺어 가는 자신의 행동 패턴에 대해서 이해한다.	100분
4		중요한 파트너와의 관계	이성관계에 중요한 영향을 미치는 자신의 대상관계를 이해하고, 이성관계에 대한 깊은 동기와 태도에 따른 바른 통찰과 이해를 갖는다.	100분
5		내 마음속에 느끼는 부모 이미지	유아기 때 자신을 돌보아 주던 부모님에 대한 이미지가 무엇인지를 자각한다.	100분
6	부모 이미지	초기 양육자와의 관계	대상관계에서 중요한 3세까지의 자신의 성장 과정과 환경이 자신에게 미친 영향에 대해서 자각한다.	100분
7		부모와의 관계	어린 시절에 자신에게 가장 중요했던 억압된 감정이 무엇인지를 자각한다.	100분
8		내 마음속에 느끼는 하나님 이미지	자신에게 형성된 하나님의 이미지를 통하여 초기 양육자와의 관계에서 가지게 된 자기표상과 타인 표상을 자각한다.	100분
9	하나님 이미지	하나님을 어떻게 보고 있을까?	역할극을 통해서 하나님에 대한 왜곡들을 검토한다.	100분
10		새로운 하나님과의 관계	중요한 타자로서 하나님의 사랑과 수용하심의 경험을 통하여 새롭게 내면화된 작용모델을 형성한다.	100분
11	마무리	마음 전하기	지금까지의 소그룹 상담 과정에서 자신의 변화된 모습을 바라보고, 참여자들에게 자신의 감정을 전달하고 지금까지의 학습 경험을 나눈다.	100분

※ 이 프로그램의 활동은 크게 자기 이미지, 부모 이미지, 하나님 이미지로 구성하여 진행하였다.

3. 프로그램의 실제

———————— 제 1 회 ————————
프로그램 안내 및 자기 소개

1. 목표

이 프로그램의 이해를 돕고 자기 소개를 통하여 참여자 간의 이해 및 신뢰감의 발달을 돕는다.

2. 준비물

명찰, 크레파스, 매직, 핀

3. 강의

안녕하세요? 반갑습니다. 오늘부터 우리는 보다 생산적인 삶을 위하여 11회에 걸쳐 여러 가지 삶의 이야기를 나누며 함께하는 시간을 갖게 되었습니다. 아마 여러분은 이러한 소그룹 상담에 대하여 생소하고 어색하게 생각하고 계실 것입니다. 그 이유는 지금까지 우리가 경험한 교육은 교사에 의하여 일방적으로 지식을 전수받는 방식이었기 때문입니다. 그러나 이 시간부터 우리는 매 회마다 프로그램을 위한 약간의 강의가 있은 후 함께 활동에 참여하게 될 것입니다. 그리고 마지막으로 자기가 경험한 느낌과 소감을 나누고 그날의 활동에 대한 평가 시간을 갖도록 하겠습니다. 상담 장면에서의 지도자나 참여자들과의 관계는 일상생활에서의 대인관계 양상과 크게 다르지 않고, 이것은 결국 원천적으로 자신의 과거사와 관련이 있습니다. 따라서 지금-여기에서 일어나는 현상들은 결국 자신의 과거사의 축적된 결과라고 말할 수 있을 것입니다.

그러므로 이 프로그램에서 자기를 지각한다는 것은 어린 시절의 중요한 대상인 양육자와의 관계를 통해 현재 자기에게 형성되어 있는 이미지를 지각하는 것이라고 할 수 있습니다. 다시 말해 자신 안에 함유되어 있는 과거의 역사를 찾아보고, 이것을 토대로 현재의 자기 이미지를 이해하고 재조명하는 것입니다. 이는 더 나아가서 자신의 현재 삶에 영향을 미치고 있는 과거의 부분을 자각하게 됨으로써 고통스러운 현재로부터 벗어나고자 하는 것입니다. 이것을 위하여 그리스도인들이 중요한 타자로 삼고 있는 하나님을 사랑과 수용하시는 분으로 새롭게 내면화된 작용모델로 가짐으로써 자기 자신을 이해하는 데 도움을 받을 수 있습니다. 우리는 이 프로그램을 통하여 현재의 장을 정립하고 더 나아가 효율적이고 보람 있는 미래의 장을 설계하는 데 도움을 받을 수 있을 것입니다.

이런 관점을 기초로 하여 이 프로그램은 대상관계 이론을 중심으로 하여 자기 마음에 있는 이미지를 자각하는 방법으로, 객관적인 지식이 아니라 주관적인 경험을 중심으로 사용합니다. 지도자의 강의가 중요한 것이 아니라 참여자들이 스스로 자신의 관계 유형을 탐색하고, 긍정적인 관계를 저해하는 걸림돌을 파악하고, 자기 자신을 이해하고 그 소그룹 상담 과정을 통하여 사랑과 수용함을 받는 경험이 핵심입니다. 그러므로 이 소그룹 상담에서 사랑과 수용함의 경험을 통하여 자기 자신이 느끼고 있는 자신의 이미지를 자각하고자 합니다. 그리고 그 경험을 효과적으로 수행하기 위해서 예수님을 구세주로 믿고 있는 그리스도인들에게 있어서 중요한 타자인 하나님에 대한 올바른 이해를 경험하도록 하였습니다.

이 프로그램은 주로 경험 중심의 활동과 이를 근거로 한 '여기-지금', '나-너'의 느낌과 생각을 다루는 형식으로 진행되기 때문에 각자는 몸과 마음을 투입하여 적극적으로 참여해야 합니다. 이 과정을 통하여 강의를 이해하고 활동에 적극적으로 참여하여 자기이해를 생활 속에서 실현한다면 더욱 건강하고 정진하는 인생을 살 수 있을 것입니다.

이를 위하여 이 프로그램은 전체 11회로 구성되어 있으며 매 회기는 100분으로 진행됩니다. 그리고 각 회기마다 정해진 주제에 따라 강의를 듣고, 우리들의 생각이

나 느낌들을 함께 나누는 활동이 포함됩니다. 이때 강의 시간에는 해당 회기의 목적 달성을 위한 주제 또는 개념 설명을 하게 되며, 활동 시간에는 참여자 스스로 체험과 연습을 통해 자기 자신에 대해서 자각하고 참여자 간에 신뢰감을 익히고, 나눔의 시간에는 참여자 개인의 경험을 나눕니다.

이 프로그램은 자기 이미지, 부모 이미지, 하나님 이미지로 구성되어 있고, 좀 더 구체적으로는 현재의 인간관계, 초기 양육자와의 관계, 하나님과의 관계라는 세 가지 하위 프로그램으로 이루어져 있습니다.

먼저, 프로그램의 1단계인 '자기 이미지'에서는 현재 자신이 맺고 있는 인간관계를 중심으로 내 마음속에 느끼는 나의 이미지, 친구와의 관계, 중요한 파트너와의 관계로 본 현재 자신이 맺고 있는 인간관계를 통하여 현재 자신의 이미지를 자각하는 프로그램으로 구성하였습니다. 프로그램의 2단계인 '부모 이미지'에서는 초기 양육자와 맺은 관계를 통하여 자기 이미지를 자각하는 프로그램을 구성하였습니다. 2단계에서는 내 마음속에 느끼는 부모 이미지, 3세까지의 성장 과정, 부모와의 관계를 통하여 현재 자신이 맺고 있는 인간관계에 영향을 끼치고 있는 초기 양육자와의 관계를 살펴봅니다. 프로그램의 3단계인 '하나님 이미지'는 하나님과 관련된 프로그램 영역으로서 내 마음에 느끼는 하나님 이미지, 하나님의 성품 이해하기, 사랑과 수용하심의 하나님 체험하기로 구성하여 중요한 타자로서의 하나님을 바르게 이해하고자 합니다.

우리는 처음 만났기 때문에 서로 잘 모를 것입니다. 따라서 집단의 분위기도 어색할 수밖에 없습니다. 그러므로 우리들 상호 간에 자기에 관한 이야기를 교환한다면 상대를 이해하는 데 도움이 될 뿐만 아니라 그러한 과정에서 자신을 다시 생각해 보고 정리해 봄으로써 자기 자신을 바라보는 데 많은 도움을 얻게 될 것입니다.

자신을 소개할 때는 부담감 없이 편한 마음으로 자신이 할 수 있는 내용을 선택하는 것이 바람직합니다. 왜냐하면 처음 만난 자리에서 사적인 깊은 차원의 자신의 고민이나 갈등에 관계되는 이야기를 하면 오히려 상대방이 당황할 우려가 있기 때문입니다. 자기 소개 내용과 방법은 다양하겠으나 오늘 우리들은 다음과 같은 내용과 방법으로 자기 소개의 활동을 진행하기로 해 보겠습니다.

아울러 프로그램에 참여할 때 마음에 새겨 두어야 할 사항이 있습니다.

1) 비밀 지키기

집단 안에서 거론된 모든 이야기는 다른 사람이나 모임 밖의 사람들에게 이야기 하지 않아야 합니다. 이 원칙을 철저히 지켜서 모든 참여자의 사적 비밀이 보장되어야 합니다. 이것은 반드시 지켜져야 합니다. 당신이 이곳을 떠나도 듣고 본 것들은 여기에 남아야 합니다. 이는 필수적입니다.

2) 개근상 타기

모임이 진행되는 동안 결석하지 않도록 합니다.

3) 자발적이고 개방적이고 적극적으로 참여하기

자신에 관한 것들만을 이야기합니다. 다른 사람의 이야기를 하지 말아야 합니다. 그리고 자신에 대해 다른 참여자에게 솔직하게 알리고 적극적으로 임하도록 합니다.

4) 참여자들에 대해 성급하게 판단하거나 평가하지 않기

참여자들이 이야기하는 내용에 대하여 자기 자신의 생각대로 성급하게 판단하지 않도록 합니다.

5) 자신의 감정에 정직하면서 배우고자 하는 자세로 임하기

4. 활동

1) 워밍업으로 '심리 놀이'를 한다 — 손수건을 이용한 놀이

① 두 사람이 짝이 되어 손수건을 하나 준비한다. ② 서로의 손을 잡는다(두 사람 가운데 손이 따뜻한 사람이 있고 차가운 사람이 있다). ③ 먼저 손이 따뜻한 사람이 손수건을 말아서 손이 차가운 사람의 손목을 묶을 수 있을 정도로 준비를 한다. ④ 손이 따뜻한 사람이 지도자의 '시작'이라는 신호와 함께 상대방의 손목을 손수건으로 빠르게 묶도록 한다. 이때 상대방은 손목이 손수건에 묶이지 않도록

재빠르게 손을 뺀다. 이 놀이를 통하여 어색한 분위기와 함께 서로의 마음의 문을 열도록 한다.

2) 모두 잘 보이도록 둥글게 앉는다.

3) 집단에서 불렸으면 하는 자신의 별칭을 짓는다(이때 잔잔한 명상 음악을 준비한다). 여기서는 지위나 학벌, 성별, 나이에 관심을 두지 않고 동등한 인격체로서의 만남을 위해 새로운 모습의 자기로 불리고 싶은 별칭을 선택하도록 한다. 별칭을 짓기 전에 지도자는 참여자들 앞에서 다음과 같은 말을 통하여 참여자들이 명상을 통하여 편안한 마음을 갖도록 도와준다.

"자! 다같이 눈을 감고 편안한 자세를 취해 봅니다. 눈 감는 것이 불편한 사람은 감지 않아도 좋습니다. 편안해질 때 천천히 감으셔도 좋습니다. 편안한 상태에서 천천히 크게 숨을 들이마셨다가 천천히 내쉽니다. 다시 한 번 천천히 크게 들이마셨다가 천천히 내쉽니다. 그러면서 온몸에 있는 긴장을 하나씩 풀어 줍니다. 머리, 어깨, 그리고 팔, 손, 손가락으로 숨을 크게 들이마셔서 이곳에 숨을 보내 줍니다. 다시 숨을 크게 들이마셔서 등, 허리, 다리, 무릎, 그리고 발, 발가락까지 천천히 숨을 보내 줍니다. 나는 점차로 편안한 사람이 되어 가고 있습니다. 내 몸 어느 곳에 긴장이 풀리지 않은 부분이 있습니까? 숨을 크게 들이마셔서 그곳으로 호흡을 보내 주십시오. 다시 한 번 숨을 크게 들이마셔서 따뜻한 호흡을 보내 주십시오. 긴장이 풀릴 때까지 반복해 주십시오. 이제 나는 편안한 사람이 되어 있습니다. 세상에서 가장 편안한 사람이 되어 있습니다. 내 머릿속에 떠오르는 생각이 있습니까? 생각을 붙잡지 말고 그냥 흘러왔다 흘러가게 두십시오. 생각을 붙잡지 말고 그냥 바라보십시오. 내 마음속에 차오르는 느낌이 있습니다. 느낌을 붙잡지 말고 흘러왔다 흘러가게 그대로 두십시오. 느낌을 붙잡지 말고 그냥 바라보십시오. 그대로 그 상태에 머물러 주십시오. 이제부터 여러분은 자신의 새로운 이름을 하나씩 정하게 됩니다. 현재 가지고 있는 이름과 그 이름들이 주는 역할들을 떠나서 자신의 새로운 이름을 하나씩 만들어 보십시오. 무엇이든 좋습니다. 지금 자신이 되고 싶은 것을 생각하십시오. 나는 이번 소그룹 상담을 통해서 무엇이 되고자 하는지에 대해서 목표를 삼으십시오. 소그룹 상담을 통해서 자기 자신에 대한 어떤 점을 이해하고 싶은지에 대해서 생각해 보십시오. 그 목표를 가장 잘 나타낼 수 있는 것을 생각해 보십시오. 무엇이든 좋습니다. 구름이나 강물과 같이 자연의 이름을 따오셔도 좋습니다. 아니면 평소 자신이 생각해 왔던 단어여도 좋습니다. 또한 자신이 감명 깊게 읽었던 책이나 영화 속에 나오는 인물이나 사물이어도 괜찮습니다. 그것을 본 느낌을 한 단어로 표현하셔도 괜찮습니다. 어느 것이든 상관없습니다. 오늘 이 시간에는 누군가가 지어 주어서 지금까지 누군가에게 불린 이름이 아니라, 내가 내 이름을 새로이 짓는 것입니다. 나를 표현하고 나를 나타낼 수 있는 이름을 내가 지어 보는 시간입니다. 그리고 우리는 집단에서 이 이름을 부르게 될 것입니다. 오늘 이 시간부터 우리끼리는 '홍길동'이 아닌 내가 지은 이름으로 불리게 될 것입니다. 자, 시간은 충분히 드릴 것입니다. 천천히 생각해 주십시오."

이렇게 참여자들에게 별칭을 짓게 하는 것은 평소에 불리는 이름을 사용하지 않음으로써 현재 자신의 역할이 가지고 있는 방어의 옷을 벗고 자신의 진정한 욕구를 자각할 수 있는 계기를 마련하고자 하는 의미가 있다. 참여자의 구성은 동질적일 수도 있지만 대개는 다양한 사회 구성원들이 하나의 집단을 이루게 되는데, 별칭을 지으면 사회 · 경제적인 역할과 그것의 차이에서 오는 이질감을 배제하는 데 매우 유용하다. 특히 집단 안에서는 동등한 인격을 가진 존재로 인식하고 집단 활동에 참여하자는 의도가 내포되어 있다. 따라서 집단이 시작되기 전에 집단 밖에서의 상하 관계를 벗어나게 하고, 한결 평등한 관계로 상호작용하게 된다. 또한 이름과는 달리 별칭이 불리게 됨으로써 있는 그대로의 나의 모습으로 다가갈 수 있다. 그러므로 소그룹 상담이 진행되는 동안 있는 그대로의 모습으로 다가갈 때 수용되고 안아 주는 것을 경험할 수 있게 하고자 하는 의도가 있다.

4) 지도자가 볼 때 참여자들이 어느 정도 별칭을 다 지은 것 같으면 각 참여자에게 나누어준 이름표에 별칭을 크고 진하게 써서 모든 참여자들이 볼 수 있도록 가슴에 달도록 한다. 지도자도 별칭을 기록해서 단다.

5) 각자 자신이 선택한 별칭에 대하여 그 연유를 설명하도록 한다. 그리고 이 소그룹 상담 프로그램에 참여하게 동기에 대해서도 말하게 한다.

"이 시간을 통해서 자신이 별칭을 짓게 된 연유와 왜 자신이 이 프로그램에 참여하게 되었는지 그 동기와 프로그램에 대해 가지는 두려움이나 불안감이 있으면 이야기하도록 합니다."(이때 지도자는 참여자들이 돌아가면서 발표하는 별칭에 대해서 많은 관심을 가져야 한다. 지금-여기에서의 별칭이 그 사람의 역동을 읽을 수 있는 자료가 될 수 있기 때문이다. 별칭은 그 사람의 많은 부분을 이미지로 말해 준다. 이를 통해서 가설을 세우고 내담자의 역동을 이해할 때 치료 중기 이후의 좀 더 적절한 언급을 해 줄 수 있다.)

6) 별칭으로 이야기 만들어 가기

한 참여자가 자신의 별칭을 사용하여 하나의 이야기를 만들면, 그 옆에 있는 참여자가 연이어 앞의 이야기에 맞게 자신의 별칭을 넣어 이야기를 만들어 간다. 그 참여자가 끝나면 계속하여 옆의 참여자가 같은 방법으로 이야기를 만들어 간다(이 놀이에서는 낯선 사람들이 놀이를 통해 서로의 별칭을 익혀 가면서 친밀감을 형성하도록 하고자 한다).

5. 토의 및 평가

이 회기의 활동이 끝나면 전체 집단으로 모여 앉아 활동 이전과 과정 그리고 끝난 후와 관련 지어 자신의 느낌이나 생각 또는 참여자들에게 하고 싶은 말을 하게 한다. 어느 정도 평가가 이루어졌다고 판단될 때 지도자는 이 회기의 학습 과정을 요약하고 다음 시간을 예고한 후 학습을 마친다.

─────────── 제 2 회 ───────────
내 마음속에 느끼는 자기 이미지

1. 목표
자신에게 내면화된 자기 이미지를 이해하고 자각한다.

2. 준비물
크레파스, 필기도구, A4 용지, 활동지, 풀

3. 강의
미국의 유명한 외과 의사인 몰츠(Maxwell Maltz) 박사는 그의 책 『성공의 법칙(Psy-cho-Cybernetics)』에서 턱뼈를 깎고 흉터를 고치는 등의 방법이 아닌, 각자의 마음속에 그리고 있는 자신의 이미지를 바꾸는 방법을 통한 인간 개조의 가능성을 모색하였습니다.

몰츠 박사는 모든 인격도 육체처럼 얼굴을 가지고 있다고 말합니다. 바로 인격의 감정적인 얼굴이 변화의 열쇠를 쥐고 있다고 말합니다. 자신의 내면화된 이미지가 상처 나고 일그러진 채로 남아 있으면, 외모가 아무리 변한다 해도 여전히 탈선을 계속합니다. 그러나 인격의 얼굴이 재구성되고 감정의 상처가 제거되면 그는 변화할 수 있습니다.

내면화된 이미지란 무엇일까요? 자신에 대한 내면화된 이미지는 자신에 대한 스스로의 느낌과 이미지에 기초합니다. 이미지와 감정의 조화를 설명하기 위해서, '느낌-개념', '개념-느낌'이라는 복합어를 생각해 봅니다. 자기 이미지란 정신적인 자화상과 감정적인 느낌을 모두 포함합니다. 여러분은 여러분 자신에 대한 '개념-느낌', '느낌-개념'의 전반적인 체계를 가지고 있습니다. 이것이 인격의 핵심입니다.

자신에 대한 이미지와 느낌이 여러분 인격의 깊은 곳에 담겨 잠재해 있습니다.

결국, 여러분의 실제가 그와 같이 변화되고 그런 느낌으로 바뀝니다. 여러분이 자신에 대해서 보고 느낀 바는 대인관계와 하나님과의 관계를 결정하는 중요한 요소가 됩니다.

대인관계가 원만하지 못한 사람은 어떤 사람일까요? 스스로를 사랑하지 못하는 사람들이라고 할 수 있습니다. 자신을 사랑하지 못하므로 자연히 다른 사람을 사랑할 수 없고, 대인관계도 원만할 수 없게 됩니다. 이처럼 자신을 사랑하지 못하는 것이 대인관계를 심각하게 손상시키고 무너뜨리는 것입니다. 그러나 만일 우리가 자기 자신에 관한 여러 가지 사실에 대하여 정확하게 이해할 수 있다면 우리는 보다 바람직한 삶을 꾸려 갈 수 있을 것입니다. 이렇듯 내가 누구인지를 아는 것은 대단히 중요합니다. 자기를 이해한다는 것은 어떤 일을 행함에 있어 중요한 영향을 미칩니다. 우리는 언제나 현재의 나의 모습을 발견하면서 나는 어디까지 와 있으며, 현재의 모습에서 더 발전시켜야 할 부분은 어떤 것이고, 또 버려야 할 것은 무엇인가 하는 검토가 늘 있어야 합니다.

그러므로 자신이 누구인지를 아는 것은 다른 사람과의 관계를 향상시키는 데 있어서 대단히 중요합니다. 특별히 자기 자신이 가지고 있는 자신의 이미지에 대해서 안다는 것은 더욱 자기 자신의 건강에 도움이 된다고 할 수 있습니다. 자기 자신이 누구인지를 안다는 것은 자기가 자신에 대해서 어떻게 생각하고, 느끼고, 원하고, 믿고, 가치를 두고, 경험한 것을 함께 나눈다는 의미가 포함되어 있습니다.

자기 자신의 모습을 이해하고, 타인과 함께 자신의 과거 경험을 나눌 때 그 개인에 대해 좀 더 깊이 이해하게 됩니다. 이와 같이 자기 이미지는 자신과 타인과의 관계에 영향을 주는 중요한 요소 가운데 하나입니다. 이 자기 이미지는 과거 양육자와의 관계에서 형성되며 자기 자신이 어떤 존재인지에 대한 자각으로 이것은 여러 생활에서 나 자신의 반응을 결정합니다. 이 자기 이미지는 자기 자신을 보는 이미지일 뿐만 아니라 다른 사람을 보게 되는 하나의 거울 역할을 하는 것이 됩니다. 다시 말하면 우리는 모두 자신이 어떤 종류의 능력을 가진 사람인지에 대한 위치를 택한 다음 이에 대한 결론을 내립니다. 우리가 내리게 되는 우리들 자신에 대한 결론은 어머니가 우리를 어떤 사람으로 생각하면서 우리를 키웠느냐와 밀접한 관계가 있습니다. 이는 곧 우리의 능력과 관련된 어떤 말을 어머니로부터 가장 많이 들었느냐가 결국 우리가 우리들 자신을 어떻게 생각하고 느끼느냐의 기본적인 틀이 된다는 것입니다. 그래서 이번 회기에서 우리가 할 주된 일은 자기 자신과 참 만남을 가지는 것입니다.

4. 활동

1) 워밍업으로 심리 놀이를 한다—별칭 이어가기

참여자들이 '별칭 이어가기' 놀이를 한다(이 놀이는 참여자 안의 낯선 사람들이 놀이를 통해 서로의 별칭을 익혀 가면서 친밀감을 형성하는 것이 목적이다.) "지금부터 오른쪽부터 돌아가면서 우리 모든 참여자의 이름 이어가기 게임을 하겠습니다. 'OO 옆에 있는 OO입니다', 그 옆에 앉은 사람은 'OO 옆에, OO 옆에 있는 OO입니다'라는 방법으로 모든 참여자들이 참여자의 별칭을 불러 주고 기억합니다."

2) 잠시 둘러앉아 조용한 가운데 눈을 감게 한다. 그리고 '나는 누구인가?' 명상을 하게 한다. 이때 잔잔한 음악을 틀어 준 후 지도자는 아래의 글을 읽는다.

"이번 회기에서 우리가 할 주된 일은 자기 자신과 참 만남을 가지는 것입니다. 스스로에게 물어보십시오. 나는 누구인가? 나는 나를 누구라고 생각하는가? 나는 어떤 사람이라고 생각하는가? 나는 내 마음속에 간직하고 있는 나의 이미지를 그림으로 나타낸다면 어떻게 나타낼 것인가? 이 몸뚱이 안에 살고 있는 사람은 누구인가? 나에게 중요한 것은 무엇인가? 나는 누구를 사랑하는가? 나는 삶에서 진정 무엇을 원하는가? 우리가 너무나 자주 그 뒤에 숨곤 하는 가면을 벗고, 우리의 가장 깊은 곳, 가장 진실한 마음 안에서 어떠한 일이 일어나고 있는지 발견하도록 노력해야 합니다."

조용히 자신을 돌아볼 수 있는 충분한 시간을 준다. 이때 계속 잔잔한 음악을 틀어 준다.

3) '진정한 나'라는 시를 읽어 준다.

진정한 나를 알고 싶지 않으세요.

한번 내 마음을 털어놓고 싶어요.

더 이상 내게 속지 마세요.

내가 쓰고 있는 가면 때문에 말이에요.

나는 벗기 두려운 가면을 쓰고 있어요.

참된 나란 존재는 찾아보기 힘들어요.

내가 행복하고 평화스럽게만 보이죠?

겉과 속이 흔들리지 않는 것처럼 보이죠? 실은 그렇지 않아요.

나는 어두운 암흑 속에서 생활하는 시간이 더 많지요.

겉보기에 매끈하고 평온하며 자신만만해 보이는

태도 속에는 만족도 참 평화도 없어요.

껍데기 속에 가려진 진짜 나는 혼란, 공포, 외로움을 겪고 있어요.

그러나 난 이것을 애써 감추곤 하지요.

아무에게도 알려주고 싶지 않기 때문이지요.

나의 허약함이 누구에게 드러날 것이란 생각만 해도 겁이 나요.

그렇기 때문에 어쩔 수 없이 나는

이 마음을 숨기기 위해 가면을 만들어야 했지요.

나는 그 가면 마스크 뒤에 숨어 있어요.

4) 내 마음속에 느끼는 자신의 이미지를 그림으로 표현하게 한다(잔잔한 음악을 준비한다. 이때 지도자는 A4 용지와 크레파스를 참여자들에게 나누어준다).

5) 그림 그리기가 어느 정도 되었을 때 집단 지도자는 그림 그리기가 끝난 참여자들에게 활동지 ❶을 나누어준 후 기록하게 한다(이때도 역시 잔잔한 음악을 준비한다).

"자신이 생각하는 자신의 이미지에 대해서 간단히 써 보세요. 여러분 스스로 자기가 본 자기 이미지, 여러분은 자기 자신을 어떤 사람이라고 생각하십니까? 특히 자신의 성격이나 대인관계가 어떻다고 생각하십니까? 자신에 대해 말을 많이 하지만 막상 글로 쓴다든지 자신의 생각을 정리해 볼 기회가 적음을 인식하고 자신에 대해서 멋진 강의를 한다는 마음으로 간단하게 자신이 생각하는 자신의 이미지에 대한 중요한 측면을 적도록 하여 이를 발표합니다."

활동지 ❶

활동 1. 내 마음속에 느끼는 나의 이미지는?

▶ 당신은 자신을 어떤 느낌으로 바라보나요? 자신에 대해서 어떤 이미지를 받나요? 이 두 질문에 답하기 위해 아래 공간을 이용하십시오.

"당신이 스스로를 생각할 때, 자신은 어떠한 사람이라고 생각하나요? 자신이 생각하는 자신의 이미지에 대해서 간단히 써 보십시오. 이는 자기 자신이 마음속에 느끼는 자기가 본 자기 이미지를 말합니다. 당신이 스스로를 생각할 때 자기 자신은 어떠한 사람이라고 생각하십니까? 특히 자신의 성격이나 대인관계가 어떻다고 생각하십니까? 자신에 대해 말을 많이 하지만 막상 글로 쓴다든지 자신의 생각을 정리해 볼 기회가 적음을 인식하고 자신에 대해서 멋진 강의를 한다는 마음으로 자신이 생각하는 자신의 이미지에 대한 중요한 측면을 적어 보십시오."

----

6) 내가 나의 모습을 발표하게 한다 ― 자기가 그린 자기 이미지 그림과 글을 함께 발표하게 한다. 소그룹 지도자가 판단할 때에 기록이 다 되었다고 생각하면 다음과 같이 말한다.

여러분이 이 시간을 통하여 특별히 자기 자신에 대해서 고민하고 많이 생각했을 것이라 생각합니다. 이제 내가 본 나의 모습을 다른 사람과 함께 나누는 시간을 가지겠습니다. 내가 나를 어떻게 생각하고 있는지를 알림으로써 다른 사람들이 나를 이해하는 데 많은 도움이 될 것입니다. 또한 다른 사람들은 자기 자신을 어떻게 생각하고 있는지 들을 때에 그 사람에 대해서 좀 더 알 수 있는 시간이 될 것입니다."

이때 소그룹 지도자는 모든 참여자들이 다 참여할 수 있도록 배려한다. 자유롭게 이야기할 수 있도록 한다.

7) 활동을 다 마친 후 활동지와 그림을 벽에 붙여 놓는다(이렇게 자신이 그린 그림을 벽에 붙여 놓는 이유는 5회기와 8회기 때 부모 이미지와 하나님 이미지를 함께 보면서 이야기하게 하기 위해서이다. 이렇게 3개의 이미지 그림을 참여자 자신들이 보면서 이야기를 하면 쉽게 연결점을 찾을 수 있다).

5. 토의 및 평가

이 회기의 활동이 끝나면 전체 집단이 모여 앉아 활동 이전과 과정 그리고 끝난 후와 관련지어 자신의 느낌이나 생각 또는 참여자들에게 하고 싶은 말을 하게 한다.

어느 정도 평가가 이루어졌다고 판단될 때 지도자는 이 회기의 학습 과정을 요약하고 다음 시간을 예고한 후 학습을 마친다.

--- 제 3 회 ---
친구와의 관계

1. 목표
대인관계를 맺어 가는 자신의 행동 패턴에 대해서 이해한다.

2. 준비물
필기도구, 활동지

3. 강의
오래 사귄 친구는 본래 나를 아끼고 소중히 할 수 있도록 도와주고, 새로운 친구는 지금까지 몰랐던 나의 새로운 면을 발견할 수 있도록 도와줍니다. 그러므로 오랜 친구와 새로운 친구 모두 다 소중합니다.

'왜 나는 친구가 없을까?' 하고 고민하는 사람들이 있습니다. 그 이유는 간단합니다. 친구를 사귀는 방법을 모르기 때문입니다. 자기 마음에만 들면 친구가 되는 게 아닙니다. 친구가 없는 사람은 친구와 관계를 맺어 가는 자신의 행동 패턴에 대해서 뒤돌아볼 필요가 있습니다.

사람은 친구와 관계를 맺어 가는 특별한 패턴이 있습니다. 그 사람은 어떤 특별한 친구와 관계를 맺어 갈 때 힘들어하는 모습을 발견합니다. 그 사람의 친구관계 패턴은 여러 사람과 두루두루 사귀는 스타일입니다. 많은 사람들과 원만한 관계를 맺고는 있지만 특별히 어떤 한 사람과 깊이 있는 사귐을 가지지는 못합니다. 그 사람은 어린 시절부터 이 집 저 집으로 떠돌이 생활을 하였다고 합니다. 그는 초등학교를 4번이나 전학을 하였다고 합니다. 그러므로 어린 시절부터 친구와 친하게 지내려고 하면 이사를 가야 하고, 그 친구와 오래 사귀지 못하고 헤어져야 하는 아픔을 겪었다고 합니다. 그러므로 친구를 깊이 있게 사귀는 것이 오히려 그에게는 어색하고 힘이 들었다고 합니다. 그는 그 자신이 친구를 깊이 있게 사귀는 것이 오히려 부담스럽고 힘이 들었다고 고백하였습니다.

이처럼 인간관계를 맺는 패턴이 학습된 능력이라고 할 때, 그 기초는 초기 양육자와의 관계로부터 시작된다고 할 수 있습니다. 우리들이 지금 하고 있는 대상관계 이론에서 말하는 대상관계란 한 사람이 다른 사람과 특수하며 긍정적인 정서적 유대를 형성하는 과정을 말합니다. 생애 초기의 대상관계가 성장 후의 사회적 상호작용 능력과 성인기의 친밀한 인간관계 형성 능력을 가능하게 해 준다고 할 수 있습니다. 이처럼 일생 동안의 대인관계 패턴은 원가족 간의 상호작용을 재연하는 경향이 있습니다. 여기서 원가족이라고 하는 것은 부모와의 관계 속에서 맺어진 가족을 의미합니다.

4. 활동

1) 워밍업으로 심리 놀이를 한다 — 손바닥 여행

① 두 사람이 짝이 되어 마주 앉는다(2인 1조). ② 두 사람이 먼저 서로의 눈을 보면서 인사를 나눈다. 눈을 통하여 서로의 느낌을 교환한다. ③ 눈을 감고 서로 손바닥을 댄다. ④ 신체 감각으로 상대방이 어떤 사람인지 느껴 본다. 손바닥을 통해서 전해져 오는 상대방의 체온과 감정을 느껴 본다. 우리는 일상적으로는 어떤 사람의 여러 가지 사회적 여건이나 사회적인 정보 그리고 시각적으로 비추어지는 것으로 상대방을 평가하는데, 이 심리 놀이를 통해서 신체 감각으로 사람을 느껴 보는 훈련을 하게 한다. 자신의 신체 감각도 자각하지만 동시에 타인의 신체 감각도 있는 그대로 느껴 보도록 한다. 다시 말하면 이 놀이를 통해서 신체 감각으로 사람을 있는 그대로 느껴 보는 연습을 하게 한다. ⑤ 이제 두 사람이 서로 맞닿은 상태에서 손바닥 춤을 추게 한다. 서로 기분이 나는 대로 적절하게 춤을 추면서 리듬감을 느껴 보도록 한다. 이때 약간의 대화도 가능하므로 대화를 하면서 손바닥 춤을 추게 한다.

2) 활동지 ❷를 나누어준다.

활동지 ❷

활동 2. 친구와의 관계

1. 당신은 친구들(또래들)과 잘 어울리고 사귀었습니까?

2. 어떤 사람과 친해집니까?

3. 한 번 친해지면 얼마나 지속됩니까?

   어떤 반복되는 패턴이 있습니까?

4. 현재 가장 친한(가까운) 사람은 누구입니까?

   그 사람과의 최근에 있었던 가장 기억나는 사건은 무엇입니까?

5. 가장 문제가 되는 관계는 어떤 것입니까?

   그 사람과의 최근에 있었던 가장 기억나는 사건은 무엇입니까?

보충 질문

Q : 당신의 인간관계에서 개선하고 싶은 점이 있다면 무엇입니까?

Q : 가까운 사람들과의 사이에서 어떤 감정을 많이 경험합니까? (해당되는 단어
   에 체크하십시오.)

   □ 살인적 분노 □ 굴욕감 □ 공허감 □ 창피함 □ 심한 불안 □ 소멸 공포

   □ 열등감 □ 우월감 □ 시기 □ 질투 □ 두려움 □ 갈망 □ 자신감

   □ 희망 □ 절망 □ 정열 □ 만성적인 불안 □ 슬픔 □ 채워진 느낌

    □ 억울함 □ 불안 □ 화 □ 실망 □ 경쟁심 □ 승리감 □ 죄책감
    □ 부러움 □ 애정 □ 기쁨 □ 관심과 배려

3) 활동지를 기록하게 한다. 기록할 때 가능한 구체적으로 기록하게 한다(기록을 하게 하는 이유는 쓰는 것을 통해 자신을 돌아보는 좋은 계기가 될 뿐만 아니라 기록을 통해 자유연상이 되기 때문이다).
4) 기록한 것을 발표한다. 기록을 하면서 자신에 대해 느낀 점을 이야기해 본다.
5) 이를 통해 자신이나 참여자에 대해 느낀 점을 이야기해 본다.

5. 토의 및 평가

이 회기의 활동이 끝나면 전체 집단으로 모여 앉아 활동 이전과 과정 그리고 끝난 후와 관련지어 자신의 느낌이나 생각 또는 참여자들에게 하고 싶은 말을 하게 한다.

    어느 정도 평가가 이루어졌다고 판단될 때 지도자는 이 회기의 학습 과정을 요약하고 다음 시간을 예고한 후 학습을 마친다.

—————— 제 4 회 ——————
중요한 파트너와의 관계

1. 목표

이성관계에 중요한 영향을 미치는 자신의 대상관계를 이해하고 이성관계에 대한 깊은 동기와 태도에 따른 바른 통찰과 이해를 갖는다.

2. 준비물

활동지, 필기도구

3. 강의

사랑은 누구에게나 저절로 생기는 것인가요? 아니면 어렸을 때 말을 배우듯이 그렇게 배워서 얻게 되는 것인가요? 사랑도 능력인가요? 그렇다면 아무나 저절로 할 수 있는 것이 아니란 말인가요? 사랑을 할 수 있고 받을 수 있는 것이 아니란 말인가요? 사랑도 할 줄 알고 받을 수 있는 조건은 무엇인가요?

프롬(E. Fromm)은 『사랑의 기술』이라는 책에서 사랑은 목공 기술이나 기계 기술처럼 배워서 얻는 하나의 능력이라고 합니다. 따라서 능력에는 개인차가 있으며, 그 능력을 잘 습득하지 못한 사람은 사랑을 잘할 수 없고 특히 양질의 사랑을 받아 보지 못한 경우에는 더욱 그렇습니다. 인간의 신체적 · 심리적 성장 과정을 연구하는 발달심리학에서는 사랑의 능력이 저절로 생기는 것이 아니라 유아기에 양육자와 맺은 관계를 통하여 아동기 및 사춘기를 통한 가족과 그 밖의 다른 사람들과의 인간관계에서 발달한다고 보고 있습니다.

사랑하는 능력은 사랑을 받는 체험을 통하여, 사랑하는 것을 관찰할 수 있는 모방의 대상을 통하여, 그리고 사랑을 주고받을 수 있는 성격적 성숙을 통하여 얻을 수 있는 것이라고 보고 있습니다. 사랑을 할 수 있는 첫 번째 조건은 사랑을 받아 보는 것입니다. 사랑의 능력은 우리가 태어나기 전에 어머니의 자궁 속에 있을 때부터 시작됩니다. 정신과 의사들은 환자의 성장력을 조사할 때 이 사람이 임신되었을 때 부모가 그 임신을 원했는지 안 원했는지부터 알아본다고 합니다. 원하지 않는 임신이 되었을 때는 태아기부터 정신적으로 취약성을 가지고 있을 수 있습니다. 뿐만 아니라 출생 후 유아기 초기부터 있게 되는 어머니와 유아와의 관계에 만족스러운 사랑의 발달을 방해하는 일이 있을 수도 있습니다.

사랑을 학습된 능력이라고 할 때 그 기초는 초기 양육자와의 관계에서부터 시작됩니다. 초기 양육자와의 관계가 성장 후의 사회적 상호작용 능력과 성인기의 친밀한 인간관계 형성 능력을 만들어줍니다. 우리들이 지금 하고 있는 대상관계 이론에서 말하는 대상관계란 한 사람이 다른 사람과 특수하며 긍정적인 정서적 유대를 형성하는 과정입니다. 생애 초기의 대상관계가 성장 후의 사회적 상호작용 능력과 성인기의 친밀한 인간관계 형성 능력을 가능하게 해 준다고 할 수 있습니다. 이처럼 일생 동안의 대인관계 패턴은 원가족 간의 상호작용을 재연하는 경향이 있습니다. 여기서 원가족이라고 하는 것은 부모와의 관계 속에서 맺어진 가족을 의미합니다.

유아기 때 양육자와 맺은 관계가 이후의 사회생활에 어떤 의미가 있으며 왜 중요할까요? 유아기에 어떤 종류의 관계를 맺었는지에 따라 그 사람이 성장한 후에 형성하게 되는 대인관계의 양상을 크게 좌우하게 됩니다. 특히 초기 양육자와의 관계와 관련하여 그 사람의 머릿속에 그려진 인지적 표상은 그 사람이 친밀한 배우자에게 무엇을 기대할 것인지를 결정하게 됩니다. 어른이 된 뒤에 맺게 되는 사랑의 관계는 유아기 때 양육자와의 관계와 여러 면에서 공통점이 있습니다. 대표적인 것으로 사랑하는 사람과는 서로 신체적인 접촉을 하고 싶은 욕망이 생긴다던가, 사랑하는 사람에게 나를 열어 보이고 싶은 마음이 일어난다던가, 사랑하는 사람과 같이 있으면 위로가 되고 안심이 되어 다른 독특한 기분 좋은 반응을 사랑하는 사람에게서 느낄 수 있다는 점 등입니다. 유아기 때 양육자와 충분히 수용적인 관계를 형성했던 사람은 성인이 된 뒤에 앞에서 열거한 욕망이나 행위를 상대방에게 기대할 수 있습니다. 그러나 수용적인 관계를 형성하지 못한 사람은 자신이 그 같은 욕망이나 행동을 나타내 보였을 때 상대방은 자기 행동에 자신이 없고 타인으로부터 긍정적인 반응보다는 부정적인 반응이 있을 것으로 예측하게 됩니다. 따라서 상대방을 잘 신뢰하지 못하거나 너무 쉽게 신뢰하여 만족스러운 애정 관계를 형성하지 못하는 경우가 많이 있습니다.

4. 활동

1) 간단한 심리 놀이를 한다 — 공동체 놀이

① 서로 상대방의 손을 잡는다. ② 서로의 손을 어루만진다(가만히 그 손을 어루만지면서 상대방의 체온을 느껴 본다. 그리고 상대방을 사랑하는 마음을 전달한다). ③ 서로 이마를 맞댄다. ④ 서로 등을 기댄다(상대방이 편안함을 느낄 수 있도록 서로를 배려하는 마음으로 한다).

2) 활동지 ❸-1과 ❸-2를 나누어준 후 각 질문마다 자신에게 가장 적합하다고 생각하는 칸에 체크를 한다(이때 지도자는 참여자에게 이 검사지로 자신의 유형을 단정짓거나 다른 사람을 단정짓지 않도록 주의를 주어야 한다. 검사 결과를 전적으로 신뢰하기보다는 참고하며, 자신에 대한 이해를 돕는 도구로 사용할 것을 참여자들에게 알려야 한다).

활동지 ❸-1 **애착 유형 검사**

활동 3. 중요한 파트너와의 관계

Q : 다음 중 어느 진술이 가장 본인의 느낌을 잘 표현한 것입니까?

1. 나는 사람들과 친해지는 게 약간 불편하다. 나는 사람들을 완전히 믿고 의지하는 데 불편함을 느낀다. 또한 나는 사람들과 너무 친밀하게 되면 예민해지고 가끔 애인은 내가 느끼는 편안함보다 더 친해지기를 나에게 바란다.

2. 나는 사람들과 친해지는 것이 비교적 쉬운 편이다. 내가 애인에게 의지하거나 또는 애인이 나에게 의지하는 것이 불편하지 않다. 나는 애인이 나를 버릴까 봐 두렵거나 너무 가까워지는 것에 대해 별로 걱정하지 않는다.

3. 나는 사람들과 친해지고 싶지만 사람들이 나와 가까워지는 데 주저하는 것 같은 느낌을 받는다. 나는 애인이 정말로 나를 사랑하지 않거나 나와 함께 있고 싶지 않을까 걱정할 때가 종종 있다. 나는 다른 사람과 완전히 하나가 되고 싶지만 나의 이런 바람은 가끔 사람들을 두렵게 하는 것 같다.

활동지 ❸-2 성인 애착 검사(Adult Attachment Scale)

1. 나는 다른 사람을 의지하는 것이 어렵다.
2. 내가 사람들을 필요로 했을 때 아무도 없었다.
3. 나는 편안하게 다른 사람을 믿고 의지한다.
4. 내가 사람들을 필요로 할 때 그들이 함께 있음을 안다.
5. 나는 사람들을 완전히 신뢰하는 것이 어렵다.
6. 내가 사람들을 필요로 할 때 의지할 수 있는 사람들이 거기에 있다는 것을 확신할 수 없다.
7. 나는 내팽개쳐지는(버려지는) 것에 대해서 걱정하지는 않는다.
8. 나는 때로 나의 파트너가 정말로 나를 사랑하지 않을까 봐 걱정한다.
9. 나는 다른 사람과 친밀해지고 싶지만 다른 사람들은 이를 꺼린다.
10. 나는 나의 파트너가 나와 함께 있기를 원하지 않을까 봐 걱정이 된다.
11. 나는 어떤 한 사람에게 완전히 몰입하기를 원한다.
12. 몰입에 대한 나의 소망은 때로 사람들을 떠나게 한다.
13. 나는 비교적 다른 사람과 쉽게 친밀해진다.
14. 나는 누군가 나에게 매우 친밀하게 다가오는 것이 두렵지 않다.
15. 나는 다소 누군가와 친밀해지는 것이 불편하다.
16. 나는 누군가와 너무 친밀해졌을 때 예민해진다.
17. 나는 다른 사람이 나에게 의지해 올 때 편안하다.
18. 애인은 자주 내가 편안하게 느끼는 것보다 더 친밀하게 되기를 원한다.

3) 자신의 어린 시절 양육자와의 관계에 대해서 이야기한다.

4) 자신의 초기 양육자와의 관계가 이성관계에 미치는 영향에 대해 서로의 경험을 이야기한다.

5. 토의 및 평가

이 회기의 활동이 끝나면 전체 집단으로 모여 앉아 활동 이전과 과정 그리고 끝난 후와 관련지어 자신의 느낌이나 생각 또는 참여자들에게 하고 싶은 말을 하게 한다.

어느 정도 평가가 이루어졌다고 판단될 때 지도자는 이 회기의 학습 과정을 요약하고 다음 시간을 예고한 후 학습을 마친다.

──────── 제 5 회 ────────
내 마음속에 느끼는 부모 이미지

1. 목표

유아기 때 자신을 돌보아 주던 부모에 대한 이미지가 무엇인지를 자각한다.

2. 준비물

크레파스, 활동지, A4 용지, 필기도구, 풀

3. 강의

어린아이의 특징 중 하나는 모든 사물을 부분적으로 알고 이해한다는 것입니다. 그러나 점차 성숙한 사람으로 성장하면서 완전한 그리고 바로 맞대어 보는 듯한 이해를 할 수 있게 됩니다. 우리 자신에 대한 느낌이나 이미지들의 상당 부분은 우리의 가족에 의해서 형성됩니다. 특히 어린 시절의 양육자에 의해서 형성된다고 할 수 있습니다.

우리가 보아 온 양육자의 표현, 그들의 관심, 그들의 충분히 수용하는 환경, 그리고 그들의 행동이 큰 영향을 미칩니다. 이러한 것들은 현재의 우리 모습일 뿐 아니라, 미래의 우리 모습이 어떠한 것인지도 알려줍니다. 이러한 양육자와의 관계에서 형성된 이미지가 서서히 나의 모습이 되어 갑니다. 나의 모습이 점차 거울 속에서 보았던 가족들의 모습처럼 되어 갑니다.

여러분은 놀이 공원에 갔을 때 거울로 둘러싸인 방에 들어가서 헤매 본 적이 있습니까? 어떤 거울 앞에 서면 여러분의 모습은 크고 뼈가 툭 튀어나오고 팔이 긴 모습이 되며, 또 다른 거울 앞에 서면 풍선처럼 둥글게 변합니다. 이처럼 거울을 들여다보는 것은 재미있는 일입니다. 특히 자신이 아닌 제3자의 입장에서는 더욱더 재미있는 일입니다. 그는 여러분의 우스꽝스러운 모습이 그저 재미있을 뿐입니다. 결과는 무엇입니까? 거울이 어떻게 만들어졌는지에 따라 당신의 모습이 변할 뿐, 거울에 비친 모습이 당신의 원래 모습은 아닙니다.

　자, 이제 이 거울들 앞에서 당신의 초기 양육자와 함께 가족들의 모습을 비춰 봅시다. 당신의 초기 양육자와 가족들이 거울에 비친 모습은 어떤 것일까요? 집안에 있는 거울의 모양과 곡면의 구조가 각각 다르다면, 거울에 비친 모습도 각각 다른 것입니다. 그 결과 얼마 지나지 않아 당신은 거울에서 보았던 자신의 모습과 똑같은 자기 인상을 갖게 될 것입니다. 그리고 얼마 지나지 않아, 그 자기 이미지에 맞추어 주변 사람들에게 행동하고 말하고 관계를 맺게 될 것입니다.

　이처럼 현재의 감정을 치유하기 위해 과거를 떠올려야 한다고 해서 어린 시절이 꼭 끔찍해야 한다는 것은 아닙니다. 누구나 자라면서 힘든 일을 겪기 마련입니다. 그중에 누구는 사랑과 보살핌을 더 많이 받고 누구는 덜 받는다는 것이 다를 뿐입니다. 우리들의 감정의 장벽은 성장하면서 겪게 되는 여러 가지 고통스러운 상황과 관련이 있습니다. 그 상황에는 부모가 관련될 수도 있고 다른 누군가가 관련되어 있을 수도 있습니다.

　이러한 문제점들을 파악하려는 시도 속에서 여러분은 자신의 부모를 분명히 인식할 수 있을 것입니다. 우리는 초기 양육자라는 거울에 반사된 자신의 이미지와 느낌을 바라봅니다. 우리가 자라면서 언어적 체험과 우리에게 베풀어진 충분히 수용하는 환경과 돌봄, 사랑 등 우리가 일찍이 체험했던 관계들이 현재의 우리를 결정하게 됩니다.

4. 활동

1) 심리 놀이를 한다―거울 놀이

　① 참여자들로 하여금 둥글게 마주보게 한다. 조용한 음악을 틀어 놓은 상태에서 편안한 자세로 자유롭게 움직이게 한다. 이때 참여자들로 하여금 다른 사람들이 눈치채지 못하게 마음으로 한 사람의 표적을 정하게 한다.

　② 음악이 연주되는 분위기 속에서 각 참여자들이 표적 참여자의 행동을 거울에 비치는 것처럼 그대로 모방하게 한다. 물론 이때 표적 참여자가 그러한 사실

을 알지 못하도록 해야 한다. 결국 각자는 특정 표적 참여자가 행동하는 바대로 따라서 그대로 행동하게 되는데, 이러한 자신의 모방 행동은 또 누군가의 표적이 되어 거울을 보고 하는 듯한 그의 모방 행동을 유발하게 된다. 이렇게 되면 누가 누구를 모방하는지 모를 정도로 전체 참여자가 조화를 이루게 될 것이다.

2) 더 이상 기억할 수 없는 어린 시절까지 명상을 통해 여행을 하도록 돕는다(잔잔한 명상 음악을 준비한다). 눈을 감은 상태에서 명상을 할 때 지도자는 다음과 같은 글을 읽어 준다.

"조용히 눈을 감고 부모의 얼굴을 떠올려 보십시오. 그리고 떠오른 부모의 이미지를 따라 지난날을 회상해 보십시오. 잠시 각 부모를 우리들에게서 분리시켜 생각해 보는 것도 도움을 줄 수 있을 것입니다. 부모라는 사실을 제외하고 그분들의 존재는 과연 무엇입니까? 그분들이 소유하고 있는 개성은 무엇입니까? 개방적입니까? 부끄러움을 잘 타는 성격입니까? 유머가 풍부합니까? 차분한 성격입니까? 독단적인 성격입니까? 아니면 생각하는 성격입니까? 그들의 취미는 무엇입니까? 무엇이 그들로 하여금 미소짓게 만드는 것입니까? 그들을 화나게 하는 것은 무엇입니까? 그들이 지금 우리의 나이 때는 어떤 모습이었을까요? 그들은 심각한 삶의 절망을 느낀 적이 있었을까요? 그들이 인간적으로 갖고 있는 가장 위대한 장점은 무엇일까요?"

3) '내 마음속에 느끼는 부모 이미지'를 그림으로 표현하도록 한다(이때 활동이 끝날 때까지 계속 음악을 틀어 준다).

"내 마음속에 느껴지는 나의 부모님을 그림으로 그려 보십시오. 여기서의 그림은 잘 그려야 한다는 것이 아닙니다. 내 마음속에 느껴지는 부모님을 색깔로도 표현할 수 있고, 어떤 형상물로도 표현할 수 있습니다. 그림을 잘 그려야 한다는 부담감을 갖지 말고 내 마음속에 느껴지는 부모님의 이미지를 그림으로 표현해 보십시오."

4) 지도자가 보기에 그림을 다 그렸다고 생각되면 참여자에게 조용히 활동지 ❹를 나누어준다.

활동지 ❹

활동 4. 초기 양육자와의 관계 회상

"특히 아래 항목을 염두에 두고 지난날을 돌이켜보십시오. 이 항목들은 여러분의 어린 시절에 양육자와 자신의 관계를 회상할 수 있는 질문들입니다. 질문들에 구체적으로 답을 적어 주십시오."

1. 당신의 부모님은 살아 계십니까?

2. 부모님은 당신과 함께 살고 계십니까?

3. 당신이 어렸을 때, 아버지와 어머니는 어떤 분이었나요? 또한 당신과의 사이는 어떠했습니까?

4. 당신은 부모님이 서로를 어떻게 여긴다고 생각합니까?

5. 당신은 어머니와 아버지에게 사랑을 받았다고 느꼈나요?

6. 어머니 혹은 아버지가 가족들 가운데서 가장 예뻐하는 사람은 누구였습니까? 당신은 어떤 면에서 그렇게 생각하나요?

7. 당신의 어린 시절 집안에 싸움이 많았습니까?

8. 어머니를 생각하면 당신의 마음에 어떤 종류의 감정이 느껴집니까?

5) 활동지를 기록할 수 있는 시간을 충분히 준다.

6) 기록한 것을 참여자들 앞에서 발표한다. 이때 떠오르는 어머니에 대한 이미지와 느낌에 대해서 이야기를 나누는 시간을 갖는다.

7) 활동이 모두 끝난 후 '내 마음속에 느끼는 부모 이미지' 그림을 '내 마음속에 느끼는 나의 이미지'의 그림 바로 아래에 순서대로 붙인다.

5. 토의 및 평가

이 회기의 활동이 끝나면 전체 집단으로 모여 앉아 활동 이전과 과정 그리고 끝난 후와 관련지어 자신의 느낌이나 생각 또는 참여자들에게 하고 싶은 말을 하게 한다.

어느 정도 평가가 이루어졌다고 판단될 때 지도자는 이 회기의 학습 과정을 요약하고 다음 시간을 예고한 후 학습을 마친다.

──────── 제 6 회 ────────
초기 양육자와의 관계

1. 목표

대상관계에서 중요한 3세까지의 성장 과정과 환경이 자신에게 미친 영향에 대해서 자각한다.

2. 준비물

활동지, 필기도구

3. 강의

우리는 누구나 사랑받을 자격이 있는 사람이기를 원합니다. 그런데 이런 자격을 갖춘다는 것이 유아에게는 매우 큰 부담이 될 수 있습니다. 아이들에게는 무조건적인 사랑이 필요합니다. 어렸을 때 충분히 사랑받은 사람은 참된 자신을 찾고 즐길 줄 압니다. 어린 시절에 충분히 사랑받고 보살핌을 받으며 자란 사람은 자신을 아끼고 소중히 할 줄 압니다. 하지만 그렇지 못한 사람은 평생 자신이 바라는 삶을 살지 못합니다.

인간은 천성적으로 자기 이외의 대상을 사랑하고 싶어 합니다. 그리고 자신감이 넘치며 온순하고 밝습니다. 이러한 본성은 타고나는 것입니다. 그래서 어렸을 때는 마음속에 이런 본성이 가득합니다. 하지만 양육자로부터 필요한 사랑을 충분히 받지 못하면 자라면서 점차 이 본성을 잃어버리게 됩니다. 어린 시절에 양육자로부터 충분히 사랑하고 수용함을 받았느냐 그렇지 않느냐에 따라 자신과 가까워질 수도 있고 멀어질 수도 있습니다. 초기 양육자로부터 사랑과 수용을 받는 것은 나와 다른 사람을 이어줄 뿐만 아니라 참된 나를 이어주는 매개체가 됩니다.

어린아이에게는 참된 자신을 알고 소중히 할 능력이 없습니다. 양육자와 가족을 통해서만 자신을 알 수 있을 뿐입니다. 그 사람들이 자신을 존중해 주어야만 자신이 당연히 존중받아야 할 사람이라고 생각하게 되고, 그들이 자신을 소중하게 보살펴 주어야만 자신이 보살핌을 받아야 할 사람이라고 생각하게 됩니다. 그리고 그들이 자신을 사랑하고 수용해 주면 자신이 그럴 만한 사람이라고 생각하게 됩니다.

이처럼 유아기 때 받은 느낌은 거의 평생 동안 지속된다고 할 수 있습니다. 세상에 대한 생각은 태어나면서부터 형성된다고 할 수 있습니다. 이처럼 양육자로부터 필요한 사랑과 이해, 관심을 제대로 받지 못한 아이는 자기 자신에 대해 잘 알지 못합니다. 자신이 얼마나 소중한 존재인지 모른 채 자신은 사랑받을 가치가 없는 사람이라고 생각합니다. 이런 아이는 인생에서 자기가치에 관한 문제를 겪게 되며, 내부의 자연스러운 본성인 사랑 · 즐거움 · 평화 · 자신감을 상실하고 맙니다. 다시 어린아이 시절로 돌아가 필요한 사랑을 보충하기 전까지는 항상 그러한 상태에 머물 수밖에 없습니다. 현재의 나 자신의 위치에서 겪는 자기 자신을 바라보는 관계나 대인관계에서 경험하는 불만족은 지금-여기의 단계에서 필요한 충분한 사랑과 수용함을 받지 못해서 생기는 것이 아닙니다. 그보다는 초기 유아기 때 양육자와의 관계에서 사랑과 수용함이 비어 있기 때문에 생기는 것입니다.

2보 전진을 위해서 1보 후퇴한다는 말이 있듯이 앞으로 나아가기 위해서는 뒤로 물러설 줄 알아야 합니다. 할아버지, 할머니들은 옛날 이야기 하기를 좋아합니다. 이것은 그분들이 건강하다는 증거입니다. 과거를 생각하면서 추억에 잠기는 것이 건강하고 생기 있게 지내기 위한 비결인 셈입니다. 동일하게, 과거에 양육자로부터 충분한 사랑과 수용함을 받지 못해 마음의 상처를 입은 사람들은 과거를 치유할 때까지 인생의 다음 단계로 제대로 넘어가지 못합니다. 이렇게 되면 자신도 모르게 과거에 묻혀 살게 됩니다.

삶에 지쳐 힘이 들 때 현재 자신의 어려움이 어린 시절의 상처에서 비롯되었다는 것을 알고 나면 그 어려움을 극복할 수 있는 힘을 얻게 됩니다. 그래서 초기 양육자와의 관계에서 채워야 했던 충분히 좋고 수용하는 사랑을 가득 채우면 이제부터는 자신이 원하는 삶을 만들어 갈 수 있게 됩니다.

그래서 이 회기에서는 특별히 초기 양육자와의 관계를 여행하는 시간을 가지려고 합니다. 3세 때까지의 성장 과정에 대해서 회상하면서 참된 자기 자신을 찾아가는 시간을 가져 봅시다.

4. 활동

1) 심리 놀이를 한다 : 명상의 시간을 가지면서 음악에 맞추어 몸과 손 춤을 춘다(이 때 잔잔한 음악을 틀어 준 후 조용히 명상의 시간을 갖게 한다. 어느 정도 시간이 지난 후 음악의 선율에 맞추어 몸을 움직여 보고 손을 움직여 보게 한다. 그렇게 하여 몸과 마음의 긴장을 풀고 이완되게 함으로써 편안한 마음을 갖게 한다).

2) 지도자는 조용한 음악과 함께 다음의 글을 읽어 주면서 초기 양육자와의 관계에 대해서 명상할 수 있도록 도와준다. 명상할 수 있는 충분한 시간을 준다.

"자! 이제부터 만 3세까지의 자신의 양육자와의 관계를 조용히 명상하면서 그 관계를 떠올려 보십시오. 만 3세까지의 시간으로 돌아가 보십시오. 양육자와의 관계는 어떠했습니까? 나는 원하던 아이였습니까? 이 시기에 아팠던 적이나 큰 사고는 없었습니까?"

3) 지도자가 보기에 어느 정도 시간이 지났을 때 활동지 ❺를 나누어준 후 자신의 3세까지의 성장 과정에 대해서 작성한다.

활동지 ❺

활동 5. 3세까지의 성장 과정

1. 당신은 원하던 아이(wanted child)였습니까? (임신 및 출생에 관한 여러 가지 정보를 포함해서)

2. 당신을 키울 때 애먹은 편이라고 합니까? (잘 먹고 잘 잤는지, 많이 울었는지, 예민했는지 — 이유, 배변 훈련, 기타 정상적 발달 여부에 관한 정보)

3. 어린 시절에 당신을 주로 돌보아 준 사람은 누구였습니까?

  그 당시 당신을 키우기에 적절한 상황이었다고 합니까? [어머니의 정신건강
  및 형편(아이를 돌볼 수 있는 경제적, 시간적, 심리적 여유), 부부 관계의 영향
  (싸움 등), 형제 순위 등의 영향, 이사 등]

4. 이 시기에 큰 사고나 크게 아팠던 적이 있습니까?

5. 이 시기에 기억나는 일이 있습니까?

6. 부모와 잠시라도 헤어졌거나 실제로 헤어진 적은 없더라도 그와 유사한 경험
  을 한 적이 있습니까? 이와 마찬가지로 방치된 경우가 있었습니까? (다른
  사람에게 맡겨졌거나 집안 사정이나 부모님의 심리적 상태로 인해 부모님의
  돌봄을 받기 어려웠던 경우)

  ① 그때가 언제(몇 살 때)였나요?

  ② 그 이유는 무엇인가요? (그 당시엔 어떻게 이해했으며, 객관적인 이유는 무
    엇이었나요?)

  ③ 그때의 심정은 어땠나요?

  ④ 대신 누가 당신을 돌보아 주었나요?

- 그 돌봄이 만족스러웠나요?
- 이런 환경들이 당신의 삶을 향하여 지금 어떠한 영향을 미치고 있으며, 어떻게 변화시키고 있나요?

4) 자신의 3세까지의 성장 과정에 대해서 발표한다.
5) 활동을 통해서 자신에 대해서 느낀 점이나 참여자를 통해서 느낀 점에 대해서 이야기해 본다.

5. 토의 및 평가

이 회기의 활동이 끝나면 전체 집단으로 모여 앉아 활동 이전과 과정 그리고 끝난 후와 관련지어 자신의 느낌이나 생각 또는 참여자들에게 하고 싶은 말을 하게 한다.

어느 정도 평가가 이루어졌다고 판단될 때 지도자는 이 회기의 학습 과정을 요약하고 다음 시간을 예고한 후 학습을 마친다.

제 7 회
부모와의 관계

1. 목표
자신의 대상관계와 관련된 어린 시절에 자신에게 가장 중요했던 억압된 감정이 무엇인지를 자각한다.

2. 준비물
활동지, 필기도구

3. 강의
어린 시절에 사로잡혀 평생을 살아가는 사람들이 많이 있습니다. 하지만 그러한 태도에서 조금만 벗어나면 좀 더 나은 삶을 살 수 있습니다. 어린 시절이야 어떻게 보냈든 성인이 된 지금, 필요한 것은 무엇이든 스스로 얻을 수 있습니다. 스스로에게 사랑을 베풀 수도 있고 필요한 것을 줄 수도 있는 것입니다.

우리의 감정은 지금껏 크게 왜곡되어 왔습니다. 부정적인 감정을 해소하겠다는 미명하에 사람들은 그 감정을 억누르기만 했습니다. 부정적인 감정을 품는 데 대해 죄의식을 가지고 어떻게든 그 감정이 겉으로 드러나지 않도록 꽁꽁 묶어 두려고만 했습니다. 하지만 부정적인 감정을 감추고 애써 외면하고 억누른다고 해서 되는 것은 아닙니다. 부정적인 감정을 해소하려면 먼저 그러한 감정을 제대로 느낄 줄 알아야 합니다. 참된 자신을 되찾는 데는 부정적인 감정도 필요하기 때문입니다. 자기 내부의 부정적인 억압된 감정들을 느끼고, 제대로 해소하지 않으면 참된 자기 자신을 찾을 수가 없습니다.

억압된 감정이 우리에게 소중한 것이라는 사실은 자전거 타기를 생각하면 쉽게 이해할 수 있습니다. 자전거를 탈 때 균형을 잡으려면 계속해서 왼쪽, 오른쪽으로 방향을 바꾸어야 합니다. 가고자 하는 방향으로 가려면 우선 자전거 손잡이를 그 방향으로 움직여야 합니다. 자신이 무엇을 바라는지를 찾아내는 것은 바로 자전거 손잡이를 움직이는 것과 같습니다. 억압된 감정을 느끼고 해소하는 것은 자전거에서 넘어지지 않기 위해 이리저리 방향을 바꾸는 것과 같습니다. 그리고 꾸준히 기도를 하면서 하나님에게 도움을 청하는 것은 자전거를 타고 앞으로 계속 나아가는 것과 같습니다. 자전거 페달을 부지런히 밟는 것이 바로 기도인 셈입니다.

억압된 감정을 다스리지 못하면 우리는 넘어질 수밖에 없습니다. 자전거를 탈 때는 손잡이를 좌우로 계속 움직여 주어야 균형을 잡을 수 있습니다. 자전거 손잡이를 움직이는 것은 쉬운 일이 아니어서 처음 배울 때는 몇 번이고 넘어지기 마련입니다. 하지만 익숙해지고 나면 조금만 움직여도 쉽게 균형을 잡을 수 있습니다. 자전거를 탈 때 균형이 흐트러지는 것은 억압된 감정을 만나는 것에 비유할 수 있습니다. 억압된 감정을 만나면 참된 자신에게서 점점 멀어지게 됩니다. 억압된 감정은 원래 참된 자기 자신과 이어져 있지만, 그것을 느낀다는 것은 그 참된 자신에게서 멀어지기 시작했다는 신호입니다. 따라서 중심에서 멀어지고 있으나 균형을 잡기 위해 중심으로 돌아가야 한다는 경고이기도 합니다.

자전거에서 균형을 잡을 수 있는 단 한 가지 방법은 제때에 왼쪽 또는 오른쪽으로 방향을 바꾸는 것입니다. 왼쪽으로 가고 있으면 오른쪽으로 방향을 바꾸어서 중심을 잡고 다시 왼쪽으로 바꾸었다가 다시 오른쪽으로 방향을 바꾸어야 합니다. 이렇게 좌우로 방향을 바꾸어야 균형을 잡을 수 있습니다. 자전거 손잡이를 오른쪽으로만 틀면 자전거가 어떻게 될까요? 그렇게 했다가는 균형을 잡을 수 없어 넘어지고 맙니다. 마찬가지로 어떤 감정을 억누르고 나머지 감정만 표출하다 보면 감정의 균형이 깨어집니다. 자전거 손잡이를 좌우로 움직이듯 모든 감정을 다 느껴야 균형을 이룰 수 있는 것입니다. 그러므로 자전거 타는 것과 같이 우리는 항상 긍정적인 감정만 가지고 살 수는 없습니다. 하지만 억압된 부정적인 감정을 발산할 줄만 알면 언제든 다시 참된 자기 자신으로 돌아올 수 있습니다. 이처럼 정신적으로 깊이 있고 풍요로운 삶을 살고자 한다면 자신이 가지고 있는 모든 감정을 제대로 느낄 줄 알아야 합니다. 그래야 사소한 일에도 큰 기쁨을 느낄 수 있습니다.

가장 어렸을 때 버림받은 적이 있다면 다 자란 후에도 그때의 고통이 마음속에서 사라지지 않습니다. 그래서 누군가가 자신을 외면하거나 무시하면 과거의 고통이 더해지면서 감정이 더욱 격렬해집니다. 이럴 때 감정을 다스리는 가장 좋은 방법은 현재의 감정을 과거의 감정과 연결 지어 생각하는 것입니다. 과거로 돌아가서 그때의 감정을 되살려 해소해야 현재의 감정을 다스릴 수 있습니다. 과거의 감정을 다스리는 것이 현재의 감정을 다스리는 것보다 훨씬 더 쉽습니다. 앞으로 어떤 일이 벌어질지 모를 때 우리는 두려워집니다. 하지만 과거에 두려웠던 때를 회상해 보면 이미 우리는 그 두려움 후에 어떤 일이 일어났는지를 잘 알고 있습니다. 비록 과거에는 감정을 해소할 수 있도록 주위에서 도움을 받지 못했지만 지금은 그런 도움을 받았다고 상상만 하면 됩니다. 이렇게 과거에 입었던 감정의 상처는 쉽게 치유할 수 있습니다.

이처럼 가족 내에서 감정을 제한하는 것은 다음과 같은 말로 표현되곤 합니다. "남자는 울지 않아야 돼.", "너는 아무렇지도 않아.", "너는 슬프지 않아, 행복해." 또한 말로 하지는 않지만 감정 표현을 제한하는 무언의 메시지가 있습니다. 예를 들어 불쾌한 감정이 표현되었을 때 강한 거부 표시를 보여줄 수 있습니다. 받아들이기 어려운 감정 표현은 무시되기 때문에 이런 감정은 이 가정에서는 허락되지 않는다는 사실이 전달됩니다.

이런 메시지를 여러 번 전달받은 후에 아이는 다음과 같은 강력하게 파괴적인 생각을 갖게 됩니다. '나의 감정은 중요하지 않아. 나의 감정은 아무런 상관이 없어. 나는 고통을 느낄 권리가 없어. 나는 느낄 권리조차도 없어.'

네 살짜리 아이가 운동장에서 넘어져서 울고 있었습니다. 옆에 있던 아버지가 엄하게 말하였습니다. "울지 마, 울어도 소용없어."

아이의 감정을 인정하는 말들은 다음과 같습니다.

- "울고 있구나. 다쳐서 정말 안됐다. 어디가 아프니?"

• "화가 많이 나 있는 것 같구나. 왜 화가 났는지 말해 주겠니?"

    당신 가정이 어떤 가정이었는지 자기 스스로에게 질문을 던질 때 당신은 벽에 부딪힐지도 모릅니다. 그 벽은 당신의 가정을 비판적으로 생각하기 싫은 내부의 저항이라고 생각합니다. 당신은 가정의 비밀을 드러내는 것을 죄책감으로 느낄지도 모릅니다. 그러나 모든 가정은 장점과 함께 단점을 지니고 있습니다. 가장 바람직한 가정들조차도 문제를 안고 있습니다. 다행히 최악의 가정에도 치유의 가능성은 있습니다. 그러므로 정서적, 영적 치유를 경험하기 위해서 당신은 가정의 부끄러운 일을 말해서는 안 된다는 규칙을 깨뜨려야 합니다. 당신의 고통스러운 과거를 언급한다는 것은 쉬운 일이 아닙니다. 어쩌면 가족을 배반하고 있다고 느낄지도 모릅니다. 그러나 당신이 경험한 정서적인 고통에 대해 말하는 것은 가족을 배반하는 것이 아닙니다. 그것은 당신이 하나님이 원하시는 온전하고 활기찬 사람이 되는 것을 의미합니다. 당신은 고통스러운 어린 시절에 직면하면서 동시에 부모님을 공경할 수 있습니다. 당신은 과거를 있는 그대로 인정하면서 여전히 계속적으로 가족들과의 관계를 유지할 수 있습니다.

4. 활동

1) 심리 놀이를 한다 — 손의 대화

  ① 참여자들로 하여금 둥글게 앉은 상태에서 함께 손을 잡게 한다. 즉 전체 참여자들에게 자신의 좌우 사람들과 손을 잡게 한다. 손을 잡은 상태에서 각자 자신의 좌우 참여자의 얼굴을 보게 한다. 그리고 서로 얼굴을 마주 본 참여자들이 서로에게 해 주고 싶은 말을 생각하게 한다. 이제 그 말을 말로써가 아니라 손동작으로써 해 주도록 한다. 먼저 자신의 오른쪽 사람에게 하도록 한다. 손가락을 적절히 움직여서 자신의 메시지를 전해 보도록 한다. 오른쪽 사람에게 다했으면 이젠 왼쪽 사람에게 하게 한다.

  ② 각자 옆의 사람에게 메시지를 전달하는 사이에 자신의 옆 사람으로부터 자기

에게 무언가 손동작으로 메시지가 전달되어 올 것이다. 즉 왼쪽 참여자가 메시지를 보내올 것이다. 이때 참여자가 그 메시지에 추가적인 손동작 메시지를 보내게 한다. 그러면 서로 간에 손의 대화가 이루어질 것이다. 마찬가지로 자신의 오른쪽 사람이 보내는 메시지에 대해서도 답하고 대화를 나누도록 한다.

③ 일정한 시간이 지난 후에 손의 대화를 멈추게 하고 손의 대화를 가진 느낌을 발표해 보도록 한다.

2) 활동지 ❻을 나누어준 후 기록하게 한다.

활동지 ❻

활동 6. 어린 시절 가정에서의 감정 표현

1. 부모님이 지배적(통제적)인 편입니까? (아니면 집안에서 다른 누가 그렇습니까?)

2. 부/모와의 관계는 어떠했나요? 긴장되고, 딱딱하고, 재미없었나요?

3. 어린 시절 양육자로부터 받아들여졌던 감정에 동그라미를 치십시오.

소외감	행복감
분노	호기심
평안	외로움
이질감	슬픔
두려움	수치심
죄책감	어리석음

4. 감정을 표현하는 것에 대하여 당신의 가정이 가지고 있던 불문율을 다시 한 번 생각해 보십시오. 당신이 자라 온 가정에서는 어떤 감정이 허락되었습니까? 어떤 감정이 허락되지 않았습니까? 지금은 이런 감정을 어떻게 처리하고 있습니까?

허락된 감정	금지된 감정	지금은 어떻게 처리하고 있습니까?
_____	_____	_____
_____	_____	_____
_____	_____	_____
_____	_____	_____

3) 기록한 내용을 발표한다. 발표를 한 후 자신에 대해 느낀 점을 이야기해 본다.

5. 토의 및 평가

이 회기의 활동이 끝나면 전체 집단으로 모여 앉아 활동 이전과 과정 그리고 끝난 후와 관련지어 자신의 느낌이나 생각 또는 참여자들에게 하고 싶은 말을 하게 한다.

어느 정도 평가가 이루어졌다고 판단될 때 지도자는 이 회기의 학습 과정을 요약하고 다음 시간을 예고한 후 학습을 마친다.

— 제 8 회 —
내 마음속에 느끼는 하나님 이미지

1. 목표

자신에게 형성된 하나님 이미지를 통하여 초기 양육자와의 관계에서 가지게 된 자기 표상과 타인 표상을 자각한다.

2. 준비물

A4 용지, 크레파스, 필기도구

3. 강의

우리 모두는 하나님을 바라보는 두 가지 방법을 가지고 있습니다. 하나는 우리가 배운 하나님에 대한 신학적이고 이성적인 개념입니다. 또 다른 하나는 하나님에 대한 정서적 혹은 마음속의 개념입니다. 하나님에 대한 우리 마음속의 개념은 부모나 다른 권위 있는 중요한 타인의 인격을 반영하고 있을 수 있습니다.

토저(A. W. Tozer)는 이렇게 말했습니다. "인간은 대개 육신의 어머니와 아버지로부터 받는 느낌을 토대로 하나님 아버지에 대한 느낌과 인식을 발전시킨다. 이러한 느낌은 마음속에서 정리가 되지 않은 채 혼란을 일으킨다. 그러나 모순된 느낌과 죄책감은 절대로 하나님의 목소리가 아니다. 우리에게 부담을 주는 내적인 음성은 과거에 입력된 아버지, 어머니, 형제, 자매 아니면 우리에게 적잖은 영향을 미친 다른 사람의 목소리이다."

『기억을 통한 정신치료』의 저자인 시맨즈(David A. Seamands)는 이런 하나님에 대한 서로 다른 개념들에 대해 토론하고 있습니다. 여기에서 가장 결정적인 역할을 하는 요소는 하나님이 어떤 분이시며, 그분이 어떤 분이시냐 하는 우리의 '느낌'이라 할 수 있습니다. 순수한 신앙인 가운데 많은 사람들이 하나님에 대한 자신의 생각과 하나님에 대해 느끼는 것 그리고 하나님께서 자신을 어떻게 보시는가 하는 것 사이에서 생겨나는 갈등으로 고민하고 있다는 것은 정말 놀라운 일이 아닐 수 없습니다. 머릿속에 든 신학은 뛰어난 지식이지만 내면에서 느끼는 것(기도할 때 느끼는 것)은 아주 형편없는 경우가 많습니다. 이것이 많은 신앙인들에게 여러 가지 정신적인 문제를 가져오는 근원이 되고 있으며, 기억을 통한 치유가 필요한지를 가르쳐 주는 중요한 지표가 되어 줍니다. 여러 해 동안의 경험을 볼 때 아무리 교리적으로 유식한 사람이라 하더라도 하나님께서 선하시며 은혜로우시다는 것을 느낄 수 없고, 마음속에 영상으로 간직하지 않은 사람이라면 그들의 생활 속에 영적인 승리가 지속되어 갈 수 없다는 것을 알게 됩니다.

리주토는 여러 번 내담자에게 그들의 하나님에 대한 개념을 그려 보도록 하였습니다. 어떤 사람들은 '하나님은 위대한 분이시고 우리를 지켜보시는 분'이라는 개념으로 수염이 없는 하나님을 그렸습니다. 다른 환자들은 하나님이 내 안에 계신다는 것은 알겠지만 그것이 어떤 것인지는 모르겠기에 내 안을 살펴보아야 할 것 같은 분으로 '거울 속의 신'을 그렸습니다. 또 다른 사람은 하나님은 매우 지혜로우며 인간에 대한 인간의 비인간성을 슬퍼하시는 분이라고 하였습니다. 또한 인내심이 많으시고 인류의 고통에 대하여 민감하다라는 개념으로 '불가사의한 신'을 그렸습니다.

이와 같이 여러분이 마음속에 느끼는 하나님은 어떤 모습입니까? 저는 여기서 이성적으로, 신학적으로 생각하고 있는 하나님에 대해서 말하고 있는 것이 아니라, 여러분의 감정과 마음으로 느끼고 있는 하나님의 모습을 말하고 있는 것입니다.

양육자와의 관계에서 자녀들이 가지고 있는 하나님에 대한 모습은 부모와의 모습과 거의 동등할 수 있습니다. 만약 여러분의 부모가 완벽주의자였고 결코 기쁘게 해 줄 수 없는 사람이었다면 여러분은 하나님도 결코 기쁘게 해 드릴 수 없는 분이라고 생각할지도 모릅니다. 만약 부모님이 가혹한 사람이었다면 여러분은 하나님도 가혹한 분이라고 생각할지도 모릅니다.

4. 활동

1) 심리 게임 – 명상 시간(명상을 할 수 있는 잔잔한 음악을 준비한다)

"자! 다같이 눈을 감고 편안한 자세를 취해 봅니다. 온몸에 힘을 빼고 가장 편안한 자세를 취해 봅니다. 편안한 상태에서 천천히 크게 숨을 들이마셨다가, 천천히 내쉽니다. 다시 한 번 천천히 크게 들이마셨다가 천천히 내쉽니다. 그러면서 온몸에 있는 긴장을 하나씩 풀어 줍니다. 머리, 어깨, 그리고 팔, 손, 손가락에 숨을 크게 들이마셔서 숨을 보내 줍니다."

2) 내 마음속에 느끼는 하나님에 대해서 묵상을 한다(이때 잔잔한 음악을 틀어 주고, 그러면서 하나님에 대해서 묵상할 수 있는 충분한 시간을 준다).

"내 마음속에 느끼는 하나님 이미지는 어떤 것입니까? 잠시 동안 내 마음속에 느끼는 하나님에 대해서 느껴 보십시오. 이때 여러분의 마음에 느낀 감동을 감지하십시오. 그 느낌을 잡으려고 하지 마시고 그냥 내버려두십시오. 지금 우리가 말하는 하나님 이미지는 이성적인 하나님이 아닙니다. 신학적인 하나님의 개념이 아닙니다. 교회에서 목사님이나 선생님들에게 배워 온 하나님이 아닙니다. 우리들이 원하는 것은 정서적인 하나님 이미지입니다. 내 마음속에 느끼는 하나님입니다. 내가 직접 체험한 하나님 이미지입니다. 그분을 마음속에 느껴 보십시오."

3) 내 마음속에 느끼는 하나님 이미지를 그림으로 표현하게 한다.

(지도자가 보기에 어느 정도 명상이 된 것 같으면 A4 용지, 크레파스, 필기도구를 참여자들에게 나누어준다.) "당신의 마음속에 느끼고 있는 하나님은 어떤 분이십니까? 자신이 체험하고 느끼는 하나님에 대한 이미지를 그림으로 그려 보십시오. 그림을 그리고 난 후 빈 여백에는 자신이 느끼는 하나님에 대한 이미지를 기록해 보십시오."

4) 그림으로 나타낸 자신의 하나님 이미지에 대해서 이야기한다.

이때 발표하는 참여자는 '내 마음속에 느끼는 하나님 이미지'를 그린 그림을 벽에 붙여 놓은 '내 마음속에 느끼는 나의 이미지' 그림과 '내 마음속에 느끼는 부모님 이미지' 그림과 함께 설명한다. 그리고 이 세 가지 그림을 보면서 이와 관련된 이미지와 자신의 생각과 느낌을 이야기하게 한다(이때 지도자는 3개의 그림을 보면서 참여자가 이야기하는 것을 잘 경청하고 그 가운데서 일치하는 부분에 대해 잘 감지하여 그 참여자와 함께 이야기하는 시간을 갖는다).

5) 이를 통해 자신이나 참여자에 대해 느낀 점을 이야기해 본다.

5. 토의 및 평가

이 회기의 활동이 끝나면 전체 집단으로 모여 앉아 활동 이전과 과정 그리고 끝난 이후와 관련지어 자신의 느낌이나 생각 또는 참여자들에게 하고 싶은 말을 하게 한다.

어느 정도 평가가 이루어졌다고 판단될 때 지도자는 이 회기의 학습 과정을 요약하고 다음 시간을 예고한 후 학습을 마친다.

제 9 회
하나님을 어떻게 보고 있을까?

1. 목표

역할극을 통해서 하나님에 대한 왜곡들을 검토한다.

2. 강의

우리 대부분은 하나님에 관해서 왜곡된 견해를 지니고 있습니다. 비록 신속하게 인정하지는 않더라도, 우리는 하나님이 우리를 학대하거나 돌보지 않던 부모들이나 의미 있는 다른 사람들과 같다고 믿을 수도 있습니다. 우리는 하나님이 우리들의 기분에는 개의치 않고 잔인하며 우리를 심판할 준비를 하고 있다고 믿을지도 모릅니다. 우리는 하나님이 우리의 삶 전체를 심판하실 것이라고 겁을 냈을지도 모릅니다. 부모들이 우리 마음속에 심어 놓은 왜곡된 이미지들이 하나님에 대한 이미지를 직접적으로 형성합니다. 우리는 하나님이 부모들처럼 우리를 지켜보고 있다고 느끼면서 성장합니다. 따라서 우리는 왜곡된 시선을 통해 우리 자신과 하나님을 바라보면서 성장합니다.

많은 사람들이 자신들의 의지와 삶을 하나님께 맡기는 것을 어렵게 생각합니다. 이는 그들이 어려서 형성된 왜곡을 통해서 하나님을 바라보기 때문입니다. 회복에 이르는 주요 열쇠는 하나님을 신뢰하는 것이지만 그것은 하나님은 처벌하시고, 신뢰할 수 없고, 또 심판을 하시는 분으로 믿는 사람들에게는 쉬운 일이 아닙니다.

우리 가운데 일부는 종교적 배경에 따라서 하나님을 두려워해야 할 권위자로 교육받았을지도 모릅니다. 우리는 결코 하나님을 사랑스러운 분으로 알지 못했습니다. 우리는 어렸을 때 잘못을 저지르는 것을 아주 불안해하고 또 두려워했습니다. 어른들은 우리의 어린이다운 행동을 통제하려고 하나님이 내리시는 심판을 위협으로 활용했습니다. 하나님께서 노여워할 것에 대한 두려움은 우리에게 죄책감과 수

치심을 증폭시켰습니다. 우리는 성인이 되어서도 계속해서 권위를 가진 사람들을 두려워하고 또 간단한 잘못에 대해서도 죄책감과 수치심에 종종 압도당하기도 합니다.

하나님이 우리와 함께하신다는 확신에도 불구하고 두려움이 찾아들 때 우리는 그분의 임재를 의심합니다. 자신들의 문제들을 해결하고, 또 더 높은 능력과 접촉하는 이들까지도 의심의 순간들을 경험합니다. 이처럼 우리가 양육받은 조건들이 이따금씩 우리로 하여금 하나님을 신뢰하지 못하게 만들기도 했습니다. 우리의 기도가 응답받지 못했을 수도 있고, 그 때문에 우리는 사랑스러운 하나님이 어떻게 그토록 우리에게 잔인할 수 있는가 하고 생각하기도 하였습니다.

3. 활동

심리 게임 — "도와주세요! 쓰러지고 있어요!"

1) 역할극을 한다.

어린아이가 거짓말을 하거나 다른 잘못된 행동을 하다가 붙들린 상황을 역할극으로 할 수 있도록 세 사람을 정한다. 역할극을 하는 사람들은 어린이, 아버지, 그리고 어머니가 되어야 한다. 그 상황 속에서 부모들은 하나님을 왜곡할 수 있는 행동들을 해야 한다. 가령 아버지는 지나치게 잔인하거나 체벌적이고, 어머니는 하나님의 분노와 심판을 들먹이며 아이를 위협할 수 있다. (이때 역할극의 참여자들이 보다 실감적으로 할 수 있도록, 부모들은 형제자매 앞에서 부끄러움을 주거나 목사에게 데려갈 수도 있다. 모임이나 상상에 이르기까지 사람들의 실제 경험을 사용할 수는 있지만, 역할극이 지나치게 현실적이 되거나 억압적이 되지 않도록 유머도 약간씩 추가하는 것을 잊어서는 안 된다.)

2) 자신이 느끼는 하나님과의 개인적인 관계를 소개한다.

3) 이 문제를 토론하고 하나님의 왜곡된 모습을 극복할 수 있는 방법들에 관해서 브레인스토밍을 하는 시간을 갖는다.

4. 토의 및 평가

이 회기의 활동이 끝나면 전체 집단으로 모여 앉아 활동 이전과 과정 그리고 끝난 이후와 관련지어 자신의 느낌이나 생각 또는 참여자들에게 하고 싶은 말을 하게 한다.

어느 정도 평가가 이루어졌다고 판단될 때 지도자는 이 회기의 학습 과정을 요약하고 다음 시간을 예고한 후 학습을 마친다.

───────── 제 10 회 ─────────
새로운 하나님과의 관계

1. 목표

중요한 타자로서 하나님의 사랑과 수용하심의 경험을 통하여 새로이 내면화된 작용모델을 형성한다.

2. 준비물

활동지, 필기도구, 동영상

3. 강의

우리는 앞에서 하나님에 대한 나의 관념이 초기 양육자에 대한 관념과 매우 밀접하게 연관되어 있음을 발견하였습니다. 내 부모님은 나쁜 사람이 아니었습니다. 사실 그분은 하나님을 깊이 사랑했고 나를 깊이 사랑했습니다. 그러나 부모님의 삶 속에서 해결되지 않은 몇 가지 정서적인 문제들로 인하여 부모님은 나의 가치에 대해 혼란스러운 메시지를 전달해 주었습니다. 어떤 경우에 부모님은 나를 크게 칭찬했으며 내가 무엇이든 될 수 있다고 말해 주었습니다. 그래서 나는 부모님을 기쁘게 해 드려야 한다고 생각했지만 지금 생각해 보면 그것은 불가능한 일이었습니다. 어쨌든 나는 하나님을 절대로 기쁘게 해 드릴 수 없는 어떤 분이라고 생각하게 되었습니다.

신학교에 다니면서 나는 하나님은 사랑이시며 용납하시고 용서하시는 분이라고 배우게 되었습니다. 그러나 나는 마음속으로 그것을 느끼지 못했습니다. 왜냐하면 나는 부모님의 경험을 통하여 하나님을 바라보았기 때문입니다. 나는 수치심을 느꼈고 무언가 잘못되었다는 느낌을 갖게 되었습니다.

부모님이 여러분을 실망시킬 때 여러분은 부모를 신뢰하기 어렵게 됩니다. 사실 여러분은 신뢰하는 법을 잊어버릴 수도 있습니다. 처음에 어린 자녀들은 신뢰하는 법을 알고 있습니다. 그러나 상처를 받을 때 그들은 다음과 같이 말합니다. "나는 더 이상 신뢰하지 않겠어. 그것은 너무나 괴로운 일이야." 누군가를 신뢰하고 상처를 받는 것보다 더 괴로운 일은 없습니다.

여러분이 사람을 신뢰하는 데 어려움을 겪고 있다면 하나님께 순종하는 데도 어려움을 겪을 것입니다. 다시 한 번 하나님이 어떤 분이신지 생각해 보십시오. 그분은 사랑이시며 용서하시고 수용하시는 분이십니다. 그렇기 때문에 바울은 다음과 같이 말했습니다. "그러므로 이제 그리스도 예수 안에 있는 자에게는 결코 정죄함이 없나니"(로마서 8장 1절).

우리들이 하나님을 신뢰하고 바르게 이해하는 것을 배우는 것은 우리의 자존감을 크게 향상시킬 것입니다. 우리는 더 이상 직접 우리의 짐을 짊어질 필요를 느끼지 않을 것입니다. 우리의 과거가 주는 고통은 대부분은 완전히 혼자라고 느끼는 데서 비롯됩니다. 하나님과의 개인적인 만남을 통해서 우리의 자존감은 개선되고, 우리가 가치 있는 인간임을 인식하기 시작할 것입니다.

종교를 가지지 않는 사람도 자신보다 강력한 어떤 존재가 있다는 생각은 가지고 있을 것입니다. 이 강력한 존재는 기독교에서는 중요한 타자로서의 하나님을 의미합니다. 중요한 타자로서의 하나님을 만나고 나면 자신은 결코 홀로 버려진 존재가 아니며 언제든 도움 받을 수 있는 것을 알게 됩니다. 그리고 소망이 이루어지게 해 달라고 기도하면서 모든 일은 바로 나 자신을 위해 벌어진다는 것도 알게 됩니다.

우리는 지금껏 이런 사실을 잊고 지내 왔습니다. 하루를 시작하면서 계획을 세우고, 이 세상이 나의 소망에 응답해 준다는 사실을 깨닫고 나면 우리는 더 큰 성공에 대한 자신감을 얻게 됩니다. 그리고 그것을 위해 자신을 지나치게 몰아붙일 필요가 없다는 것도 알게 됩니다.

중요한 타자로서 하나님을 의지할 수 있다는 사실을 모를 때 우리는 혼자서 모든 책임을 떠맡아야 하는 힘들고 고통스러운 길을 택하게 됩니다. 수많은 위대한 작가나 시인, 발명가, 지도자들은 보통 사람들에 비해 힘들게 살지만 겸손을 배우고 마음을 비워 하나님을 의지했습니다. 하지만 참된 행복을 위한 방법을 배우고 나면 그런 위인들처럼 힘들게 살지 않고도 얼마든지 원하는 것을 얻을 수 있습니다. 이제 참된 자기 자신으로 돌아가 건강한 삶을 살려면 중요한 타자인 하나님으로부터 사랑과 수용하심을 받는 것을 깨달아야 합니다. 하나님에게 의지한다는 것은 모든 일을 자기 혼자 하지 않아도 된다는 것을 안다는 뜻입니다.

하나님은 항상 우리 곁에 있습니다. 우리가 마음만 열면 언제든지 하나님을 만날 수 있습니다. 우리가 손끝으로 이 세상 만물을 느낄 수 있는 것처럼 마음으로 하나님을 느낄 수가 있습니다. 시스티나 성당에 그려진 미켈란젤로의 '천지창조'에는 인간이 손을 뻗어 하나님과 만나는 장면이 그려져 있습니다. 우리도 이 그림처럼 손끝으로 하나님을 만날 수 있습니다. 도움이 필요할 때는 언제든 손을 내밀어 거룩한 힘을 받아들이면 됩니다. 이 거룩한 힘은 우리 안의 능력을 찾아내 발휘하도록 도와줍니다. 그런데 모든 것을 하나님에게 맡겨 버리면 원래 자신에게 있던 힘을 잃어버려 손끝으로 힘을 끌어들일 수가 없습니다. 중요한 타자로서의 하나님은 늘 우리 곁에 있습니다. 문제는 우리가 이 힘을 자기 안으로 끌어들일 수 있느냐 없느냐에 달려 있습니다.

규칙적인 묵상과 기도를 하면 하나님과 이어져 있는 참된 자신을 되찾을 수 있습니다. 우리의 참된 자신은 이미 오래전부터 하나님과 만나고 있습니다. 그런데 그 만남을 직접 체험하려면 먼저 그 만남에 대해서 알아야 합니다. 그러면 이제부터 그 '하나님과의 만남'에 대해서 알아보도록 합시다. 이제 어떤 사람이 여러분에게 보여준 하나님이 아니라 진정한 하나님의 참 모습을 바라보십시오.

4. 활동

▶ 시작하기 전에 모두가 묵도로써 마음을 정리합니다. 이때 마음을 모으고, 이 모임을 통하여 하나님의 사랑과 용납하심을 깨달을 수 있도록 도와 달라고 간절히 기도하시기 바랍니다.

1) "지난 시간에 자신이 그려 보았던 하나님의 모습에 대해서 생각해 보십시오."
2) 위와 같은 하나님의 생각에 대해서 생각해 보기 ─ 활동지를 나누어준다(당신의

마음속에 느끼는 하나님은 어떤 분이신가?).

(이때 집단 지도자가 판단할 때에 참여자들이 어느 정도 묵상이 되었다고 생각하면 다음과 같은 이야기를 한다.) "여러분이 하나님에 대해서 이렇게 생각하였을 때에 여러분에게 어떤 도움이 되었는지에 대해서 생각해 보십시오." (잠시 생각할 수 있는 시간을 준다. 할 수 있으면 참여자 모두 눈을 감는 것이 좋다. 눈을 감으면 자기만의 공간을 가질 수 있고 또한 좀 더 깊이 생각할 수 있기 때문이다.) "자! 이제 하나님에 대해서 위와 같이 생각했을 때 나 자신에게 어떤 도움이 되었는지에 대해서 이야기해 보도록 합시다."

▶ 위와 같이 하나님에 대한 왜곡된 개념을 가지고 있었을 때 마음속에 느끼는 부담감과 두려움들을 서로 나눔으로써 잘못된 하나님의 개념들을 바꾸어 크신 하나님께서 나를 사랑하시고 용납하시는 사랑의 하나님이라는 올바른 개념을 갖게 하여 하나님을 의지하도록 한다.

3) 하나님의 성품에 관한 성경 구절을 함께 묵상하며 나눈다.

(집단 지도자는 활동지 ❼을 나누어준다.) "이 활동지에서 여러분은 성경에서 인용한 몇 구절을 찾을 수 있습니다. 우리는 잠시 하나님을 생각하며 하나님의 말씀이 우리 마음속에 속삭이는 바에 대해 묵상하는 시간을 가지려고 합니다. 혼자서 천천히 성경 구절을 읽으십시오. 하나님이 여러분 각자에게 직접 건네시는 말씀을 들으려고 노력하십시오. 성경을 통해서 하나님이 여러분의 마음속에서 하시는 말씀에 주파수를 맞추십시오(성경은 하나님이 주신 말씀이다. 그러므로 성경이 가장 하나님이 어떤 분이신지 잘 나타내고 있다. 그러므로 하나님이 주신 성경 말씀을 통해 하나님을 가장 잘 알 수 있다. 또한 이 성경 말씀을 우리들이 묵상할 때에 이 말씀을 통하여 성령님이 하나님에 대한 올바른 생각을 깨닫게 하신다고 우리 기독교에서는 믿는다. 그래서 하나님에 관한 올바른 개념을 성경 말씀을 묵상함으로써 깨닫게 하고자 한다. 성령님의 역사하심을 기도하면서). 말씀을 읽기 전에 잠시 묵상하고 읽읍시다." (묵상할 수 있는 시간을 잠시 준다. 이 말씀을 통해 하나님에 대한 성경적 개념을 가질 수 있도록 기도한다.)

활동지 ❼

활동 7. 성경에 나타난 하나님의 성품

다음 성경 구절을 읽으십시오. 읽으면서 하나님의 성품에 대해서 말하고 있는 단어에 동그라미를 치십시오.

"여호와로라 여호와로라 자비롭고 은혜롭고 노하기를 더디 하고 인자와 진실이 많은 하나님이로라"(출애굽기 34장 6절).

"오직 주는 사유하시는 하나님이시라 은혜로우시며 긍휼히 여기시며 더디 노하시며 인자가 풍부하시므로 저희를 버리지 아니하셨나이다"(느헤미야 9장 17절).

"주는 긍휼히 여기시며 은혜를 베푸시며 노하기를 더디 하시며 인자와 진실이 풍성하신 하나님이시오니"(시편 86장 15절).

"너의 하나님 여호와가 너의 가운데 계시니 그는 구원을 베푸실 전능자시라 그가 너로 인하여 기쁨을 이기지 못하여 하시며 너를 잠잠히 사랑하시며 너로 인하여 즐거이 부르며 기뻐하시리라 하리라"(스바냐 3장 17절).

"소망이 부끄럽게 아니 함은 우리에게 주신 성령으로 말미암아 하나님의 사랑이 우리 마음에 부은 바 됨이니"(로마서 5장 5절).

"우리가 아직 죄인 되었을 때에 그리스도께서 우리를 위하여 죽으심으로 하나님께서 우리에게 대한 자기의 사랑을 확증하셨느니라"(로마서 5장 8절).

"높음이나 깊음이나 다른 아무 피조물이라도 우리를 우리 주 그리스도 예수 안에 있는 하나님의 사랑에서 끊을 수 없느니라"(로마서 8장 39절).

"보라 아버지께서 어떠한 사랑을 우리에게 주사 하나님의 자녀라 일컬음을 얻게 하셨는고, 우리가 그러하도다 그러므로 세상이 우리를 알지 못함은 그를 알지 못함이니라"(요한일서 3장 1절)

"하나님은 사랑이심이라"(요한일서 4장 8절).

4) 하나님에 대해서 묵상하며 기도하기

(이때 자세는 편안하게 앉거나 눕는 것이 좋다. 5분 정도는 하나님에 대한 묵상 이외의 일에는 전혀 신경 쓰지 않도록 해야 한다. 마음이 편안해지는 음악을 틀어 놓는 것도 좋은 방법인데, 개인의 취향에 따라 틀지 않아도 상관없다. 이렇게 주변 환경이 정리되면 두 눈을 감고 양손은 어깨 높이 정도로 불편하지 않을 만큼 올린다.) 이제 여러분이 읽은 성경 말씀에 기초한 하나님의 모습에 대해서 조용히 머리에 떠올려 보십시오. 그리고 묵상해 보십시오(잠시 시간을 준다). 이제 여러분의 하나님은 누구입니까?

5) 내가 느낀 하나님에 대해서 활동지 **❽**에 기록한다.

활동지 ❽

활동 8. 성경 말씀에 기초한 하나님의 모습

이제 당신이 읽은 성경 말씀에 기초한 하나님의 모습에 대해서 적어 보십시오.

Q : 당신의 마음속에 느끼고 있는 하나님은 어떤 분이신가요?

----

6) 자신이 느낀 하나님에 대해서 서로 이야기하게 한다(하나님에 대해서 한 사람이 이야기하였을 때 집단 지도자는 이렇게 생각하니 마음이 어떤지 물어본다. 이렇게 하여 전체 참여자가 참여할 수 있도록 한다).

7) 잠깐 멈추어서 그분의 참모습을 체험할 수 있도록 도와 달라고 기도하십시오. 지금부터 24시간 내에 하나님의 사랑을 더욱 분명히 알 수 있게 해 달라고 기도하십시오.

8) 여러분이 말씀 묵상과 기도를 통하여 알고 깨달은 여러분의 하나님에 대해서 참여자들과 함께 나눕시다. 내가 깨달은 하나님을 참여자들과 함께 나눌 때에 우리 모두에게 많은 도움이 될 것입니다. (이때 자유롭게 발표할 수 있도록 한다. 발표하기를 어려워하는 참여자들에게는 부담을 주지 않도록 배려를 한다.)

▶ 1분이나 2분 정도 동안 하나님의 성품에 대해서 곰곰이 생각해 보라. 하나님의 성품 중 어떠한 면이 당신을 보호하고, 당신에게 큰 평안을 준다고 생각되는가?

9) 참여자 간에 서로 사랑을 느끼며 사랑을 베푼다.

(모든 참여자가 함께 일어서서 눈을 감은 채 아무런 말없이 서로를 안아 주면서 사랑을 전하며 사랑을 느껴 보는 시간을 가진다. 이때 조용한 음악을 준비하는 것이 더 효과적이다.)

5. 토의 및 평가

이 회기의 활동이 끝나면 전체 집단으로 모여 앉아 활동 이전과 과정 그리고 끝난 후와 관련지어 자신의 느낌이나 생각 또는 참여자들에게 하고 싶은 말을 하게 한다.

어느 정도 평가가 이루어졌다고 판단될 때 지도자는 이 회기의 학습 과정을 요약하고 다음 시간을 예고한 후 학습을 마친다.

— 제 11 회 —
마음 전하기

1. 목표

지금까지의 소그룹 상담 과정에서 자신의 변화된 모습을 바라보고, 참여자들에게 자신의 감정을 전달하고 지금까지의 학습 경험을 나눈다.

2. 준비물

활동지, 필기도구

3. 강의

우리가 다른 사람에게 우리의 이야기를 할 경우, 그 사람에게 단지 듣고만 있는 것 그 이상을 기대할 수 있습니다. 우리는 다른 사람의 반응에 귀 기울일 준비가 되어 있어야 합니다. 상호 간의 변화는 다른 사람의 관점에 대해서 열린 마음을 가지고 기꺼이 귀 기울이면 유용하고 생산적이 될 수 있습니다. 이것은 우리 자신들에 대한 자각을 확대하고 우리에게 변화와 성장의 기회를 제공합니다. 피드백, 곧 응답은 자신을 드러내는 과정을 완성하는 도구로서 우리에게 중요합니다. 관심과 이해의 방식으로 제기된 질문들은 우리가 인식하지 못하는 통찰들과 감정들을 드러낼 수 있습니다. 이 방식으로 우리가 살아가는 이야기를 나누는 것은 삶 가운데 가장 중요한 상호작용이 될 수 있습니다.

우리는 가끔 자신의 긍정적인 면 또는 장점이 많이 있는데도 불구하고 그것을 잘 모르고 자기를 필요 이상으로 낮게 생각하여 발전적 또는 긍정적으로 살아가지 못할 때가 있습니다. 그런 경우에 만약 우리가 자신의 장점이나 긍정적인 면들을 발견하여 그것을 더욱 발전시킬 수 있다면 자아실현에 한 걸음 더 나아갈 수 있게 될 것입니다.

우리가 우리의 장점이 상대편에 의해서 지적받게 되면 기분이 좋아지게 될 뿐만 아니라 그 장점이나 긍정적인 면들을 더욱 발전시킬 수 있게 되며, 또한 '우리가 사람들에게 줄 수 있는 가장 큰 선물 중 하나는 그의 장점과 긍정적인 소질들을 인정해 줄 수 있는 것'이라는 사실을 생각한다면 긍정적 피드백 활동에 큰 의미를 갖게 될 것입니다. 아울러 그렇게 된다면, 자신의 장점이나 긍정적인 면들에 더욱 관심을 기울이게 되고 긍정적인 자기존중감을 갖게 될 것입니다.

이 프로그램을 시작했을 때, 우리는 즉각적인 결과들을 기대했을지도 모릅니다. 우리는 어려서부터 좋아하는 일이 '즉시' 일어나지 않을 때 분노나 혼란을 느낀 기억이 있을 것입니다. 이 프로그램에서는 갑작스러운 변화는 정상이 아니라 예외적인 것입니다. 우리가 원하는 것은 성취하기 하기 위해서는 인내와 꾸준함이 필요합니다. 여러분의 회복과 성장은 여러분에게 가장 좋은 순간에 일어날 것입니다.

4. 활동

1) 모든 참여자들이 둘러앉는다.
2) 활동지 ❾를 나누어준다.

활동지 ❾

프로그램을 마치면서

----

3) 경험 보고서를 기록할 수 있는 충분한 시간을 준다.

4) 지도자가 판단하기에 경험 보고서를 다 기록한 것으로 생각되면 그 경험 보고서를 모든 참여자가 참여자들 앞에서 읽도록 한다.

5) 이 프로그램을 참여하는 동안에 새롭게 깨닫게 된 점이 있다면 무엇인지 이야기해 본다.

5. 토의 및 평가

프로그램에 참여한 자신의 소감문을 쓰도록 하고 이를 발표하도록 한다.